북에서 본

남조선 력사

북에서 본 남조선 력사

| 남조선 현대사 연구소 지음 |

백년동안

서문

당신이 목격한 것이 사실이 아니라 누군가의 공작(工作)이었다면?

아파트 아래윗집이 싸워도 양쪽 이야기를 다 들어봐야 한다. 길에서 멱살잡이하는 사연도 '잡은 놈' '잡힌 놈' 말을 고루 들어야 맥락이 잡힌다. 역사는 더더욱 말할 것도 없다. 당한 쪽은 부풀리고 때린 쪽은 정당성을 주장한다. 근대 이후 동아시아에서 벌어진 가장 큰 사건은 아편전쟁이었다. 단순한 마약 판매 분쟁이 아니다. 수천 년 유지되어온 동아시아 질서를 뒤흔든 어마어마한 사건이었다. 조선은 아편전쟁의 전개과정을 중국으로부터 들었다. 섬나라 오랑캐가 무역을 허락해달라고 난리를 쳐서 문을 조금 열어주었다는 것이 조선이 들은 사건의 전말이었다. 역시 우리 형님은 관대하셔. 조선은 그렇게 넘어갔다. 일본은 아니었다. 네덜란드를 경유한 영국 발 뉴스를 들은 일본인들은 경악했다. 남의 일이 아니었다. 강 건너 불이 아니라 잠시 후 자신들의 운명에 대한 예고편이었다. 조선과 일본이 소식을 바꿔 들었다면 역사는 또 다르게 흘러갔을지도 모르겠다.

근육을 키운 일본이, 영국이 때린 종이호랑이, 나라고 못 때려? 하고 벌어진 게 청일전쟁이다. 그런데 이 명칭부터가 문제다. 전쟁의 목적이 청나라 망신주기가 아니라 한반도의 지배권 확보였다. 해서 이 전쟁은 이후 벌어진 러일전쟁까지 감안하여 제1차 조선전쟁으로 부르는 게 더 어울린다. 교전국 이름만 부르게 되면 전쟁의 목적 자체가 빠져버리기 때문이다. 청일전쟁은 이승만의 발췌 편집기록 『청일전기』에 자세히 묘사되어 있다. 그러나 『청일전기』의 원본은 선교사이자 언론인이었던 알렌과 중국 언론인 채이강이 공동으로 편저한 『중국전기본말』이다. 서양과 중국의 시각으로 본 청일 전쟁이란 얘기다. 절반의 기록이다. 역사의 한쪽 얼굴이다. 이를 온전히 보기 위해서는 이토 히로부미 내각의 외무대신이었던 무쓰 무네미쓰의 『건건록』을 같이 읽어야 한다. 그래야 짝이 맞춰지면서 전쟁의 윤곽이 희미하게나마 잡힌다. 반만 보고 다 봤다고 우기는 건 차라리 안 본 것보다 못하다.

이 책 『북에서 본 남조선 력사』의 기획도 그렇게 출발했다. 이제껏 우리는 남한 내부의 시각으로만 한국 현대사를 이해하고 공부했다. 그러나 한반도에는 이질적인 정권이 서로 마주보고 70년을 달려왔다. 그 긴 기간에 남한 정권에 극도로 적대적이었던 북한 정권이 과연 손놓고 보고만 있었을까. 남한을 먹어보겠다고 전쟁까지 일으켰던 그들이 대한민국에 아무 짓도 하지 않았다고 생각한다면 그것은 너무나 순진한 발상일 것이다. 거기에 더해 전쟁 이후 잔존 혹은 자연발생적으로 성장한 남한의 친북 좌익들이 펼쳐온 정권 타도 혹은 정권 탈취 획책 운동까지 더한다면 우리는 더 이상 대한민국의 역사를 '내재적 접근법'만으로는 볼 수 없다는 '합리적인 의심'에 도달하게 된다.

그렇게, 북한의 시각에서 본 대한민국 현대사는 과연 이제껏 우리가 알고 있던 역사와는 많이 달랐다. 민주주의의 빈틈을 파고든 수많은 도발과 민주주의를 빙자한 국가 전복의 음모들이 숱하게 드러났고(원래 민주주의는 민주주의 때문에 망한다) 이제껏 납득하기 어려웠던 사건의 실마리가 풀리면서 사건과 사건이 연결되었다. 이 색다른 체험을 독자와 공유하게 되어 기쁘다.

북한의 자료를 모조리 볼 수 없는 까닭에 이 책의 집필은 '있는 사실을 기반'으로 하여 비어 있는 부분들을 '소설적 창작'으로 메우는 방식으로 진행됐다. 북한의 시각에서 본 역사이기 때문에 인명과 호칭이 달라질 수밖에 없었는데(대한민국 대통령을 '역도'라고 하거나 북한의 독재자를 '위대하신 수령'으로 부르거나) 혹시 독자들 가운데 불편하신 분이 있었다면 미리 사과드린다. 그러나 현장감을 살리기 위해서는 다른 방법이 없었음을 변명 대신 말씀드린다.

책은 크게 네 시기로 나뉜다. 해방부터 6·25 전쟁까지 포함하는 이승만 시대, 박정희 시대, 전두환부터 노무현 시기 그리고 마지막이 박근혜 탄핵 시기다. 여기에 문화예술을 보론으로 더하여 완성도를 높였다. 각 챕터별로 집필자의 집필 의도를 앞에 달아 간략하나마 가이드라인이 될 수 있도록 했다. 필자가 모두 다르다보니 문체가 약간씩 다른 것은 약점인 동시에 재미다. 어떤 챕터는 다소 무겁고 학술적인가 하면 또 어떤 챕터는 무협지풍으로 종횡무진 펼쳐진다. 필자의 이름은 실명과 필명이 혼용되어 있는데 누가 쓴 글인지 미리 알면 읽는 재미가 떨어질 수도 있다는 필자의 요청에 따랐음을 밝힌다. 가능하면 북한식 두음법칙을 살리려고 했으나 일부 단어는 문장의 가독성을 높이기 위해 현재 우리가 사용하는 대로 표기했다. '래일은 로인이 된다' 같은 문장을 바로 이해하기는 어렵지 않은가.

다시 강조하지만 한 나라의 역사가 그 나라 역사가들의 주장만으로 이루어질 수는 없다. 이 책을 통해 우리는 그 일부의 성과를 달성했으며 독자들의 지적과 참여로 개정판을 이어갈 수 있기를 희망한다.

2019. 2. 필자를 대표하여 남정욱

목 차

남조선 력사 제7부(2016년~2018년까지)

보론

남조선 문학예술혁명 100돌을 앞두고 되돌아본 문혁 전사들의 위대한 투쟁

1.

남조선은 자신의 력사를
'건국-산업화-민주화'로 정리하고 찬양해왔다.
하지만 대남사업을 해온 우리가 보았을 때 그들은
어떻게 건국을 했고
어떤 사람들에 의해 산업화를 했으며
무슨 뜻의 민주화인지를 알기나 아는지
궁금할 따름이다.

뜻 모를 말로 규정하는 력사를 대충 믿고 가르치며 살다가
현재 우리의 손아귀에 그들의 운명을 맡기게 됐다.

건국과 산업화, 민주화를 해냈다는데
어째서 귀하의 운명은
우리 공화국의 손바닥에 놓이게 됐는가?
현재를 설명하지 못하는 가짜 력사를 믿고
사상을 잉태하지 못하는 거짓 력사를 가르치고
리념을 생산하지 못하는 엉터리 력사를 쓰고 사는 사람들.

이런 한심한 집단은
동서고금을 다 뒤져도 유사한 사례가 없을 것이다.

력사에서 사상과 리념이 나오고
사상과 리념으로 정보조직이 탄생하는 것이다.

국가처럼 거대 조직 간 대결의 본질은
정보기관 대 정보기관의 대결이다.

북남대결의 본질도

북조선 정보기관과 남조선 정보기관 간의 대결이다.

남조선의 대북공작을 어떻게 차단하고
북조선의 대남공작을 어떻게 성공시키는가.
이것이 북남대결의 핵심이었다.

정보는 수집, 분석, 배포의 단계마다
심도 깊은 수준의 작업을 요한다.

력사로부터 추출한 신념을 바탕으로
우리는
목숨 걸고 수집하고,
목숨 걸고 분석했으며,
목숨 걸고 배포하고,
그 정보를 리용해 목숨 걸고 공작해나갔다.

그 결과가 오늘날

핵폭탄을 보유한 강성대국이 되어
미제국주의자를 싱가포르 같은 세계무대로 불러내
갖고 놀게 되었고
남조선의 정관계를 포함한 모든 분야를
우리 손아귀에 쥐게 되었던 것이다.
백 년 동안의 전쟁은
총론에서 리승만, 박정희가 우리보다 잠시 동안
어느 정도 앞섰을지는 몰라도
각론만큼은 우리가 저들에게 뒤처지지 않도록
대를 이어 원칙을 지켜온 덕분에
승리의 각론들이 모여 이룬 진정한 총론에서
우리는 오늘의 승리를 눈앞에 두고 있는 것이다.

력사는 우리를 영원한 승리자로 기억할 것이다.

주체 107년

김정은

2.

위대하신 수령 김일성 동지와 대를 이어 투쟁해온 친애하는 지도자 김정일 동지, 그리고 경애하는 최고령도자 김정은 동지에 이를 때까지 3대에 걸쳐 투쟁해온 조국의 적화통일 과업은 저 악랄한 미제 모리배와 남조선 괴뢰도당의 온갖 책동 속에서도 단 한 번도 중단 없이 가열차게 진행되어왔다. 그리고 드디어 조국이 독립한 지 70년째인 2018년에 비로소 우리 당은 조국 통일을 눈앞에 두고 있다. 수많은 혁명렬사와 애국렬사의 피와 땀과 눈물이 모아져 드디어 통일혁명의 완성을 눈앞에 두고 있는 것이다.

생전에 위대하신 수령 김일성 동지께서는 우리 남조선현대사연구소를 친히 방문하시고 이렇게 말씀하시었다.

"력사를 조작해서 인민 대중을 꾸리고 투쟁을 해나가지만, 통일이 되면 진짜 력사를 정리해야 합니다. 호떡 장사를 하더라도 분식 회계로 가짜 장부를 만들어 세무서 놈들을 속이고 따돌리지만 누군가는 진짜 원장부를 갖고 들여다봐야 장사를 잘할 수 있습니다. 남조선 력사연구원 동지 여러분들은 진짜 력사를 비밀리에 잘 기록해두어야겠습니다."(1991년 1월 3일)

우리 조선력사연구소 연구원 일동이 위대한 수령 김일성 동지의 하늘보다 드높고 바다보다 더 깊은 뜻을 받들어 민족적 사명감을 가슴에 품고 매진해온 지 어언 27년, 그리하여 오늘에야 리승만·윤보선·박정희·최규하·전두환·노태우·김영삼·김대중·노무현·이명박·박근혜에 이르는 남조선 역도들과 애국렬사들의 대남사업 력사를 정리할 수 있게 됐다.

조국 해방의 그날을 위하여

주체 107년 남조선 현대사 연구소장 백남해

3.

대남사업 력사, 즉 남조선혁명전략 력사는 해방직후부터 오늘에 이르기까지 대남공작의 력사를 의미한다. 이 력사 정리에는 공화국 력사에 기준하기도 하지만 애국렬사의 위대한 공작성과에 의한 남조선 력사의 변화에 기준할 수도 있다. 따라서 이 저작물의 판독은 당성이 매우 높은 자에게만 열람이 가능하며 보위부의 특별한 비밀취급 인가를 요구한다. 남조선에서는 정신연령이 만 19세 이상인 자만이 열람 가능하다.

대남사업 력사는 단순히 시대별 구분만으로는 그 설명이 어렵다. 70년이 지났지만 대남사업의 뿌리와 핵심적 투쟁은 해방부터 1948년 소·미군정기에 가장 치열하게 집중적으로 전개되었기 때문이다. 그런 이유로 소·미군정기의 력사가 분량도 가장 많이 차지하게 될 것이다.

그 후 오늘에 이르는 수많은 대남사업은 투쟁 초기의 뿌리에서 시작된 줄기들의 가열찬 성장기를 말하며 이제 그 영광스러운 결실을 보게 되는 것이다.

소련군정기에 이식된 소련의 공산혁명전략 전술은 위대하신 레닌 동지에 의해 창안되었고 스탈린과 모택동 동지에 의해 계승·발전되었으나 종주국 소련은 그 혁명정신의 계승에 실패하면서 70여 년 뒤 자본주의 앞에 무릎을 꿇었다. 중국도 모택동 서거 이후 자본주의와 타협하며 궤도에서 이탈했다.

그러나 김일성 동지는 조선민주주의 인민공화국을 창건하시고 자신의 대를 이어 혁명정신을 계승케 하시며 남조선 적화혁명을 부단히 추구해오신 덕분에 드디어 남조선의 궤멸을 눈앞에 두고 있는 것이다. 이는 우리 조선의 혁명동지들이 전 세계가 우러러 본받을 위대한 혁명투사임을 증명하는 세계사적 쾌거가 아닐 수 없다.

비록 조국해방전쟁에서 미제국주의자의 개입으로 공화국의 혁명력량이 퇴조하는 시기도 있긴 했으나 혁명렬사들은 자신들의 시체로 공화국의 깃발을 붉게 물들이면서까지 중단

없이 전진했다. 봉건주의에 물든 남조선 지배계급의 온갖 책동에도 굴하지 않고 혁명렬사들은 남조선 사회에 잠입해 붉은 사상 전파에 헌신했으며, 6·25 조국해방전쟁기에 어쩔 수 없이 흥남 부두에서 배를 탈 수밖에 없었던 수많은 동지들은 적지에서도 김일성 수령님의 명령을 결코 잊지 않고 대를 이어 투쟁할 것을 결심한 결과 오늘날 그 2세, 3세에 의해 조국통일을 앞당길 수 있게 되었던 것이다.

그 과정에는 고난의 행군 도중에 동지들이 굶어 죽어가면서도 붉은 깃발을 쥐고 있었고, 핵 무장력을 구비하는 과정에서는 원자병에 뼈가 녹아내리면서도 피하지 않고 원자로에 다가가 핵뇌관을 조립하고 쓰러진 렬사들의 장렬한 족적으로 가득 채워져 있다.

이러한 영광스러운 업적은 해방과 함께 시작된 소련군정기에서 비롯되었으며 그 위대한 족적의 출발점에는 북과 남의 치열한 정치정보 공작 전쟁이 있었던 것이다. 여기 그 위대하고 숭고한 정치정보 공작사를 후세들을 위해 기록으로 남기고자 한다.

주체 107년

남조선 현대사 연구소 연구원 일동

남조선 력사 제1~3부
(해방~1960년까지)

필자의 말

분노하는 몸짓으로 거짓 역사를 거부하며

이동욱(전 월간조선 기자 · 정치평론가)

대한민국의 기성세대는 감사하게도 우리에게 거짓 현대사를 가르쳐주었다. 덕분에 1945년 8·15를 해방이자 독립으로 알게 됐고, 1948년 8·15는 논란의 도마 위에서 내려올 줄 모르며, 이승만과 건국절이 생소하게 됐다.

'역사는 오늘을 비추는 거울'이라 했는데, 기성세대로부터 물려받은 거짓 현대사의 거울로는 고려연방제로 녹아드는 작금의 대한민국이 제대로 비춰지지 않는다. 해서 해방부터 남북한의 역사 퍼즐을 죄다 끌어모아 다시 결합시켜보았다.

분단국가의 역사는, 특히 상호 간에 치열한 각축전이 존재하는 한, 양쪽을 대칭시켜 기술해야만 전체 윤곽을 볼 수 있다. 어느 한쪽 중심의 역사만으로는 피아 간 진면목을 보기 어렵다. 그런데 건국 70년이 되었지만 우리에게는 진영논리에 함몰된 역사만이 남아 있을 뿐이다. 진영논리를 뛰어넘어 양쪽을 객관적으로 관찰할 수 있는 위치는, 사실과 객관에 목숨을 건 적진 속 정보요원들과 김일성의 시각이 아닐까.

그러한 정보요원과 김일성의 눈으로 분단에서 제3공화국까지 이승만 시대를 조망해보면 우리가 알던 것과는 다른 진실들이 드러난다. 김일성과 이승만의 대결 이면에는 소련군 정보장교들의 김일성을 위한 헌신에 가까운 지원과 훈수, 미군 방첩대 정보장교들의 이승만을 위한 보잘것없는 지원과 방해공작들이 펼쳐진다.

이승만을 등에 업은 보수 기회주의자들의 활약(?)도 눈부시다. 북한은 군정 3년 동안 탄탄하게 국가 건설을 준비했지만 대한민국은 거의 날림으로 석 달 여 만에 건국을 해낸 사실도 확인된다. 부족한 것들은 훗날을 기약할 수도 있으련만, 불행히도 우리의 건국대통령에게는 그럴 기회가 거의 없었음도 발견된다. 2년도 안 돼 당시 세계 최강의 기갑사단을 앞세워 밀고 내려온 6·25남침전쟁, 그 와중에 권력 분점을 놓고 대통령제를 거부하는 보수 야당에 맞선 이승만의 강수, 한 번도 민주공화정을 해본 적이 없는 봉건시대 정치인들에 의해 '이승만 독재'를 미워하게 만든 선동… 그러한 배면에는 북한 공산주의자들의 부단한 노력이 더해졌었고 그에 화답하는 남한의 보수 기회주의 지식인과 정치인들 또한 존재했었다.

이 구도는 대한민국의 정치지형이 좌·우 2분 구도가 아니라 삼국지의 3분 구도임을 보여준다.

이승만, 보수 기회주의자들, 김일성의 삼국지는 이승만의 후예인 자유주의자들이 보수 기회주의자들에게 휘둘리며 결국 김일성 패거리에게 녹아들어가는 과정이었다.

더구나 우리는 70년 동안 단 한 번도 자유민주주의의 정당조차 가져본 적이 없다는 충격적인 사실을 목도하면서, 새로 만든 역사의 거울에 비친 오늘의 비극을 우리가 어떻게 풀어가야 할지도 가늠케 한다.

해방에서 1960년까지 불과 15년간인데 원고가 1,000매를 넘어가는 바람에 부득불 절반 이상을 잘라내야 했다. 이 책에 살아남은 원고에서나마 독자 여러분이 역사의 교훈을 건져 올리고, 행간에 숨은 자유주의자 이승만의 심정과 딱한 처지를 이해할 수 있기를 바란다.

제1부
군정기의 정보 공작

제1장
소련군의 MGB vs. 미군의 CIC

미국 놈들의 패착

1945년 8월 6일, 미제국주의 놈들이 히로시마에 사상초유의 원자폭탄을 투하했다. 사흘 뒤인 8월 9일, 나가사키에 두 번째 원폭을 투하했다. 이로써 일제가 완전히 재기불능의 상태에 빠졌던 날, 레닌주의로 무장한 20만 소련군 극동군 총사령부 제25군(사령관: 치스차코프 대장)은 두만강을 넘어 북조선으로 힘차게 진격해 들어가기 시작했다. 36년 동안 조선반도를 점령해왔던 일본군은 소련군에게 아무런 저항을 하지 않았다. 이미 소련 극동방면군 제88여단의 최용건 대위는 5월부터 한반도로 정찰대를 파견하며 '조선공작단'을 구축했다.

그런데 일본 본토 원폭작전을 수행하며 일본 여자들을 겁탈하고 부화방탕하기 바빴던 미제국주의 양키 놈들은 소련군보다 한 달이나 늦은 9월에 서울로 들어오게 된다.

당시 미국 놈들은 소련을 우방으로 착각하고 있었고 점령지 조선에 대한 정보나 준비도 한심한 상태였다. 특히 정보와 정치공작을 수행하는 정보기관도 레닌 이후 30년 가까이 경험을 쌓은 소련 국가보안부(MGB: Ministerstvo Gosudarstvennoy Bezopasnosti, KGB의 전신)에 비해 미군의 전략정보국(OSS)은 제2차 세계대전에 참전하면서 만들어져 경륜이 짧았다. 게다가 일본의 항복이 확실해지자 미국무성은 예산을 줄인다며 OSS를 해체하고 일반전투정보를 담당하는 미군의 G-2와 급조한 CIC(Counter Intelligence Corps: 방첩대)로 조직을 대체했다. 정보기관의 인력과 예산을 대폭 줄인 상태의 미군은 소련군보다 허약한 조직을 거느리고 소련군보다 한 달이나 늦게 점령지 남조선에 들어왔다. 돈밖에 모르고 자본주의에 물든 미국 놈들의 패착이 시작된 것이다.

1945년 초 독일 패망을 맞은 동유럽에서는 스탈린 동지께서 직접 지도하시는 국가보안부(MGB) 소속 소련군 정치장교들의 영민한 활약으로 동독·체코슬로바키아·유고슬라비아·폴란드·헝가리·루마니아·불가리아·알바니아 등을 차례차례 사회주의 인민공화국으로 독립시켰다. 이 나라들은 자발적으로 소비에트 연방공화국과의 연방제 통일을 지향함으로써 소련 MGB 정치장교들의 영웅적인 정치공작은 오랫동안 역사의 베일 속에 감춰져왔다.

당시 MGB 정치장교들은 독일군을 피해 소련으로 도피한 공산주의자들 가운데 스탈린에 충성하며 정치력 있는 자들을 선정했다. 이들에게 각종 신격화 비법을 전수하여 '작은 스탈린'으로 만든 뒤 이들의 조국으로 귀국시켰다.

또한 독일군 점령지에 몰래 잠입한 정치장교들은 지하에서 활동하던 공산주의자를 규합하고 기존의 우파 세력을 차례대로 무력화시켜갔다. 소련군 MGB 정치장교들은 독일군이 패퇴하고 물러나자 화물열차를 타고 들어온 '작은 스탈린'이 권력을 잡고 강화할 수 있도록 정치조직·군사조직·정보기관·교육기관, 심지어 교과서 내용까지 만들어주는 등 국가 수립에 필요한 제반 업무를 몽땅 수행해주었다.

MGB 조선파견대 중 일부는 조선반도로 곧바로 들어오는 대신 하바롭스크에 있던 소련군 88정찰여단으로 향했다. 조선인 50여 명으로 구성된 제1대대를 찾은 이들은 개별 면접을 통해 가장 출중한 인물로 서른세 살의 대대장 김성주 대위를 선별해내고 그를 점령지 북조선의 '작은 스탈린'으로 내세우기 위한 신분세탁과 신격화 작업 등을 집중 교육시켰다.

위대하신 수령 김일성 동지는 그 시절을 이렇게 회상하시었다.

"솔직히 일제 강점기에 우리 독립운동은 뭐 하나 제대로 성공한 게 없었습니다. 보천보 전투도 기껏 일본 놈 몇 명 죽인 것 말고는 쥐뿔도 한 게 없었습니다. 만주로 들어온 여러 무장투쟁단도 일본군에게 쫓겨 중국군에 들어가거나 나처럼 소련군에 들어가서 밥이라도 얻어먹은 일 말고는 없었습니다. 좋게 말해 유격부대요, 실제로는 거렁뱅이 집단이나 다를 바 없었고 마적단이 바로 우리였단 말입니다. 뭐, 예전에 펴낸 『조선전사』 같은 데 등장하는 이야기들은, 사실대로 말하자면 무식한 인민들은 말을 잘 듣질 않으니까, 어쩔 수 없이 다른 자들이 투쟁한 성과들을 모조리 긁어모아 내가 한 것으로 뒤바꾼 겁니다. 그래야 개·돼지 같은 인민들이 말을 알아먹는다 이 말입니다.

그런데 이제 일본 놈이 망해서 우리가 들어가야 했는데 북조선엔 소련군이, 남조선엔 미국군이 들어와 깔고 앉는단 말입니다. 다행스런 것은 우리도 소련군과 같이 들어갈 수 있게 됐다는 겁니다. 그러니까 반도 조선에서 본격적인 독립투쟁이 시작된 때는 일제가 망한 직후부터라는 것을 잘 알아야겠습니다. 해방 후부터 공화국 건설 때까지, 그러니까 1945년부터 1948년까지 이 3년 동안이 본격적인 진짜 독립투쟁기간이란 사실을 절대 잊으면 안 됩니다. 공화국이 건설된 다음부터는 우리의 북조선 선점으로 인해 허리가 끊어진 분단 조국을 잇기 위한 통일투쟁기가 시작되는 겁니다.

투쟁을 하자면 운동가들은 일단 때를 기다릴 줄 알아야 합니다. 나는 스탈린의 비밀경찰조직인 국가보안부 MGB들이 우리보다 앞서 있는 정보와 정치공작 기술들을 많이 갖고 있다는 사실을 미리 알아차렸습니다. 그리고 그 기술들을 빼내기 위해 나 스스로 김성주라는 이름을 쓰며 조금 어리버리한 모습으로 저자들의 말을 아주 잘 듣는 척하는 데 바빴습니다. 그래야 저들이 안심을 하고 자기들이 아는 것을 모조리 나에게 넘겨주기 때문입니다."

(1991년 1월 2일, 남조선 현대사 연구소 방문 시)

1945년 당시 소련군 MGB 정치장교들은 지구촌에서 가장 선진화된 정보정치 공작계의 전문가들이었다. 그해 여름쯤 MGB는 소련군 제25군 예하에 국제정보국 극동지부 조선파견대를 조직했다. MGB 조선파견대의 주력은 북한에 일찍 침투해 한국계 소련인 및 소련군에 충성도가 강한 북한 주민들로 구성된 비밀경찰 조직과 첩보조직을 만들었고 나아가 북한 전 지역의 시·군·읍·면·리 예하까지 망라한 하부조직을 건설하고 있었다. 소련군 제25군 정치사령부 정치담당관 메클레르 중좌는 선발대와 함께 평양에 가장 먼저 도착한 정보장교였다. 그가 확인한 평양은 '조만식의 세상'이었다.

조선의 간디

당시 겉으로 표현하지는 못했지만 소련군 선발대와 제25군 사령부의 정치장교들은 조만식과 하바롭스크에 있는 젊은 김일성 동지를 끊임없이 비교 분석했다. 김일성 동지보다 나이가 열두 살이나 많은 최용건 동지는 학교를 나오긴 했으나 문자해독에 장애가 있어 일찌감치 김일성 동지에게 권좌를 물려주었다. 최용건 동지가 오산학교를 다닐 때 그의 스승이 조만식이었다. 이런 관계를 소련군 정치장교들은 면밀히 연구했다. 스탈린 동지가 김일성으로 불리게 될 김성주를 낙점하였으나 북조선에서 그의 정치세력은 전무하다시피 한 반면, 나이 많은 조만식의 정치세력은 거의 한 나라의 지도자나 다름없을 정도였기 때문에 긴장의 끈을 놓을 수 없었다.

이들은 김일성 동지를 지도자로 내세워가는 과정에서 언제 어떻게 조만식을 주저앉히는가에 대한 침묵의 고민을 해야만 했다. 여기에 최용건 동지가 가세해 한결 수월해진다. 통일전선 전술을 통해 좌우합작의 기만술을 펼치는 것은 당연한 수순이었지만 최종단계에서는 협박이나 회유가 가장 많이 사용되는 카드였다. 하지만 때때로 인간은 평범을 넘어서 위대한 내면을 갖춘 경우도 있는 법이다. 회유나 협박이 통하지 않을 때도 있는 것이다. 그럴 때는 주저 않고 방아쇠를 당겨 혁명의 길을 막아서는 장애물을 처리해야 한다. 그것이 동유럽에서의 경험이었고 당의 철학이었다. 이 방아쇠의 역할은 최용건 동지가 담당했다.

대북·대남 정보기관을 만드시다

국가를 세우기 위해서는 제일 먼저 정보조직과 군사조직의 건설이 요구된다. 정보가 있어야 기획이 가능하고 공작도 수행할 수 있기 때문이다. 남조선도 백선엽·장도영·박정희·김종필·이영근·김점곤 등 육군 정보부 분자들이 훗날 대한민국의 정권을 잡게 되는바 이런 배경과 밀접한 관련이 있는 것이다.

소련 MGB 정치장교에게는 38선 이남의 공산주의자에 대한 정보 수집 및 조직망과 연락망 구축이 급선무였으며 매우 중요했다. MGB 장교들은 북한 대외정보활동부서의 핵심 지도부를 구축했고 나아가 북한의 당·정·군의 정보부서를 모두 주도적으로 구성해주었다. 이렇게 해서 MGB 정치장교들은 해방공간에서 북한정권의 대조선(對朝鮮) 정보·정치공작 활동의 기지를 건설했고 이들은 대북공작과 대남공작 이 모든 것을 김일성 동지와 함께 주도하게 만들었다.

갑자기 해방을 맞은 이남지역에서는 그동안 일제에 기생했던 친일 기득권자들의 입장이 난처해졌다. 그래서 이들은 끼리끼리 뭉쳐 재빨리 정당을 만들고 미군정에 야합하기 시작했다. 1945년 9월 16일, 김성수를 필두로 하는 일제 부르주아지들은 '한민당'을 창당했다. 남조선 인민의 낯뜨거운 시선을 피하기 위한 보수 기회주의자들의 필사적인 몸부림이었다. 9월 6일 여운형에 의한 '건준'의 등장과 박헌영에 의한 인민공화국 선포에 자극받은 결과이기도 했다. 남조선의 좌우익 할 것 없이 모든 정당은 아직 귀국조차 하지 않은 리승만의 이름을 맨 앞에 내걸고 있었다. 숙주를 기다리는 기생충처럼. 그러나 이들이 그토록 앞장세운 리승만은 15년 뒤에 그들의 손으로 추방되어버리고, 73년 뒤 대한민국은 이들에 의해 명을 다한 채 스러져가는 것이다.

한편, 김일성 동지를 앞세운 소련군은 1945년 10월 10일 조선공산당 북조선분국을 창설하면서 조직부 안에 각종 대남관련 업무를 담당할 부서로 '연락실'을 비밀리에 설치했다. 최초의 대남공작부서인 '연락실'은 허가이·이동하·임해 등 한국계 소련인들이 책임자였다. 이들의 임무는 남조선에서 등장하기 시작한 박헌영 계열의 조선공산당 중앙조직의 활동을 감시·견제하고 나아가 흡수하기 위한 것이었다. 1946년 2월에 이르러 평양의 북조선공산당과 서울의 조선공산당 조직 간 협조와 지령 등 공작임무가 늘어나자 별도의 조직으로 '5호실'을 설치하고 임해를 초대 실장에 임명했다.

임해의 '연락실'은 처음에는 남로당과 북로당 간의 연락을 주 임무로 하다가 차츰 남로당의 종파투쟁과 정치활동을 감시하거나 파벌투쟁에서 밀려난 자들을 관리하는 일, 남조선 내 정치인을 포섭하고 조종하는 정치공작 등으로 업무를 확대해갔다. 소련 유학을 거쳐 지식인 혁명가로 성장한 임해의 철저한 사실 검증 정신은 거짓말의 바다로 불리던 첩보문건을 하나하나 검증해가며 쓰레기 더미 같은 첩보를 보석과도 같은 정보로 변화시키는 마술을 보여주었다. 특히 ▲남조선

정계의 다수를 점유했던 상해 임시정부의 속성 ▲리승만과 김구의 인물정보 분석 ▲친일 기회주의자들이 모여서 만든 보수반공의 한민당 정보 등은 김일성 동지의 전략전술을 가능케 한 원동력이 되어주었다. 조직부 연락실은 1949년에 연락부로 승격된다.

당의 정보활동부서는 연락실(5호실)이었고, 정부의 정보활동부서는 임시인민위원회(보안국 정치보위부)→인민위원회(내무국 정보처)였으며, 군의 정보활동부서는 정찰국(보안간부훈련대대→인민집단군사령부)으로 진화해간다. 이들은 각기 별도의 정보수집과 공작을 진행할 수 있었고 비합법적 타격이 필요할 경우를 대비해 남조선 전담 연락부 '5호실'은 1948년 초, 〈강동 정치학원〉을 개설하고 남조선에서 쫓겨 온 남로당 분자를 집합하여 정치 군사훈련을 받게 했다. '5호실'은 수집한 정보를 이들에게 제공했고 교육을 마친 이들은 다시 남조선으로 내려가 조국해방전쟁이 시작될 때까지 10차에 걸쳐 침투하여 유격전을 계속하다 조국해방전쟁과 함께 소멸했다.

1945년 9월 6일, 남조선 공산주의자 박헌영 동지는 독단으로 '조선인민공화국'을 선포했다. 이로 인해 남조선의 여러 지방에서 등장한 '건국준비위원회'들은 모두 '인민위원회'로 이름을 바꾸었다. 박헌영의 '조선인민공화국'은 총선거나 국민대회 같은 합법적 절차를 거치지 않은 '종이 정부'였음에도 남과 북 모두 '인민위원회'들로 조직화되고 있었다. 코민테른의 '일국일당 원칙'에 따르면 '조선인민공화국'은 소련으로부터 '한반도 유일 합법 공산정부'로 인정받을 터였다. 유식한 박헌영 동지의 계산이었다. 다만, 스탈린 동지가 이미 김일성 동지를 낙점한 사실을 몰랐을 뿐이었다.

박헌영 동지는 주석으로 리승만을 추대했다. 리승만이 남조선에서 가장 인기 많은 자라는 이유에서였지만 그는 아직 귀국조차 못 한 상태였다.

점령군 행세를 하는 미제 놈의 뻘짓

일본에서 기생들을 양옆에 끼고 앉아 술만 퍼마시던 미제국주의자 군대의 맥아더 놈은 9월 7일, 남조선에 미군정 실시를 선포하고 무식한 야전군인 하지 중장 놈이 이끄는 미 24사단을 9월 8일 인천에 상륙시켰다. 소련군보다 거의 한 달가량 늦게 도착한 것으로서 앞서 언급한 미국 놈들의 첫 번째 패착이었다. 여운형은 미국 유학 경력이 있는 동생 여운홍 등 3명을 건국준비위원회 대표로 인천항에 보냈다. 그러나 하지 중장 놈은 이들을 보는 체도 하지 않고 만나주지도 않았다. 하는 수 없이 이들은 참모장만 만나고 돌아왔다.

이날 남조선 인민들은 불쾌한 일을 경험했다.

미국 놈들은 여전히 일본군에게 치안을 맡겨두고 있었다. 이날 미국 놈들을 환영하기 위해 인천부두로 인민 군중들이 모여들었는데 일본군들이 군중을 향해 발포함으로써 2명의 남조선 인민이 목숨을 잃은 사건이 발생했다. 이로써 우익의 지지세력은 확산되지 못하고 오히려 좌익의 지지세력이 확산될 수 있는 호재가 연이어 터지고 있었다. 미국의 두 번째 패착이었다.

미국 놈들은 기차와 트럭으로 서울로 이동한 뒤 서울역에서 중앙청까지 행진했다. 한국에 대해 무지했던 미국 놈들은 여기서도 일본군을 동원하여 구경 나온 남조선 인민의 접근을 막았다. 이렇게 되자 남조선 인민은 미군에 대해 냉담할 수밖에 없었다. 주한 미군사령관 하지 중장 놈은 9월 9일 서울에서 아베 노부유키 조선총독에게서 항복문서를 받고 군정을 시작했다. 군정장관은 아키볼드 아널드 소장이란 놈이었다.

이날 미군정 당국은 또 다른 실책을 범했다. 태평양 미육군 총사령관 맥아더 장군 놈의 포고문 제1호, 제2호가 비행기 삐라로 서울 상공에 뿌려졌는데, 남조선을 소련군정 당국처럼

'해방지역'이 아니라 '점령지역'으로 규정하고 있었던 것이다. 또한 '점령통치에 저항하는 한국인은 군법회의에 회부한다'는 위협도 포함돼 있었다.

달포 전 평양에 진주한 소련군 사령관 치스차코프 대장이 북한 주민에게 '우리는 조선인민들에게 자유를 주러 왔다'고 설파한 포고문과 확연한 대조를 이루었다. 이때부터 좌익은 마음놓고 소련군을 '해방군'으로, 미군을 '점령군'으로 부를 수 있게 됐다. 소련군 10개 사단과 헌병·경찰로 이루어진 소련군정 세력은 북한에 진주하자마자 치안 유지부터 확실하게 잡아갔다. 남조선에 비해 중공업 시설과 발전시설이 반파는 되었지만 복구가능할 정도로 많이 남아 있던 북조선은 머지 않아 치안질서가 잡히며 경제가 살아날 것처럼 보였다. 주민은 불안한 가운데 희망을 가질 만했다.

반대로 남조선에 주둔한 미군은 처음부터 실수투성이인 채 주둔지에 대한 그 어떤 애착도 보여주지 못했다. 미군의 세 번째 패착이었고 소련군의 연이은 쾌재였다.

서울에서 군정을 시작한 미국 놈은 박헌영의 '조선인민공화국'을 두고 일본군을 항복시키는 데 아무런 기여도 하지 않았다며 인정하지 않았다. 그렇다고 미군정 당국이 소련과 대척점에 서서 확실한 반공노선을 지향하지도 않았다. 몇 달 전

사망한 미국의 루스벨트 대통령과 그의 행정부는 좌우합작주의자들로서 소련과의 관계가 돈독했으며 관료의 상당수가 사회주의자이거나 공산주의자였다. 이들은 세계적 조류가 공산주의라고 알고 있던 '쓸모 있는 머저리들'이기 때문이었다.

루스벨트의 최측근이었던 미국무부 동아시아 담당관 앨저 히스, 극동국장 존 카터 빈센트 같은 양키는 모스크바로부터 직접 비밀지령을 받고 조국인 미국의 일거수일투족을 스탈린 대원수의 책상 위에 올려다주고 있었다. 그런 자들이 미국 행정부에만 무려 57명이나 있었다. 이들로 인해 미국에서 외교노선의 독립운동을 해오던 리승만은 '꼴통 반공주의자'로 찍혀 미 행정부조차 그의 귀국에 협조를 하지 않았다. 해외 독립운동가들 중에서 유일하게 국적을 바꾸지 않아 무국적자 신분이던 리승만은 해방된 조국으로 돌아올 여권을 발급받을 수 없게 됐다. 국무부의 친소련 관리들은 리승만의 여권 발급을 조리돌림하듯 이리저리 떠넘기며 애를 먹였다.

북과 남의 장기판

김일성 동지가 대중 앞에 처음 나서고 환영행사가 있은

10월 16일, 이날 새벽 남조선의 김포공항에 미 군용기 한 대가 착륙했다. 철판 트랩을 밟으며 내려오는 노인 한 사람이 있었다. 계급장도 없는 미군 복장의 동양인이었다. 개인자격으로 여권을 받아 비밀리에 귀국했기에 수행원도 없었고 몇 명의 미군만이 이 노인을 맞이했다. 김일성 동지보다 무려 서른일곱 살이나 많은 리승만이었다. 리승만이 남조선에 입국한다는 정보는 김일성 동지와 소련군정 당국도 알고 있었지만 크게 신경 쓰지는 않았다.

그런데 이날 정오 무렵 그의 도착을 알리는 호외가 시내에 뿌려지면서 남조선 주민은 환호하기 시작했다. 1942년 8월 29일부터 미국무성의 심리전 방송인 VOA(Voice of America)의 단파에 실려 리승만의 음성이 조선땅에 울려퍼졌던 까닭에 그의 명성을 모르는 자가 없을 정도였다. "나는 리승만입니다. 지금부터 내가 하는 말을 잘 듣고 동포들에게 잘 전해주시오. 지금부터 전하는 소식들은 바로 우리의 생명이요, 자유인 것입니다…." 하던 떨리는 목소리를 일제의 감시를 피해 몰래 들었던 조선 민중은 리승만을 꿈에서라도 한번 보기를 염원했던 것 같다.

리승만이 묵게 된 조선호텔 앞은 환호하는 군중으로 넘쳐났고 그 속에는 박헌영의 좌익들도 있었다. 이것은 비록 미군정이 인정해주지는 않았지만 '조선인민공화국'의 주석직을 리승만이 맡으면 유리할 것이란 박헌영의 정치적 계산은 정확히 들어맞고 있었다.

김일성이 북조선에 도착하기 이전부터 소련군정 당국의 지원 아래 각 지방에 당 하부조직인 인민위원회가 조직되었지만, 미군정 아래의 남조선은 별다른 조치가 없었다. 리승만 또한 정당을 만들 생각도 없었고 어떤 정당에도 가입하지 않으려 했다. 아무리 조지 워싱턴 대학교, 하버드 대학원, 프린스턴 대학원을 나와 동양인 최초의 국제정치학 박사가 된 리승만이지만 중학교만 다니다 그만둔 우리의 위대하신 수령 김일성 동지에 비하면 정치 투쟁력은 새발의 피였던 것이다.

김일성의 평양 군중대회와 달리 리승만은 도착한 날 오후에 하지 중장과 아널드 장군의 안내로 중앙청에서 기자회견을 했다. 외신기자도 많았기 때문에 리승만은 영어와 한국어를 유창하게 하며 기자들의 질문에 일일이 답변했다. 이런 기자회견 자체가 리승만을 지지하는 세력에게 확신과 자신감을 심어주었다. 이는 지지세력의 확산에 크게 기여하게 됐으며 1주일도 안 돼 '독립촉성중앙협의회'라는 65개 제 정당 및 사회단체의 연합체가 조직되는 데 큰 힘이 되었다.

이때부터 북과 남이라는 장기판에 33세의 김일성과 70세의 리승만이라는, 손자뻘 되는 젊은 혁명가와 할아버지뻘 되는 노 혁명가라는 두 궁(宮)이 마주본 채 피 튀기는 북남 대결이 시작된 것이다. 치스차코프 대장의 주변엔 MGB 장교들이 동분서주하며 각종 훈수를 두는 반면, 하지 미군사령관 주변은 여전히 상황을 제대로 파악하지 못하고 좌충우돌하는 미국의 좌우합작주의자들이 소련에 유리한 훈수를 해주고 있었다. 게다가 하지 중장과 리승만은 사이가 매우 나빴다. 행운의 여신은 우리에게 미소를 짓고 있었다.

남조선의 같잖은 독립운동

리승만은 미국에 있을 때부터 강대국이 한국인에게 즉각 독립을 허용하지 않을 위험이 클 것이라고 예상했었다. 그의 최우선 목표는 한국인이 독립국가를 세우는 것을 미국과 소련이 방해하지 못하도록 압박하는 일이었다. 이를 위해서는 한국인의 단결이 시급했다. 리승만은 "뭉치면 살고 흩어지면 죽는다"는 단결 구호를 만들어냈다. 분열된 한국인의 모습이 강대국으로 하여금 독립을 늦추기 위한 구실이 될 것을 염려했다. 그래서 1945년 10월 23일 리승만은 65개 정당과 사회단체 대표를 모아놓고 '독립촉성중앙협의회'를 조직했다. 그러나 이 협의회는 65개 단체의 느슨한 연합체에 불과했다.

이때는 리승만도 좌우합작을 시도했다. 무엇보다 강대국에게 한국인의 단결된 모습을 보여야 한다고 생각했기 때문이었다. 그는 방송을 통해 "나는 공산주의도 반대하지 않을 뿐만 아니라 경제정책 면에서 채택할 점이 많다고 생각한다"고 긍정적으로 말했다. 자기는 "공산주의자들 가운데 혁명을 고집하는 파괴분자만 거부할 뿐"이라고도 말했다.

보고를 받은 스티코프 대장과 레베데프 소장은 이것을 리승만의 술책이라고 간파했다. 그리고 무전으로 지령을 내려 "박헌영과 여운형 등은 리승만의 술책에 대비하라"면서 "협력 조건으로 '친일파 숙청'을 내걸라"고 지령을 내렸다. 리승만이 받지 못할 카드라는 것을 스티코프가 알아챈 것이었다. 며칠 뒤 리승만은 좌우합작의 명분을 충족하기 위해 공산당의 박헌영, 인민당의 여운형과도 접촉했다. 10월 31일, 박헌영이 돈암장으로 리승만을 방문했다. 그리고 협조의 선결조건으로 '친일파 숙청'을 요구했다.

이에 대해 리승만은 "친일파 숙청은 나라가 세워진 다음에 해도 늦지 않다"고 응수했다. 리승만과 조만식처럼 반공 자유주의 국가 건설을 염두에 둔다면 일제에 협력했던 엘리트들을 재활용하지 않을 수 없기 때문이었다. 스티코프나 박헌영도 리승만과 조만식의 그런 입장을 너무나 잘 간파하고 '친일파 숙청'을 밀어붙인 것이었다.

결국 리승만은 좌익과 타협이 불가능하다는 것을 확인하고 박헌영이 만든 '조선인민공화국'의 주석직을 받아들이지 않겠다고 선언했다. 스티코프는 이것을 빌미 삼아 박헌영에게 '독립촉성중앙협의회'를 탈퇴하라고 지령을 내렸다. 그러자 조선공산당은 리승만을 비난하고 '독립촉성중앙협의회'를 탈퇴했다. 여운형의 인민당도 탈퇴했다. 결국 '독립촉성중앙협의회'는 우파 연합체가 되고 말았다. 리승만의 좌우합작은 이렇게 끝이 났다.

스티코프 대장과 레베데프 소장은 모스크바의 MGB본부와 로동당의 정보기관인 연락실의 임해를 통해 리승만에 대한 상세한 조사자료를 요구했다. 리승만이 남조선의 최고 정치 거물로 부상하자 심층 분석을 하지 않을 수 없었기 때문이다. 모스크바에서 두 상자 분량의 자료가 비행기를 통해 임해의 당 연락실 조사부로 들어갔고 소련 유학생 출신들이 모여들어 며칠 동안 분석작업에 들어간 뒤 조사부는 짧지 않은 리승만 보고서를 만들어냈다. 한 부는 소련어로, 다른 한 부는 한글로 작성됐으나 스티코프와 레베데프는 이 보고서를 검토

한 후 김일성 동지에게 개략적인 것만 보여주도록 지시했다. 향후 김일성 동지가 치러야 할 과중한 역사적 임무에 리승만 보고서가 자칫 심리적 부담을 줄 수 있다고 판단했기 때문이다. 보고서 내용의 일부는 이렇다.

참조사항(김일성 동지에게는 이 참조사항만 전달됨)

▶ 리승만과 정면 대결을 피할 것. 그는 교활한 여우로 보아야 할 것임.

▶ 강점: 영어를 매우 잘하고 미국에서 고학력자로 활동해와 미국 정치인들을 마음대로 주무를 정도의 외교적 역량이 강함. 남조선 인민들에게 이름이 예상외로 많이 알려져 있음.

▶ 약점: 국제정치에 경험이 많은 데 비해 국내정치에는 주목할 만한 업적이나 경험 및 탄탄한 조직이 전혀 없음. 많이 배운 것은 인정할 만하나 남조선 인민들은 그의 말을 못 알아먹을 정도로 무식하여 그가 쌓은 학업은 별무소용이 될 것임.

김일성 동지처럼 유격전이나 군사적 경험이 전무함. 정치공작을 위한 조직과 운용법도 체득한 바 없음. 태생이 왕족이어서 충효 같은 봉건적 계급사상이 몸에 배어 있을 것임. 따라서 그를 무조건 칭송하면 경계의 벽을 허물 수 있을 것임. 이런 이유로 그를 중심으로 충성경쟁이 심하게 일어날 것임.

만약 남조선에서 리승만이 실권을 쥐게 된다면 남조선은 리승만의 학력 때문에 학력 위주의 사회로 갈 공산이 큼. 이는 남조선이 조선조의 문신우위 사회조직으로 형성될 가능성이 크다는 것을 의미함. 그만큼 무신(군인)들을 차별하는 사회가 되어 남조선 군부가 리승만 정권하의 불만계층의 핵심이 될 공산이 큼.

건의 사항

— 모스크바를 통해 미국의 리승만 견제를 강하게 요구해야 함.

— 리승만은 유격전이나 군사적 지식이 부족할 것이므로 향후 그가 실권을 장악한다면 우리가 무력으로 그 빈틈을 치고 들어가야 할 것임.

— 남조선에 군부가 들어선다면 그 내부에 프락치 공작을 강화해야 할 것임.〈이상〉

소련어로 번역된 리승만 보고서를 읽어본 스티코프와 레베데프 장군은 김일성 동지에게 리승만을 반드시 견제할 것을 지시했다. 김일성 동지는 북에서의 조만식, 남에서의 리승만 등 두 노인과 대결해야만 했다. 대북공작과 대남공작이 동시에 진행되었던 것이다. 이런 고민은 소련군정이나 미군정도 마찬가지였다. 한반도의 두 지역에 뿌리내린 리승만과 조만식이란 터줏대감을 밀어내고 군정 당국이 영향력을 마음대로 행사하기에는 그 뿌리가 너무 강했다.

소련군정은 북조선 지역의 정치지도자인 조만식을 회유와 협박을 통해서라도 소련의 정책에 찬성하게 만들어야 했다. 그러나 진척이 되지 않자 김일성 동지의 '조만식 처리' 주장이 은근히 힘을 얻기 시작했다.

소련군정 당국과 민족지도자 사이의 진전이 없을 듯하던 관계를 뒤흔든 사건은 1945년 12월 27일, 모스크바 3상 회의에서 결정된 '신탁통치안'이었다.

조만식의 마지막 1주일

모스크바의 결정이 알려지자 조만식은 평안남도 인민위원회 확대회의를 즉시 개최해서 신탁통치 문제를 두고 소련과 공개적으로 충돌했다. 그때부터 1주일 동안 소련 극동군사령부의 정치장교들은 역할을 분담해가면서 조만식과 접촉했다.

1월 2일, 로마넨코 장군은 "표현이 신탁통치일 뿐 신탁통치가 아니라 후견"이라며 조만식을 설득했고 그게 먹히지 않자 "당신만 협력한다면 조선정부의 고위직으로 옹립하고 김일성은 군부만 맡도록 하겠다"는 파격적인 제안까지 했다.

1월 4일, 소련군정청장 겸 소비에트연방 극동군사령부 정치위원 스티코프는 조만식을 찾아와 "당장 신탁지지 성명을 발표하라"고 강요했다. 이에 조만식은 완강히 거부했다. 화가 난 스티코프 대장은 권총을 뽑아 들고 조만식을 위협했다. 조만식은 자신의 한복 옷자락을 펼쳐 보이면서 "그래, 쏘려면 쏴봐. 이 개자식들아!" 하며 대들었다. 조만식의 배짱과 기개에 질려버린 스티코프가 얼굴을 붉히며 돌아갔다.

다음 날인 1월 5일 오전, 점령군 사령관 치스차코프가 나타났다. 그는 조만식에게 "신탁통치 결정서에 서명만 해주면 조선의 대통령으로 우리가 만들어주겠다"며 최상의 조건을 제시했지만 조만식은 요지부동이었다. 그동안 김일성과 조만식의 제자 최용건도 여러 번 찾아갔다. 심지어 최용건은 19차례나 찾아가 설득했지만 조만식은 끝내 모스크바 의정서에 대한 지지를 거부했다. 이미 남쪽에서도 대규모 반탁시위가 일어나고 있었기 때문에 소련군정과 김일성 동지로서는 대북공작의 장애물 제거에 집중해야만 했다.

1월 5일 오후, 극동군사령부의 수뇌들이 모여 회의를 통해 최종 결정을 내렸다. 김일성 동지와 최용건 동지가 참석한 이 회의에서 수뇌들이 한 결정은 다음과 같았다.

— 한반도 조선의 유교 봉건적 정치인들은 현실적인 조건을 내걸면 회유가 가능했는데 조만식처럼 개신교도들은 어떤 권력을 제시해도 타협이 되지 않는다.

— 따라서 정치 일선에서 제거하는 방법을 택하는 수밖에 없다.

— 현재 인민정치위원회 위원장에서 축출하고 연금에 처해야 한다.

— 이를 위해 인민정치위원회 긴급회의를 개최하고 우리 측 위원을 중심으로 연계해서 다수결로 탄핵을 추진한다.

문제는 대중에게 조만식의 연금을 어떻게 설득시키느냐였다. 그때 내무인민위원회 총책 아노힌 소장이 해결책을 제시했다. 원래 감옥에 있던 조만식을 조선총독부가 철수 직전에 가장 먼저 석방시킨 것은 조만식이 일본 첩자였기 때문이라고 그의 심문 서류를 위조하면 될 것이라고 했다. 모두 아노힌 소장의 의견에 찬성했다. 소련 제25군 특별정치선전공작대인 제7부 부책임자 레오니드 바신은 이 공작의 추진을 전담하기로 했다.

한 시간도 걸리지 않았던 이날 회의가 끝난 뒤 인민정치위원회가 곧바로 열렸다. 그리고 조만식은 평양의 고려호텔에 연금되었다. 그날부터 신문과 방송은 조만식의 일본 첩자설을 퍼뜨리기 시작했다. 우려했던 조만식 지지자의 반발은 이 공작으로 무산됐다. 이로써 거대한 조만식의 권력은 신탁통치안이 발표된 지 1주일 만에 뿌리째 뽑혀진 것이다.

우리의 희망을 짓밟은 리승만 역도

북에서 조만식이 제거되는 동안 남쪽에서는 신탁통치안을 놓고 좌우익이 충돌했다. 신탁통치안이 한반도로 전해지던 12월 27일, 좌우익 할 것 없이 모두가 반탁운동에 나서면서 '탁치반대투쟁위원회'가 결성됐다. 처음에는 좌우로 갈라진 남조선 인민을 '신탁통치안'이 하나로 결집시키는 역설적인 매개체가 되었다. 그러나 뒤늦게 모스크바로부터 스탈린의 비밀 지령이 내려옴에 따라 12월 28일 박헌영이 평양으로 소환되어 스티코프 대장으로부터 지시를 받고 내려갔다.

해가 바뀐 1946년 1월 3일, 좌익들이 갑자기 찬탁운동으로 돌아서며 우익과 정면으로 대립하기 시작했다. 우익은 조직적인 반탁운동을 전개해나갔다. 리승만은 라디오 방송을 통해 신탁통치의 부당성을 지적했다. 그는 "신탁통치가 시작되면 소련이 개입하게 될 것이고 그렇게 되면 한반도는 결국 공산화되고 말 것"이라고 경고하고 있었다. 그런 리승만의 뒤를 이어서 김구가 신탁통치 반대운동을 주도했다. 그는 모스크바 협정문이 서울에서 보도된 12월 28일 오후, 숙소인 경교장에서 임시정부 긴급국무회의를 소집했다. 그리고 '신탁통치반대국민총동원위원회'를 조직했다.

남조선에서 이런 일로 난리를 겪는 동안 북조선에서는 조만식을 제거한 이후부터 대북공작의 완성단계에 들어갔다. 이때부터 북조선은 준비된 순서대로 제도화 작업이 진행되었다. 2월 8일, 김일성 수령의 영도 아래 국회와 동일한 '북조선임시인민위원회'가 꾸려졌다. 위원장은 김일성 수령으로, 조만식 제거에 성공한 김일성 동지가 실질적인 북한의 통치자가 된 것이다.

남조선 적들이 모르는 사이에 우리는 이렇게 번듯한 정부를 꾸렸다. 그리고 토지개혁을 신속하게 실시하면서 유산계급의 대대적인 숙청작업을 시작했다. 이 제도개혁은 전통 양반 문벌이나 지주계층의 뿌리를 뽑았다. 이는 토착 우익세력의 거세를 의미했다.

동시에 대대로 천대받고 살아오던 하층민에게는 신이 내려 준 축복의 계절을 의미했다. 이들은 노비·머슴·하인·소작농의 신분에서 해방되어 거꾸로 이들의 주인이던 지주를 잡아 가둘 수 있는 위치에서 살게 된 것이었다.

이로써 북쪽 지역 대다수가 재산증가와 더불어 신분상승을 체험하게 되었다. 이들에게 김일성 수령 동지는 친부모나 조상보다 더 위대하고 고마운 은인 중의 은인이었다. 정치선전 공작대가 바쁘게 움직여 북조선 땅에 인류 최고의 이상사회가 건설될 것이란 희망을 유포시켰다.

이때부터 약 10년간 북한지역에서 살던 사람은 이 시기를 영원히 잊지 못할 것이다. 남반부의 미제가 물러나고 리승만 역도가 사라지면서 통일이 되었다면 그런 꿈같은 나라가 한반도에 등장할 것이라고들 믿었다. 그러나 꿈은 무참히도 짓밟혔다. 지금까지 70여 년 동안 우리가 고난의 행군이다 뭐다 하면서 개고생을 해온 것은 순전히 당시 남반부의 미제와 리승만 역도 때문인 것이다.

제2장
남로당의 분투

친일의 멍에를 리승만에게 뒤집어씌운 한민당

해방직후 소련군정 아래 북조선 사회는 질서정연하게 사회주의 체제로의 제도개혁이 착착 진행되었다. 하지만 미군정 아래 남조선 사회는 좌우익으로 분열된 채 연일 혼란의 연속이었다. 갑자기 쏟아져 들어온 정치적 자유를 주체할 수 없었던 인민들은 절제와 균형, 의무와 책임을 배운 바 없었기 때문에 자유의 가치를 중구난방으로 남발하고 있었다. 치안이 급선무라는 걸 뒤늦게 알게 된 미군정청 사령관 하지 중장은 45년 10월 경찰조직으로서 경무국을 신설하고 조병옥을 면담한 뒤 경무국장으로 결정했다.

조병옥은 미국 유학을 한 바 있어 영어로 의사소통하는 데 문제가 없었고, 리승만을 도와 외교노선의 독립운동에도 참여했으며, 도산 안창호 계열의 독립운동가로서 옥고도 치렀다. 그리고 해방직후 김성수와 한민당을 창당해 정치활동을 막 시작할 무렵이었다.

하지 중장은 조병옥이 능력과 권위 면에서 내무부장관이자 경찰청장 격인 경무국장으로서 적당한 인물이라 판단했다. 경무국은 각 도에 경찰청을, 시와 군에는 경찰서를 설치하고 수도경찰청장에는 장택상, 검찰총장에는 이인, 대법원장에는 김용무를 임명하며 사법체계를 구축했다. 한민당의 기회주의적 공작이 성공을 거두기 시작한 것이었다.

경무국장이 된 조병옥에게는 국민의 80퍼센트가 문맹이던 시절이어서 경찰로 쓸 인재가 턱없이 부족했다. 조직은 일제강점기의 틀을 그대로 가져와 쓸 수 있었지만 사람이 없었다. 그는 일제시대의 경찰 경력자들을 대거 채용했다. 이에 남로당은 조병옥 경무국장을 '친일경찰을 등용한 친일파'라며 공격할 수 있게 되었다.

세월이 흘러 70년쯤 뒤 역사에 무식해진 남조선 인민들이 리승만이 친일경찰을 채용한 것으로 믿게 되는 것도 남로당이 이때부터 친일경찰 시비를 일삼았기 때문이다. 그러나 남조선의 한민당과 그 후예인 대한민국의 민주 인사들은 이런 사실에 입을 싹 씻고 모르쇠로 일관해 리승만에게 친일경찰 비호라는 멍에를 뒤집어씌워버렸던 것이다.

한편, 남조선의 치안질서가 경무국의 등장으로 서서히 잡혀가기 시작하자 남로당으로서는 보다 강력한 투쟁이 요구되었다. 그러던 차에 소미공동위원회가 개최되기 하루 전날인 1946년 5월 7일, 조선정판사 위조지폐 사건이 터졌다. 이 사건은 해방직후 좌익의 합법·반합법·비합법 투쟁을 배합시킨 모든 대중투쟁 전술이 총망라된 최초의 모범사례가 되었다. 이 사건의 참고자료들은 모두 강동정치학원의 주요교재가 되기도 했었다.

공화국 화폐개혁을 1년이나 몰랐던 남조선 멍텅구리들

초기에 우리 북조선은 소련군이 갖고 온 군표를 화폐와 동일하게 간주하며 유통시켰다. 소련군의 군표가 화폐와 같이 유통되자 일제 때부터 사용해 오던 조선은행권을 별도로 끌어모아 남조선에서 사용할 각종 공작금으로 활용할 수 있었다. 그러나 이것이 충분치 않자 북조선이 1947년 12월 6일,

화폐개혁이란 명목으로 조선은행권을 회수하는 대신 북조선중앙은행권을 일률적으로 배포했다. 조선은행권을 무조건 몰수하는 대신 주민 1세대당 최고 500원을 북조선중앙은행권으로 나누어 준 것이다. 전부 다 몰수해버리자고 하는 간부들이 있었으나 너그러우신 수령님의 은혜로 최고 500원까지는 보상해준 것이었다.

회수된 조선은행권은 남조선에서는 그대로 사용가능했었다. 정보기관이 제대로 없었던 남조선에서는 북조선에서 화폐개혁이 됐다는 사실도 모른 채 1948년 4월까지 조선은행권을 그대로 사용하고 있었기 때문에 남파 공작원들의 공작금은 넘쳐흘렀다.

이때 남조선으로 흘러들어간 조선은행권으로 공작원들이 매입한 부동산 등 각종 재산은 남조선 내 고정간첩의 공작자금원이 되어 그 후로도 오랫동안 사용됐다.

당시 박헌영 동지의 공산당은 북한의 김일성처럼 소련군 MGB의 정치장교로부터 직접적인 지원을 받지 못한 상태에서 북조선의 창당 계획에 보조를 맞추다보니 자금부족으로 애를 먹고 있었다. 활동자금을 충당할 수 있는 보급투쟁으로서 합법·반합법적 수단을 강구하던 중에 인쇄소인 '조선정판사'가 일제가 사용했던 조선은행권 동판을 갖고 있음을 알게 된다. 위조지폐로 거액을 확보할 수 있는 절호의 기회를 포착한 것이다.

알리바이를 위해 공산당 기관지 발행처인 해방일보사가 정판사 건물 2층에 입주를 하는 등 치밀한 위장을 해가면서 위조지폐 인쇄가 시작됐다. 「해방일보」 사장 권오직과 이관술은 일제 말 조선은행 100원권을 인쇄하던 '치치자와 인쇄소'의 후신인 '조선정판사' 사장 박낙종과 부사장 송언필에게 위조지폐 제작 업무를 맡겼다. 박낙종의 지시를 받은 평판과장 김창선이 5차례에 걸쳐 총액 1,200만 원의 위조지폐를 인쇄, 시중에 흘렸다가 5월 5일께 남조선 경찰에 의해 꼬리가 잡힌다. 경찰은 그 뒤를 추적하여 5월 7일 권오직과 이관술을 제외한 전원을 체포했다.

이 사건이 언론을 통해 보도되자 이미 유포된 위폐로 인해 시중은 일대 혼란이 발생했다. 거의 모든 인민들이 자신이 소지한 100원권이 위폐인지 의심하고 은행이나 경찰서를 찾아와 확인을 요구하기도 했으며 급작스레 시중의 물가가 폭등하는 등 인플레 조짐도 보여 조선공산당으로서는 소기의 성과를 올린 것으로 평가할 만했다.

대중투쟁전술의 모범 사례 보인 위폐 법정투쟁

반합법 투쟁이 경찰의 검거로 좌절되면 오히려 이를 투쟁의 기회로 삼는 기법도 이때 처음 선보였다. 위조지폐 관련자 10여 명이 체포되자 박헌영의 조선공산당은 당 중앙위원회 성명을 통해 "이 사건은 조선공산당과는 무관하다"고 발표하고 미군정장관 하지 중장에게 "담당 검사를 파면하고 좌우익 두 파에서 각각 3명씩, 민간 법조인 6명이 공동으로 특별조사위원회를 꾸려 기소여부를 결정하자"고 우겼다. 또한 시중에는 "경찰과 군정당국의 공작이요, 음모"라는 유언비어를 퍼뜨렸다. 이것은 조병옥 경무국장과 장택상 수도경찰청장을 한층 더 반공주의자로 만드는 부작용을 불렀다. 영어를 잘했던 조병옥 경무국장은 조선공산당의 주장을 한층 더 과장되게 번역해 미군정청을 흥분하게 했다.

억지주장에 분개한 미군정청은 5월 21일 성명을 통해 "위조지폐 사건은 경찰을 통해 이미 철저한 조사가 진행됐음에도 조선공산당은 여러 가지 허위성명과 유언비어를 퍼뜨리고 있다"고 강조하고 조선공산당 본부로 사용하고 있는 장소를 제외하고 위조지폐 사건의 본거지인 근택빌딩을 폐쇄하고 '조선정판사'에서 인쇄 중이던 공산당 기관지도 폐간시켰다.

이 사건이 법정으로 옮겨갔을 때 어떤 식으로 투쟁해야 하는지도 남로당은 실로 모범적인 사례를 남겨주었다. 1946년 7월 29일, 위폐범에 대한 제1차 공판이 시작되자 조선공산당은 조직적으로 공판장을 아수라장으로 만들면서 공판을 진행하지 못하게 하는 기획을 추진했다.

박헌영의 공산당 청년조직인 '민주학생연맹' '민주애국청년동맹' 소속 학생들을 일반 방청객으로 위장시켜 동원했다. 학생들은 장내는 물론 장외까지 수천 명이 집결함으로써 여론의 주목을 끌어내는 데 성공한 것이다. 이들은 일반 군중을 선동해 「적기가」를 부르고 '조선공산당 만세'를 외치는 등 법정 주변의 질서를 무너뜨렸다.

공산당의 공세에 남조선 경찰이 어떻게 대응했는지도 주목할 만한 부분이다. 당시 장택상 수도경찰청장 놈은 기마대를 긴급 출동시켜 집결했던 인민대중을 해산시키고 주모자로 조선공산당 서기국원, 민주학생연맹 및 민주애국청년동맹 학생 등 동지 47명을 체포해 공무집행 방해죄로 군법회의에 송치시켰다.

최종 판결은 상당히 비민주적이어서 극형이 내려져 혁명동지들의 안위가 염려스러울 정도였다. 당시 체포된 동지 가운데는 무기징역 4명, 15년 형 3명, 10년 형 3명 등이었다.

이 사건은 미군정 당국이 비로소 공산주의자에 대하여 강경책을 펴게 된 계기가 되었다. 동시에 박헌영 계열의 조선공산당이 본격적인 반미투쟁과 친일파 논쟁을 펴게 되는 계기도 되었다.

스티코프 동지의 지도로 성공시킨 9월 총파업

당시 박헌영의 조선공산당은 '조선정판사 투쟁'으로 청년조직이 피해를 입자 70년 뒤 남조선의 '민주노총'처럼 노동자를 조직적으로 동원해 영향력을 행사할 수 있는 '조선노동조합전국평의회(전평)'를 활용하여 새로운 전술을 고안해냈다. 해방직후 남조선 사회는 일제 말기에 공장 등지로 지하화했던 공산주의 운동가들에 의해 구성된 노동조합들이 만연하고 있었다. 이들이 해방직후 합법조직으로 변신하면서 전국화한 것이 '전평'이었다.

특히 '철도노조'와 '전기노조' 등은 오늘날 남조선의 '금속노조'와 같이 막강한 전투력을 보유하고 있었다. 46년 7월 중순 당시 전평 상무위원회는 당의 '신전술 지령'에 입각해 '10월 전국 총파업투쟁'을 전개키로 결정했다. 미군정 운수부에서 운수부 노동자 25퍼센트를 감원하고 월급제를 일급제로 전환하기로 한 기회를 이용하려 한 것이다. 9월 9일, 박헌영은 평양의 MGB 스티코프 대장에게 무전으로 질의서를 보냈다.

"당이 사회단체들을 어떻게 이끌어야 하는지 지도 바람."

이에 스티코프는 다음과 같은 답변 문건을 작성해 무전수를 통해 즉시 전달했다.

"테러와 압제에 반대하는 대중적인 시위를 벌이고 항의집회를 개최할 것.

파업시기를 9월로 앞당길 것. 경제투쟁을 정치투쟁으로!"

그날 오후 박헌영은 전평 지도부의 긴급회의를 소집하고 10월로 예정된 파업을 9월 23일로 앞당길 것을 결정했다. 이 계획대로 총파업은 9월 23일, 가장 먼저 부산 철도노동자 7,000여 명이 일급제 반대 등을 요구하며 파업의 불을 댕겼다. 9월 24일에는 서울과 대구를 비롯한 전국 철도노동자 4만여 명이, 9월 25일에는 출판노조와 전신관계 노동자들이 동조파업을 단행해 파업의 충격파는 남조선 전역으로 퍼져나갈 수 있었다. 이들을 지원하기 위해 대학과 전문학교, 심지어 중학교에서도 동맹휴학 투쟁이 일어났다. 포섭된 교사들이 앞장서서 주도한 결과였다.

스티코프 대장은 박헌영이 자금부족에 시달리는 점을 감안해 공작금 200만 엔을 인편으로 보내면서 '체포된 좌익 활동가들의 석방' 등 결코 받아들일 수 없는 정치문제를 요구조건 속에 포함시키고 이것이 관철될 때까지 파업투쟁을 계속할 것을 지시했다. 이는 우리의 위대한 공산당만이 할 수 있는 협상전술이었다.

파업의 전면에 조선공산당은 나타나지 않았다. 대신 허헌과 김원봉이 이끄는 민주주의민족전선이 지휘를 맡았다. 행동은 조선공산당의 외곽단체인 조선노동조합전국평의회와 전국농민조합총연맹이 맡았다.

시체로 해방구를 만든 대구폭동

46년 9월 23일, 허헌과 김원봉이 진두지휘한 조직적인 파업이 시작되자 당황한 미군정청 놈들은 공산당간부 전원에 대한 체포령을 내렸다. 이때부터 남로당 간부들은 모두 지하로 숨어들어 투쟁해야만 했다.

한편, 철도파업은 물자운송의 중단을 야기해 예상치 못한 결과를 가져오는 좋은 전술임도 드러났다. 대구의 경우 물자운송이 중지되는 바람에 대구 시내의 식량사정이 열악해지면서 인심도 흉흉해지고 있었다. 남로당 대구시당 위원장 손기영 등 10여 명은 4월 26일 '남로당 노동자 총파업 대구시 투쟁위원회'를 결성하고 조직적인 파업을 지휘하면서 6개월 가까이 각종 유언비어를 유포시켜 민심을 불만의 늪으로 이끌며 선동해오고 있었다. 그러던 중 9월 23일부터 시작된 총파업으로 대구시내의 식량 사정이 극도로 나빠지자 이를 기회로 손기영과 그 지휘부는 구호를 '식량배급' '임금인상' 등으로 통일하고 '기아투쟁'을 전개했다.

10월 1일에는 장난삼아 "시청에서 쌀 배급을 준다더라"라는 유언비어를 유포시켰다. 이로 인해 부녀자 1,000여 명이 대구시청 앞으로 그릇을 들고 모여드는 예상치 못했던 사태가 발생했다. 그 와중에 "배급이 일절 없다"는 사실을 퍼뜨리자 화가 난 부녀자들이 대구 시청에 난입, 난동극이 벌어졌다. 대단히 훌륭한 작전이었다.

이날 오후에는 대구시 태평로 일대에 운수·금속·화학 노조원으로 구성된 500여 명의 시위대가 모여들어 관공서를 위협하기 시작했다. 이렇게 되자 80여 명의 무장 경찰이 등장하게 됐지만 발포는 하지 않은 채 시위대를 해산시키려 했다. 해가 지고 밤이 오자 허헌, 김원봉 등이 이끌던 지휘부는 시위대를 더욱 공격적으로 지휘했다. 그러자 무장경찰도 150명으로 증강 배치됐는데 밤 11시쯤 드디어 지휘부가 그토록 바라던 사건이 터졌다. 경찰의 위협사격이 촉발된 것이다. 그리고 얼마 뒤 파업 운동원 한 명이 경찰의 총에 맞아 쓰러진 것이다.

이 순간을 기다리던 황태성 동지가 연단에 올라와 군중들을 흩어지지 않게 열정적인 선동을 해가기 시작했다. "민중의 기, 붉은 기는 전사의 시체를 싼다. 시체가 식어 굳기 전에 혈조는 깃발을 물들인다…"라는 「적기가」가 노래로 불러지자 군중은 더 이상 군중이 아니고 광분한 전사로 변해갔다.

쓰러진 자는 멀쩡히 사라졌지만, 군중들은 시위대원이 사망한 것으로 믿었다. 시위대원이 사망한 사건은 그 순간을 잘 이용하지 못하면 대열이 분산되고 대오가 무너지게 된다. 황태성 동지는 연설을 하는 틈틈이 자신이 심어둔 세포조직들과 접선하고 폭동을 인접 지역으로 확산시키는 계획과 구체적인 장례식 행사준비방법 등을 알려주었다.

다음 날 새벽, 대구 남로당 본부에는 평양에 주둔 중이던 MGB 정치장교들의 지령들이 쏟아져 들어왔다. MGB 정치장교들은 대중의 분노를 자극하여 가공할 힘을 발휘하게 하는 데는 시체만 한 것이 없다는 점을 동유럽에서 이미 체험을 통해 잘 알고 있었고 그 방법을 상세히 전수해주었다.

10월 2일 아침이 밝아오자 황태성이 이끌던 조직원들이 경북대 의대의 시체를 노동자의 주검이라면서 메고, 밤새 제작한 수십 개의 만장을 세워 들고서 장례행진을 시작했다. 한 번도 대구 시내에 그토록 규모가 큰 장례 이벤트가 없었기 때문에 대단한 볼거리라 여긴 사람들이 더욱 거리로 쏟아져 나왔다.

장례 행렬이 태평로를 거쳐 대구경찰서까지 가는 동안 군중은 10만 명 이상 엄청나게 불어나 거대한 시위대가 되고 있었다. 이 분노의 대열에 1만여 명의 파업 동지들이 「적기가」를 부르며 동참하자 구경하던 군중조차 들뜨며 대열 속으로 가세했다. 장례행렬이 대구경찰서 앞에 도착하면서부터 분노는 절정에 달아올랐고 이를 본 경찰관들은 피신하기 바빴다.

경찰관사에 살던 가족들은 분노한 동지들의 손에 그 자리에서 목숨을 내놓아야 했다. 집안의 가구들을 거리로 꺼내 불태우며 대구경찰서를 완전히 점령하고 거리를 작은 해방구로 만들었다. 오후 1시쯤에 경찰서 무기고를 급습하면서 동지들은 무기를 손에 쥐기 시작했다. 일제때 독립운동조차 이렇게는 하지 못했던 남조선에서 대한민국의 건국을 저지하려는 무장투쟁이 최초로 벌어지게 된 것이다. (1980년 5월 18일, 광주에서 벌어진 항쟁도 대구항쟁과 비슷한 양상으로 전개됐다. 물론 우리 북조선이 광주항쟁에 개입했는지에 대해서는 조국 통일이 완전히 이루어질 때까지는 여기서 밝히지 않겠다.)

당시 대구에서는 무기를 든 동지들은 수십 명씩 조를 편성하고 시내 각 요소에 진을 쳤다. 그리고 우익 인사와 경찰가족을 돌과 몽둥이로 때려죽이고 팔다리를 밧줄로 묶어 찢어 죽이는 등 분노의 처형을 해나갔다. 이어서 대구 시내 각 지서와 파출소를 점령해가면서 「적기가」를 힘차게 부르며 시내 행진을 계속했다.

미군정 당국은 10월 2일 오후 6시를 기해 대구시 일원에 계엄령을 선포하고 미군의 지원 아래 대구경찰서를 비롯한 각 지서와 파출소를 포위했다. 소기의 목적을 달성한 동지들은 즉각 해산하면서 자취를 감추었다. 습격 후 도피와 탈출을 성공적으로 해낸 것이다.

당시 한반도에서 벌어진 대규모 민란에서 역사적으로 부상하게 되는 몇몇 인물들도 씨줄과 날줄이 교차하는 행적을 보여주고 있었다.

황태성에 대하여

1906년 경상북도 상주에서 태어난 황태성 동지는 사회주의 운동가로서 일제 강점기를 살아냈다. 1921년 경성공립제1고보에 입학했으나 1924년 동맹휴교 사건에 연루돼 퇴학을 당했다. 1925년 4월 연희전문학교 상과에 입학했지만 그해 10월에 다시 퇴학처분을 받았다. 그해 가을부터 김천 청년연맹을 결성하고 기존의 김천 노우회 조직을 사회주의적으로 바꾸는 영향력을 행사했다.

그는 1927년 신간회 김천지부 설립에 참여하면서 「조선일보」와 「중외일보」 김천지국 기자로 활동했다. 1929년 4월에 서울에서 조선공산당청년회를 결성하고 경북 책임자로 활동하다 체포돼 2년간 옥고를 치렀다. 출옥 후에 다시 김천에서 조선공산당 재건운동과 혁명적 대중운동을 전개하다 일제 경찰에 체포돼 3년 6개월의 실형을 살았다.

해방직후에는 조선공산당 경기도당 위원이 되었다가 경북인민위원회 선전부장과 조선공산당 대구시당위원회의 위원으로 활동했다. 46년 6월 대구에서 한독당·인민당·공산당 등 좌우 세력의 4개 정당 지부가 연합한 대구공동위원회에 공산당 5인대표의 일원으로도 참가했다. 46년 9월 총파업이 대구에서는 식량부족으로 인한 기아투쟁과 결합되면서 10월폭동으로 확대되자 10월 1일 밤 지역 내 야체이카(세포조직)를 소집해 시위방침을 하달하고 다음 날 모여든 군중 앞에서 선동연설을 하는 등 항쟁을 진두지휘했다. 그는 이 폭동이 진압될 기미를 보이자 김일성 수령님의 품으로 달려와 안겼다. 수령님께서는 황태성 동지의 투쟁을 크게 평가하시며 48년 8월 해주에서 열린 남조선 인민대표자회의에서 최고인민회의 대의원으로 선출되도록 도와주시었다.

조선민주주의 인민공화국이 창설된 이후 무역성 부상으로 재직하던 중 1961년 박정희 도당이 권력을 잡자 연결고리가 되는 황태성 동지가 밀사로 남파됐다. 하지만 그해 10월 남조선 정보기관장 김종필 놈이 파놓은 함정에 빠져 형장의 이슬로 사라지고 말았다.

군사 쿠데타로 정권을 잡은 박정희가 과거 남로당 군사부장으로 가입할 당시 황태성 동지가 신원보증한 것이 탄로날까 두려워서였다. 박정희 놈은 황태성 동지를 사형시킴으로써 선거에 나가 당선되고 대통령을 죽을 때까지 해먹게 된다. 이로써 우리의 혁명과업은 한층 더 어려움에 빠지게 됐다.

박상희와 박정희 형제에 대하여

황태성 동지를 거론하자면 빼놓을 수 없는 사람이 박정희의 중형인 박상희다. 황태성과 같은 1906년에 경북 칠곡군 약목면에서 태어난 박상희는 구미보통학교를 졸업한 뒤 1920년대 말 선산청년동맹 준비위원과 상무위원을, 1928년에는 집행위원을 거치면서 사회주의자 황태성과 교분을 맺었다. 1927년 신간회운동이 시작되자 황태성과 함께 신간회간부로 활동했다. 이 무렵부터 황태성-박상희-박정희의 관계가 깊어졌다. 황태성은 훗날 박정희가 대구사범 졸업 1년 전인 1936년 김호남과 결혼하도록 중매를 서기도 했었다.

박상희는 열두 살 아래인 막냇동생 박정희가 교사를 그만두고 만주로 갈 때 반대를 했었고, 해방 후 경비사관학교로 갈 때에도 반대를 했었다. 그는 1934년 「조선중앙일보」 대구지국장, 1935년에 「동아일보」 구미지국장 겸 주재기자로 활동하면서 고향에서 영향력을 확대해갔다. 박정희가 존경했던 박상희는 독립운동으로 자주 일본경찰에 끌려갔으며 1944년에는 황태성과 같이 건국동맹에 가담하고 활동하다 체포되어 감옥에서 해방을 맞았다.

해방 후 박상희는 건국준비위원회 구미지부를 창설하고 인민위원회 내정부장, 45년 11월 전국인민위원회 선산대표가 되었다. 그는 신탁통치가 결정되자 반탁운동을 지도했으나 며칠 뒤 김일성 동지와 박헌영 동지가 찬탁을 지시하자 침묵했다. 46년 10월 1일 대구폭동이 황태성에 의해 확대되자 10월 3일 군중 2,000여 명을 동원해 구미경찰서를 공격하고 우익인사들을 감금했다. 그는 동지들이 우익의 처단을 요구할 때마다 이를 제지하는 데 앞장서며 단순감금에 그치고 있었다. 그러나 10월 6일 새벽, 공격해 오는 경찰과의 총격전 도중 경찰의 총에 맞아 숨졌다.

이처럼 허헌·김원봉·황태성 동지 그리고 박상희·박정희 형제의 운명은 1946년 10월 1일, 대구에서 촉발된 폭동으로 변곡점을 만나게 된다.

김종태 동지에 대하여

경북 영천에서 태어나 대구폭동 당시 동국대학교 경영학과에 재학 중이던 김종태 동지는 폭동에 참가한 젊은 학도였다. 대구에서 폭동이 잦아들면서 남조선 경찰의 대대적인 검색이 시작되자 그는 도주하듯 서울로 돌아왔다. 당시 김종태 동지는 남조선 특무에게 꼬리를 잡히지 않았으나 대구폭동이 진행되는 과정에서 그의 뛰어난 전투력과 과감성 그리고 영민함 등이 돋보여 우리 연락실 소속의 공작원의 눈에 띄었다. 공작원은 그날부터 조용히 김종태 동지의 일상을 몇 년에 걸쳐 관찰 했다. 서울에서 50년 3월 학교를 졸업한 김종태 동지는 안동사범과 포항 고등학교에서 교편을 잡다가 1954년 4월부터 1958년 8월까지 친형인 김상도 자유당 국회의원의 비서로 일했다.

한편 1961년 12월, 전남 무안군 임자도에서 면장을 지낸 유지 최영도가 그의 조카 김수영에게 포섭되면서 통일혁명당 사업이 시작된다(통일혁명당 사업에 관해서는 뒤에 더 자세히 기술하겠다). 최영도는 세 차례에 걸쳐 평양으로 밀입북하며 조선로동당에도 입당하고 지하당 조직과 각종 공작기술을 교육받았다. 조선로동당 연락부(연락실이 승격됨)는 남로당 출신의 인사를 은밀히 포섭하는 가운데 최영도에게 서울의 유력 인사로 김종태 포섭을 지시했다.

공교롭게도 김종태는 최영도와 김수영의 동생 김수상의 등장에 오히려 질투심을 느끼며 자신도 북쪽과 선을 닿게 해달라고 적극적으로 나왔다. 이렇게 해서 김종태 동지는 네 번에 걸쳐 밀입북했고 그 과정에서 김일성 동지와도 만났으며 공작원으로서 알아야 할 모든 기술과 교육을 습득했다. 그는 1964년부터 서울에서 합법적 출판물인 월간잡지 「청맥」을 발간하고 남조선의 청년학생과 지식인에게 반미-반국가 사상을 유포하면서 1965년 11월 통일혁명당을 창당한다. 남조선의 혁명렬사 김종태 동지의 위대한 족적은 이렇게 출발한 것이었다. 이야기를 다시 대구폭동으로 옮겨본다.

3개월간 73개 시·군을 타격하다

1946년 10월 2일 밤 대구를 해방구로 만드는 데 성공한 1,000여 동지들은 대구 시내의 거의 모든 자동차를 탈취하여 3일부터 비교적 경비가 느슨한 인접지역을 타격했다. 해방구가 만들어진 지역마다 무기를 탈취한 동지들은 평소 꼴 보기 싫은 자에게 복수의 방아쇠를 당겼으며 현장에서 오인사격도 부지기수로 발생해서 민간인의 희생이 늘었다.

하지만 그럴수록 이 비극의 전체적인 책임은 정치적으로 결산하게 될 것이며, 당연히 부르주아 계급에 대한 민중의 정의로운 심판으로 기록될 것이기 때문에 지도부는 절대로 제지하지 않았다.

특히 민가를 습격해 젊은 아녀자를 겁탈했고 현금이나 귀중품을 탈취하다 저항하는 자는 가차 없이 처단했지만 이 모든 사건은 거대한 역사의 소용돌이 속에 파묻혀질 것이었다. 그리고 총을 든 진압군들에게 모든 책임이 전가됨으로써 후세에게 자세한 사연은 결코 전해지지 않을 것이었다. 이것이 정치의 힘인 것이다. 억울하고 무고한 죽음은 혁명과정에서 흔히 벌어지는 일이기 때문에 당성이 강한 동지들은 대수롭지 않게 이해하고 넘어갈 수 있었다.

폭동을 성공적으로 일으킨 동지들은 성주·칠곡·고령·영천·의성·군위 등지를 돌면서 공공기관을 습격하고 우익인사를 처단해갔다. 미군이 뒤늦게 진입해 오면 동지들은 다른 지역으로 타격 거점을 옮겨갔다. 10월 6일께 폭동의 진원지인 대구는 완전히 평온을 되찾았지만 그 여파는 차츰 경남·호남·경기·강원지방 순으로 번져나가 약 3개월 사이 73개 시·군에서 크고 작은 유혈사태가 벌어졌다.

대구를 떠나 그 주변 지역으로 폭동 거점이 한참 번져가던 10월 26일, 박헌영은 스티코프 대장에게 무전을 통해 '향후 투쟁방침에 대한 교시 하달 요망'이란 지침을 요구했다. 스티코프 대장은 격려와 함께 공작금을 내려주었다. 박헌영이 지도하는 조선공산당(남로당)은 11월 중순까지 전국적으로 가열찬 투쟁을 하다 사그라들었다. 그 무렵 10월폭동을 성사시킨 황태성·허헌·김원봉 동지 등은 38선을 넘어 평양을 향해 피 묻은 발걸음을 옮기고 있었다.

한편 북조선공산당 연락부에서는 김일성 동지의 친필 지령을 남조선의 박헌영 동지에게 전달했다. 그 내용은 다음과 같다.

"공산주의란 말이 인민대중에게는 낯설 뿐 아니라 일제 놈들에 의해 왜곡되어 나쁜 인상을 주고 있다고 판단함. 따라서 공산주의란 말 대신에 '민주주의'라는 부드러운 말과 영국의 로동당을 연상시키는 '로동당'이란 명칭을 사용할 것."

지하에서 영웅적인 투쟁을 지휘하던 박헌영은 좌익 3당으로 불리는 조선공산당·조선인민당·남조선신민당을 합당하여 1946년 11월 23일에 '남조선로동당'을 탄생시켰다. 이로써 남조선 사회는 본격적인 사회 혼란기로 접어들게 됐다.

이 사건으로 남조선 경찰 놈들은 7,000여 명의 동지들을 검거했고 그중 1,500여 명을 입건했으며 주동자로 분류된 5명을 그해 11월 20일 사형했다. 이 동지들의 정치적 생명은 오늘도 혁명렬사릉과 애국렬사릉에서 영원히 타오르고 있다.

검거됐다가 풀려난 동지들을 포함 대구파업투쟁에 참여한 약 8,000여 동지들은 그해 겨울과 이듬해(1947년) 봄에 걸쳐 대거 남조선 군대로 숨어들었다. 특히 46년 5월에 창설되어 넉 달마다 한 차례씩 모집하던 남조선경비사관학교에 남로당원들이 입학생으로 숨어들었다. 박정희는 2기생으로 입교해 들어갔다. 그 나머지는 월북해 김일성 수령님의 따스한 품으로 들어왔다.

제3장
지구촌에 냉전을 부른 리승만

미치광이 리승만의 정읍 발언과
미군정의 좌우합작 시도

1946년 6월 8일, 지방을 돌며 대중 연설을 해오던 늙은 여우 리승만은 정읍에서 "남조선만이라도 임시정부를 수립해야 한다"는 폭탄발언을 했다.

당시 남조선 사회는 우리 연락실 소속의 공작원이 남조선 지식계급을 선동해서 만들어낸 민족주의의 바람을 타고 통일지상주의 분위기가 조성되어 있었다. 김일성 동지가 고안해낸 공산주의 사상과 민족주의의 결합은 남조선의 봉건 지식분자들의 사족을 못쓰게 만든 걸작 중 걸작이었다.

그런 상황에서 '단독정부 수립'이라는 발언은 미치광이가 아니면 할 수 없는 발언이었다. 어떤 측면에서는 비록 적이지만 늙은 여우 리승만은 대단히 용기가 있었음이 확실했다. 모두가 통일정부를 세워야 한다고 주장하는 상황에서 리승만의 남조선 과도정부의 수립 주장은 자칫 우리 좌익들이 잡고 있는 언론계와 지식인 사회로부터 '분단 책동자'로 공격받기 십상이기 때문이었다.

리승만의 연설에 지지를 표시한 것은 독립촉성국민회와 김구의 한독당뿐이었고 미군정과 좌파는 물론이고 보수 기회주의 정당인 한민당도 비판에 가세했다. 김일성 동지는 물론이고 로동당 연락실 정보분석 담당자 아라보자스키 소령도 리승만이 조만간 고립될 것으로 보았다.

그러나 남파 공작원들이 보내온 일부 첩보는 예상과 다른 내용을 담고 있었다. 리승만의 정읍발언 이후 남조선 인민이 조금씩 리승만에게 기울어져간다는 내용이었다. 일관된 소신이 있고, 또한 현실적인 대안을 제시하는 것처럼 보였기 때문이라는 것이었다.

조선정판사 위조지폐사건→총파업 투쟁→대구폭동으로 이어진 박헌영의 투쟁이 조병옥의 경찰력에 밀려 일단락 지어질 무렵이던 1946년 12월 초, 김일성 동지는 남로당에 대한 불신이 커짐에 따라 연락실 부책임자 성시백 동지(뒤에 후술함)를 불러 "내년 5월까지 여운형 세력과 백남운 세력을 묶어서 '근로인민당'을 결성해주시오"라는 지시를 내렸다.

성시백 동지는 그해 겨울 38선 이남으로 내려와 수령의 지시에 매진했다. 그 결과 1947년 5월에 위원장 여운형, 부위원장 백남운·이영·장건상 등으로 조직된 '근로인민당'이 출범하게 된다. '근로인민당'을 창당한 성시백은 이 정당이 중간파 정당들과 연대하는 공작을 추진했다.

이를 위해 성시백은 '근로인민당' 내 우경인물인 최백근과 한독당에서 떨어져 나와 민주한독당을 결성한 권태석을 포섭했다. 최백근과 권태석은 1947년 11월 남북협상을 적극 주장한 정당협의회라는 중간파 연합체를 결성하는 데 주도적인 역할을 하게 된다. 성시백 동지에 관한 기록은 뒤에 상세히 피력하고자 한다.

한편, 1946년 11월 무렵 남로당으로부터 로동당 연락부로 전달된 첩보에 따르면 리승만은 소·미공위에 더 이상 기대할 것이 없다고 판단했으며 유엔 총회에 정부수립 문제를 직접 호소하기 위해 미국에 갈 것이라고 했다. 이런 리승만의 주장에 남조선 우익들은 대찬성을 했다고 한다. 그러면서 1만 달러를 거두어 리승만에게 쥐어주면서 '민주의원의장 및 대한민국 대표'라는 직함도 달아주었다는 것이다.

스티코프 대장은 이런 정보를 취합하여 모스크바로 보냈고 모스크바에서는 미국 국무성에 자리 잡은 스파이 존 카터 빈센트를 거쳐 남조선의 하지 중장에게 '리승만이 미국에 갈 교통편을 차단하라'는 지령을 보냈다.

하지 중장은 한국인의 해외여행에 군용기나 군함을 제공해야 했는데 리승만의 미국행에는 어떤 편의도 제공하지 않았다. 이로써 모스크바가 승리했다고 봤는데 오산이었다.

늙은 여우 리승만은 도쿄의 맥아더 원수 놈에게 도움을 요청했고 맥아더는 군용기를 보내주었던 것이다. 이것을 남로당은 제때에 파악하지 못했다고 한다. 박헌영이 미국 정보기관의 스파이가 아닐까 하는 의심이 들기 시작한 것은 이 무렵부터였다.

46년 12월 4일 김포공항에서 맥아더가 보내준 군용기를 타고 출발한 리승만은 그날 오후 도쿄에 도착했다. 맥아더는 리승만에게 미국까지 군용기도 제공하려 했으나 뒤늦게 군용기를 제공받은 사실을 알게 된 미국무부의 반대로 무산됐다. 그러자 늙은 여우 리승만은 민간 비행기를 타고 미국으로 들어가버렸다.

하와이를 거쳐 12월 7일 워싱턴에 도착한 리승만은 칼튼

호텔에 숙소를 정한 뒤 미국 정부를 상대로 한국 정부 수립을 위한 한국 문제의 유엔총회 상정을 호소하려 했다. 그러나 평양을 거쳐 모스크바의 지시를 받은 미국정부 관계자는 어느 누구도 그를 만나주려 하지 않았다. 특히 그의 반공·반소주의가 미국무부의 좌우합작 노선과 맞지 않았기 때문이다.

그러자 리승만은 언론기관과 문서를 통해 우회적으로 정계와 일반대중에게 자신의 의지를 알리려 했다. 그래서 독립운동 시절의 미국인 후원자들이 그를 위해 다시 뛰기 시작했다. 우리 북조선측 재미 공작원의 정보에 따르면 그들은 로버트 올리버 박사, 변호사 존 스태커즈, 원로 언론인 제이 제롬 윌리엄스, 프레스턴 굿펠로 대령, 프레드릭 브라운 해리스 목사 등이었다. 리승만에 의해 이미 민주의원 대표로 파견됐던 임영신과 오랫동안 구미위원부를 맡아 운영해오던 임병직도 그들을 도와 열심히 뛰기 시작했다.

리승만 혼자 미국을 분탕질하다

리승만이 미국무부에 제출한 서한의 내용을 모스크바가 입수해보니 다음과 같았다.

▸남조선에 과도정부를 세웠다가 때가 되면 남북한 총선거를 통해 정식 통일정부를 세운다.

▸소련군이 북한에서 철수할 때까지 미군은 남조선에 주둔해야 한다.

▸미국무부 안에 공산주의 동조자들이 있는 것 같다.

▸남조선의 하지 중장도 좌익편이다.

▸북한에서 소련군이 50만 공산군을 양성하고 있다.

▸그러나 남조선에서 미군은 전혀 그러한 조치를 강구하지 않고 있다.

▸따라서 남조선은 북조선에 끌려다닐 위험에 놓여 있다.

모스크바는 리승만이 일부러 인민군 숫자를 두 배 이상 불리기는 했지만 사태를 정확히 보고 있음에 놀랐다. 그래서 미국무부의 요원들에게 리승만을 따돌릴 것을 다시 한 번 지시했고 이 지시는 제대로 전달됐다. 하지만, 미국무부 요원들이 리승만을 따돌리자 그는 미국의 대중을 자기에게 유리하게 돌려놓았다. 리승만의 이런 전술은 머리를 치면 꼬리가 달려들고, 꼬리를 치면 머리가 달려들며, 가운데를 치면 머리와 꼬리가 동시에 달려드는 식이었다.

이것은 우리 대남사업 담당자들이 두고두고 반성하게 만드는 대목인바, 관료 집단을 포섭해 상층부 통일전선을 이루었다 해도 대중 여론을 포섭하는 하층부 통일전선을 완성하지 못하면 국가 전복은 말짱 헛일이라는 사실이었다.

당시 미국의 대다수 국민은 이들이 이주해 온 유럽과 발칸 반도에서 소련의 팽창전략이 어떻게 진행되고 있는지를 고향 친지로부터 직접 확인하고 있었다. 그래서 이들은 미국 정부를 믿지 않고 불안해하고 있던 차였다. 그런데 리승만이란 사람이 나타나 미국 정부의 정책을 속 시원하게 비판하면서 한국에 대한 미국의 정책도 바뀌어야 한다고 주장한 것이다. 미국 대중은 열광했다. 동시에 이들은 미국 행정부에 압력을 가하기 시작했다. 리승만 혼자서 미국을 분탕질한 것이다.

이처럼 우리 대남전략상 대외 요인의 큰 변수가 미국에서 만들어지고 있을 때 평양의 스티코프 대장은 긴장했다. 그는 남조선에 잠입해 활동하는 성시백 렬사를 통해 하지 중장에게 긴급 전문을 전달하게 했다. 이에 따라 하지 중장이 미친 망둥어처럼 날뛰는 리승만을 견제하기 위해 1947년 2월 1일, 직접 미국으로 들어갔다.

그러나 하지 중장은 상원 군사위원회에 불려나가 증언하는 과정에서 북한 공산주의자의 위협을 인정할 수밖에 없었는데, 그 결과는 리승만의 남조선 과도정부 수립 주장을 오히려 정당화시켜주는 꼴이 되고야 말았다. 쓰레기차 피하려다 똥차를 들이받은 셈이었다.

1947년 3월 12일, 결국 미국의 소련 유화정책이 강경정책과 포위정책으로 바뀌는 '트루먼 선언'이 발표되었다. 그 내용은 공산화를 목표로 투쟁하는 그리스와 터키를 포함해서 공산주의자와 대항해 싸우려는 모든 국가에게 적용되는 원칙이었다.

이로써 레닌과 스탈린의 국제공산주의 운동은 최초로 미국이라는 거대한 장애물을 만나게 된다. 그리고 늙은 여우 리승만은 누구의 도움도 없이 단신으로 미국의 정책을 뒤집어버리고 반공국가로 만들어버림으로써 지구촌 전체를 공산화하려던 레닌과 스탈린의 시도에 방어막을 펼치고 좌우 냉전시대를 열어젖힌 것이었다.

김구의 과격한 행동과 스티코프 동지의 우려

리승만이 미국으로 떠난 직후 김구는 미군정이 우익진영을 소외시키고 좌우합작위원회 인물들을 중심으로 정국을 이끌어나가는 데 대해 분노했다. 그래서 김구는 1947년 1월 민주의원·비상국민회의·독촉국민회 등 우파단체를 모아 '자주독립 반탁운동 협의회'를 열었다. 우리측 공작원이 입수한 자료에 따르면 당시 미국에서 이 소식을 들은 리승만은 김구에게 '미군정과 정면충돌을 피하고 시위를 자제하라'는 전문을 보냈다고 한다.

김구는 리승만의 전문을 묵살했다. 이미 성시백 동지가 간접적으로 리승만을 견제하도록 김구를 조종하는 공작이 먹히기 시작한 것이었다. 김구는 반탁 시위를 더 격렬하게 했고 협의회에 참여한 세 조직을 모두 국민의 의사를 대표하는 의회처럼 보이기 위해 이름을 '국민의회'로 바꾸었다.

그리고 김구는 '국민의회'를 통해 임시정부를 정부로 선언하고 임시정부의 주석자리에 미국에 머물던 리승만을 추대했다. 동시에 김구는 미국의 리승만에게 '주권선언 시기 도래'라는 전보를 보냈다.

그러면서 김구는 임시정부의 법통을 거론하면서 미군정 당국에게 정권이양을 요구하는 황당한 일을 벌이고 있었다. 임시정부라면 상해에서 1919년 9월에 조직된 망명객 모임터를 말하는데 초대 대통령이 리승만이었고 그 뒤로 리동녕·박은식·리상룡·양기탁 순으로 이어지는 사상적 체계조차 전혀 잡히지 않은 오합지졸이었다. 쉽게 말해 리승만은 자유민주주의자, 리동녕은 공산주의자, 박은식은 민족주의자 같은 식이었다.

독립투쟁이라고는 26년 동안 몇 건의 테러 사건을 일으킨 것 외에 조국의 광복에 아무런 힘도 못 됐고 오히려 김일성 동지처럼 만주에서 직접적인 전투조차 제대로 한 적도 없었다. 그러면서 나라 이름을 내건 간판만을 걸고 앉아 일제가 패망할 때까지 장개석으로부터 돈을 받아 연명해왔으니 그야말로 장개석의 하부조직이나 다름없었다. 그런 임정의 법통을 내세우며 미군정 놈들에게 나가라고 하니 미국 놈들도 가당찮았을 것이다.

하지만 그러한 김구의 과격한 대응은 스티코프로 하여금 남조선에서 단독정부가 김구에 의해 세워질 것을 염려하게 만들었다. 스티코프는 그런 김구를 암살하라고 지시했지만 그전에 김구와 접촉한 성시백 동지의 보고서로 암살 지시는 취소되었다.

성시백의 비밀보고서는 '김구가 국제관계를 너무 모르고 저돌적으로 일을 벌이는 자로서 절대 그의 계획대로 일이 될 리 없으며 오히려 리승만의 계획을 망치게 해서 우리를 도와줄 수 있는 인물'이라고 핵심을 꼭 집어 설명하고 있었다. 훗날 수령님께서 평양을 방문한 김구를 직접 접해보신 뒤에

"역시 성시백 동지!"라며 성시백 렬사의 안목을 칭송하는 말씀을 남기시었다.

실제로 1947년 3월 5일 김구는 미군정장관 브라운을 만나 임시정부를 승인하고 정권을 넘겨줄 것을 요구했다. 황당하기 그지없었던 미군정청은 김구의 행동을 정권탈취를 위한 쿠데타로 보고 김구를 처벌하려 했다. 그러자 조병옥 경무국장이 개입해 겨우 사태를 무마시켰다. 리승만이 국내에 없는 사이 벌어진 일로써 리승만을 따르던 '독립촉성국민회의' 조직원과 김구 조직원 사이에 충돌도 벌어졌다. 이 소식을 들은 리승만은 좀 더 워싱턴에 머물며 할 일이 많았음에도 귀국을 서둘러야만 했다.

실패한 리승만 귀국 방해 공작

한국으로 와야 하는 리승만은 미 군용기를 타야 했다. 이번에도 국무부가 방해를 했다. 모스크바에서 미국주재 소련 외교관을 통해 지령을 하달했고 이 지령은 미국무부의 극동국장에게 전달됐다.

존 카터 빈센트 국장은 국방부로 전화해 리승만의 귀국이 군용기를 배정할 정도로 중요한 일이 아니므로 취소하라고 압력을 넣었다. 4월 1일자 도쿄까지 표값으로 900달러를 지불했는데 하루 전날 국방부가 군용기 탑승허가 취소를 전화로 알려왔다. 귀국 방해 공작이 성공한 듯 보였다.

리승만은 또다시 귀국 방법을 찾아 헤맸는데 마침 노스웨스트 도쿄 노선 시험운행 비행기가 4월 8일 미니애폴리스에서 떠날 예정이란 정보를 입수했다. 7년 전 리승만이 미국에서 펴낸 『일본 내막기(*Japan Inside Out*)』를 읽고 일본의 미국 침략을 예견한 리승만을 진심으로 존경하게 된 미 군부의 장군들 가운데 힐드링 장군이 앞장서서 그 비행기를 타도록 도와주었다. 그러나 하지 장군이 발행하는 입국 허가서는 미국무부가 방해하는 바람에 얻지 못한 채 출발했다.

도쿄에 도착한 리승만은 맥아더를 두 시간 동안 만난 뒤 장개석을 만나기 위해 남경으로 갔다. 비행기는 맥아더가 제공해주었다. 장개석은 원래 김구와 가까웠지만 모택동의 공산당과 싸우게 되면서 비로소 반공주의자인 리승만을 존경하게 되었다. 그래서 그는 유엔한국임시위원단의 중국대표인 유어만 공사를 통해 김구에게 리승만과 협력하도록 압력을 넣기도 했었다. 하지만 이 무렵 김구는 이미 성시백의 포섭공작에 걸려들어 있었다. 우리 당의 공작이 장개석의 공작을 앞지른 것이었다.

리승만과 장개석 두 사람은 공산주의에 대한 대처방안을 놓고 오랜 시간 이야기를 나누었다. 한국으로 들어가는 비행기는 장개석이 제공했다. 리승만을 태운 중국 비행기가 미군정청으로부터 서울 여의도 공항에 착륙 허가를 얻는 과정도 숱한 곡절이 있었지만 리승만 역도의 잘난 행적을 길게 나열하는 것은 바람직한 것은 아니어서 이쯤에서 생략한다. 어차피 리승만 귀국방해 공작은 물러터진 양키들 때문에 실패했기 때문이기도 하다.

공산혁명가들의 골칫덩어리 리승만

리승만은 1947년 4월 21일 서울에 도착해 4월 27일 서울운동장에서 우익진영이 개최한 귀국환영 국민대회에 참석했다. 남조선 인민의 정부수립에 대한 열망이 그만큼 컸다는 증거이기도 했다. 북조선은 이 무렵 사회전반이 안정화되고 있는데 반해 남조선은 한치 앞도 내다볼 수 없을 정도로 정국은 혼미했다. 대남사업 일꾼들조차 계속되는 혼란 속에 구체적인 목표를 상실할 때도 있을 정도였다. 그날 행사에 참석한 우리측 첩보원의 보고에 따르면 리승만은 다음과 같은 내용으로 연설했다고 한다.

“그동안 남조선에서 총선거가 지연된 것은 하지 중장이 공산주의자들과 합작을 하느라 바빴기 때문이었습니다. 하지만 이제는 미국이 좌우합작을 단념했습니다. 이제는 남북통일 정부를 세우기에 앞서 남조선 과도정권을 수립하는 것이 시급한 것입니다. 따라서 임시정부의 법통을 고집할 필요 없이 곧바로 자유총선거를 실시해서 정부를 세웁시다.”

리승만이 미국에 있는 동안 임시정부의 법통을 세운 김구의 ‘국민회의’가 리승만을 주석으로 추대했는데도 이날 리승만은 ‘임시정부의 법통을 고집하지 말고 새로 세우자’고 한 것이었다. 김일성 동지·로마넨코 소장·레베데프 소장·스티코프 대장 등이 모여서 이 문제로 심각한 회의를 거듭했다. 주석 자리도 발로 차버리니 리승만에게 무슨 미끼를 던져야 할지 감을 못 잡았다고 한다. 게다가 남조선에는 누가 대표가 되는 것인지도 감을 잡기 어려웠다고 한다.

이 무렵 리승만에 의해 거부된 ‘임시정부의 법통’은 자기사상이 취약한 남조선 정부에서 훗날 다시금 고개를 들게 된다. 보수 기회주의계열인 김영삼 정권에서부터 시작돼 오늘날 남조선 정부는 자신의 건국절까지 뒤집을 정도로 ‘임시정부의 법통'은 괴력을 발휘하고 있어 우리 대남사업 담당자조차 놀랄 정도이다.

한마디로 남조선 인테리들은 오직 배만 불릴 줄 알았지 자신들의 건국절 조차 '임시정부의 법통'이란 명분에 팔아넘기는 '밥통'들인 것이다. 이것이야말로 그동안 이름 없는 밀사들의 숭고한 투쟁에 의해 맺게 된 혁명의 과실이 아니고 무엇이란 말인가!

이날 리승만은 기자회견에서 "미국무부 차관보 힐드링과 정부수립 절차를 밟기로 합의했다"고 말했다. 그러자 하지 중장이 펄쩍 뛰면서 반박성명을 내고 "미국 정부는 그렇게 합의한 적이 없다"고 주장했다. 그 자리서 리승만은 "너하고는 말이 안 통하니 너보다 더 높은 사람을 데려와라"라고 응수했다. 이로써 리승만과 하지 중장은 영원히 견원지간이 됐다.

1947년 5월 21일, 서울 덕수궁에서는 제2차 소·미공동위원회가 열렸다. 좌익들과 김규식의 좌우합작위원회는 대환영했다. 그러나 리승만은 회의적이었다. 리승만과 김구는 반탁투쟁위원회 명의로 다음과 같은 질의서를 보냈다.

〈질의서〉

1. '신탁통치'와 '독립정부 수립'은 서로 모순되는 것인데,

앞으로 그 관계가 어떻게 될 것인지 분명하게 밝혀주기 바람.

2. 미소공동위원회에서 사용되는 '민주주의'란 말은 '소련식 민주주의'를 의미하는 것인지, 아니면 '미국식 민주주의'를 의미하는 것인지를 명확하게 결정해주기 바람.

이 질의서는 리승만이 작성한 것이었는데, 지금도 리승만의 판단과 식견은 비록 우리의 적이지만 대단함을 인정하지 않을 수 없는 것이다. 특히 소·미공위에서 사용된 '민주주의'에 대해 리승만은 '소련식 민주주의'냐 아니면 '미국식 민주주의'냐를 적확하게 따져 묻고 있는 것이다.

남반부의 인민과 인테리들은 그 후 70년이 지나면서 대가리가 썩어 들어가 아예 '민중민주주의'라고 해도 그것이 그냥 '민주주의'니까 좋다는 식으로 받아들이고, 더 나아가 자신들의 '자유민주주의'는 친일파가 채택한 나쁜 민주주의라고까지 인식하게 됐다.

그리고 거의 모든 폭동은 '민주화 항쟁'으로 남조선 정부가 인정해 주어왔다. '민주화'란 말이 '자유민주화'를 의미하는지 '인민민주화'나 '민중민주화'를 의미하는지 명확한 인식도 없이 말이다. 통일 후엔 이런 썩어빠진 정치인들과 군중들을 어떻게 숙청하며 어떻게 교화시킬지에 대해 조선 로동당은 많은 고민이 필요할 것으로 사료되는 것이다.

수령님의 교시

1947년 5월 21일, 미국 놈들은 하루바삐 협상을 맺고 한반도에서 손떼고 싶어 소련 측의 요구조건을 대폭 수용해버렸다. 그래서 소·미공동위원회의 협의대상이 된 개인이나 정당·사회단체는 모스크바협정에 반대할 수 없도록 해버렸다. 소·미공위에 참여하려면 반탁투쟁을 할 수 없게 한 것이다. 그리고 미국 놈들이 리승만을 가택연금시켜버렸다.

위대하신 수령 김일성 동지는 이 과정을 주목하고 훗날 우리들에게 다음과 같은 교시를 내려주시었다.

"제2차 소·미공위에서 소련이 내건 공작은 개인이나 사회단체의 입에 재갈을 물리는 훌륭한 방법입니다. 남조선 혁명투쟁가들은 이것을 보고 배워야 합니다. 즉, 우리를 따르고자 하는 친북 정권이 남조선에 들어서더라도 그쪽은 우리와 달리 여러 사회단체들과 언론·방송 그리고 개인들이 제멋대로 날뛰기 때문에 이들의 반대를 막을 수가 없는 겁니다. 그런데 사회단체 모두를 정권으로부터 돈을 받게 해준다면 자금난에 허덕이는 사회단체들이 덥석 하고 물어버리게 될 것입니다.

예를 들면 리승만이 만든 자유총연맹, 박정희가 만든 '새마을운동협의회', 전두환이가 만든 '바르게살기협의회', 월남참전자들이 만든 '고엽제전우회' 같은 우파 사회단체들은 언제라도 극우적 힘을 동원할 수 있는 조직입니다. 그런데 이런 조직들에게 정부에서 돈을 줄 테니 줄 서라고 하면 남조선 놈들은 돈과 권력에 환장해서 언제든지 받아들이게 됩니다. 그때 협정을 맺고 나면 저들은 더 이상 자립할 의지가 사라지고 정부 눈치나 보는 봉건적 국가 기생충이 되는 겁니다. 그리고 좌익 친북 정권이 들어서더라도 지원금이 끊길까봐 매운 소리나 행동을 못하게 되는 겁니다."

김일성 동지의 이 같은 교시는 훗날 친애하는 지도자 김정일 동지에 의해 견실히 수행되었다. 그리하여 2004년 무렵, 노무현 정권 당시에 남조선의 제반 우파단체를 모두 행정부에서 돈을 타 쓰는 관변단체로 만들어버렸다. 이로써 우파 국가인 남조선에 더 이상 좌파보다 강한 우파 사회단체는 나올 수가 없게 된 것이다. 일보일보 진일보, 이보전진, 일보후퇴. 우리의 남조선 해방을 위한 혁명 투쟁은 이처럼 끊임없이 전진 또 전진해갔던 것이다.

불과 8개월 만에 수립된 남조선 정부

가택연금 중이던 리승만은 남조선만의 과도정부 수립을 구상하고 있었다. 소·미공위가 결렬되고 가택연금이 풀리자 리승만은 7월 5일부터 며칠에 걸쳐 전국적인 선거를 통해 한국민족대표자(대의원) 200명을 선출했다. 그리고 리승만과 김구가 참석한 가운데 '한국민족대표자대회'를 열었다. 그것은 과도정부의 조속한 수립을 촉구하는 동시에 앞으로 그 임무를 수행할 단체는 '한국민족대표자대회'라는 것을 과시하기 위한 것이었다. 의장에는 배은희, 부의장에는 명제세와 박순천이 뽑혔다.

1947년 8월, 미 국무장관 마셜이 유엔총회에서 한국문제의 상정을 제안하는 연설을 했다. 우익들이 환호했고 리승만은 한 걸음 더 나아가 남조선의 자유총선거를 강하게 주장했다. 급박하게 상황이 돌아가는 가운데 한국민족대표자대회는 총선대책위원회를 구성했다. 그 위원회의 지방대표들은 총선거 날짜를 빨리 정해줄 것을 미군정에 촉구했다.

우익진영 71개 정당과 사회단체들은 1947년 9월부터 열리게 되는 유엔총회에 참석해 한국문제에 대해 발언할 한국민족대표로 리승만을 선출했다.

10월에는 마셜 제안의 성공을 기원하는 국민대회를 열었고 총선촉진국민대회도 열었다. 11월에 리승만은 "북한의 공산군이 남침을 준비한다"는 보도를 언급하면서 "하루바삐 정부를 세워 국방군을 조직해야만 남조선의 공산화를 막을 수 있을 것"이라고 주장했다.

10월 25일부터 조선 문제를 다루기 시작한 유엔 정치위원회는 11월 14일 유엔총회에서 남과 북의 대표선출을 위한 '유엔 한국위원단'의 선출문제를 제기한 미국 측 안을 표결에 붙여 43 대 9(기권 6)로 가결했다. 유엔총회의 결정에 따라 중국·호주·캐나다·엘살바도르·프랑스·인도·필리핀·시리아 등 8개국 대표로 구성된 '유엔한국위원단'은 1948년 1월 8일 서울에 들어와 1월 12일 제1차 전체회의를 개최하고 13일부터 정식 활동에 착수하게 됐다. 단독정부 수립 문제가 현실로 등장한 것이다.

희한하게도 이 큰 흐름은 모두 늙은 여우 리승만이 예견하고 기획한 대로 되고 있었다. 그 때문에 남조선 인민은 '미국 정부는 어리석고 리승만은 선지자다'라는 인상을 갖게 됐다. 리승만은 우리 김일성 동지처럼 역사조작을 통해 신격화하는 고난도의 심리전 작업도 하지 않았는데도, 소련군 MGB 같은 정보·정치공작대의 대규모 지원을 받은 바 없는데도 남조선 인민의 신으로 떠오르고 있었다.

참 희한했다. 결국 리승만의 의도대로 이때부터 불과 여덟 달만에 대한민국 정부가 수립 되는 정말 말도 안 되는 일이 벌어지고 만 것이다.

제4장
제1호 애국렬사 성시백 동지

성시백의 「김구 보고서」와 「공작 계획서」

남조선에서 놀랄 만한 일이 벌어지게 된 것은 이즈음이었다. 이 무렵부터 김구와 한독당이 반(反)리승만 세력과 합작하기 시작한 것이다. 미국무부가 하지 중장에게 리승만의 남조선 총선거 추진을 억제하라고 지시했던 시기와도 일치한다. 당시 미국무부는 좌익의 물이 덜 빠진 상태였다. 그래서 소련이 유엔 감시하의 남북총선거를 받아들이지 않는 경우에 남조선만이라도 총선거를 실시하기로 내부 방침을 정해놓았으면서도, 리승만 주도의 남조선 총선거 관철 투쟁만은 막아야 한다는 이중적 태도를 갖고 있었다.

김구는 1947년 10월15일 미군정 장관 브라운과 비밀회담을 했는데, 그 후부터 중도파와 본격적으로 손을 잡기 시작한다. 김구는 리승만의 한국민족대표자대회와 내심 관계를 끊고 조소앙의 남북협상론에 따라 남북대표자회의를 조직하기 시작했다.

김구의 이런 행동에 대해 근로인민당·조선공화당·사회민주당 같은 중도좌파의 군소 정당이 환호하면서 '남북요인회담' 개최를 주장하기 시작했다. 그때나 지금이나 한반도에서 좌우합작만큼 통일전선에 효과적인 전술은 없는 것이다.

1947년 11월 5일 김구의 한독당은 유엔임시한국위원단이 한국에 올 것에 대비해 근로인민당·민중동맹·사민당·신진당·청우당 등 10여 개의 중도파 군소정당과 합동으로 공동성명을 발표했다.

그 내용은 '총선거 준비를 위해 미·소 양군을 즉시 철수시키고 남북정상대표자회의를 소집하라'는 것이었다. 김구가 소련으로 기울어졌음을 의미했다. 남조선의 우익진영은 김구의 변절을 희한한 일로 받아들였다. 한민당 간부들이 김구를 찾아가 우익진영으로부터 이탈하지 말 것을 강력하게 권유하기도 했다.

대남사업일꾼인 우리는 이런 장면들을 보고받으면서 수령

님의 깊은 혜안과 지혜에 충격을 금할 수 없었다. 위대하신 수령 김일성 동지는 이런 일을 미리 예견하시고 해방직후 북조선에 들어오시면서 조선 최고의 유능한 혁명일꾼을 데려다 쓰셨기 때문이다. 그가 바로 성시백 동지이다.

성시백 동지는 1905년 황해도 평산에서 출생했다. 서울에서 중학교를 졸업하고 1920년대 말 중국으로 건너가 1930년대에 중국공산당원이 되었다. 중국공산당원으로서 그의 주된 활동은 국민당 통치 지구에서의 지하공작이었다.

중국에서 활동할 때 성시백 동지의 활동지역과 임시정부의 활동영역이 겹쳤기 때문에 성시백 동지는 양다리를 걸친 채 임정요인과도 빈번하게 교류했다.

해방 당시 김일성 동지께서는 성시백 동지의 활동을 익히 들으시고 주은래 동지를 통해 비밀리 그의 귀국을 부탁했으며 주은래 동지는 성시백 동지를 귀국시켜 공산혁명에 일조하라는 지시를 내렸던 것이다.

중국 공산당원 신분의 성시백은 김일성 수령님의 간곡한 부탁을 받은 주은래 부주석의 명령으로 남조선에 들어갈 준비를 했다. 그는 중국에서 활동하며 사용하던 가명 '정향명'을 사용하면서 중국 천진에서 귀국알선소개소를 차려 귀국하는 동포들의 '귀국지원사업'부터 시작했다. 이 사업 자체가 대남공작사업을 위한 포석이었다.

그는 귀국자들을 면접하면서 향후 대남공작에 직접 인입하거나 활동 중 도움을 받을 만한 인물들을 물색한 다음에, 이들에게 특별히 편의를 봐주는 방법으로 인간관계를 돈독히 쌓아놓는 기초공사를 해나갔다. 이 과정에서 남조선에 들어가 자신과 함께 뜻을 할 동지를 규합하고 있었다.

기초공사가 끝나고 부산항에 도착한 날이 1946년 11월 11일이었다. 당시 서울에서 발행된 11월 11일자 한 신문에는 '20여 년간 독립 광복을 위하여 분골쇄신하던 정향명 선생 일행 서울착'이라는 제목의 짤막한 기사가 실렸다. 기사는 '열혈청년 시절에 나라를 광복코져 황해를 건너갔던 정향명 선생, 해방소식을 접하자 귀로에 오른 수많은 사람과는 달리 타국에 의연히 남아 방랑하던 동포들을 모아 귀국을 종결짓고 떳떳이 환국했다'고 되어 있다.

부산에 도착한 성시백 동지는 서울로 올라가는 길에 중국에서 귀국 편의를 봐주면서 친분관계를 형성했던 사람들의 주소가 적힌 종이를 들고, 한 사람 한 사람 찾아가 인사를 하는 동시에 위치확인 및 현지 사정 청취와 제반 도움을 부탁했다. 물론 상대방을 어떤 방식으로 활용할 수 있을지도 현지에서 확인해가면서. 그런 식으로 남조선 일대를 남쪽부터 누비며 북상해 서울로 들어왔다.

그리고 그는 활동거점용 아지트와 무역회사를 차리는 등 공작 준비를 하면서 북한 지도부와의 연락선 구축을 위해 평양으로 사람을 올려 보냈다. 성시백 동지는 그해 말 수령님의 부르심으로 북조선에 올라와 향후 활동방향 등을 상의했다.

이날 김일성 동지가 성시백 동지에게 지나가는 말로 "김구에 대해 잘 아느냐"고 묻자 성 동지는 하루 일정을 더 미뤄가면서 보고서를 작성해 올리겠다고 했다. 김일성 동지가 "연락실 조사부가 지원을 해줄 테니 꼭 부탁한다"면서 당부를 했다. 성 동지는 그날 저녁부터 밤새워 보고서를 썼다. 이 자료는 김구에 대한 배경뿐 아니라 공작 계획까지 담고 있었다.

'명동 백작' 성시백

김일성 수령님으로부터 극진한 환대를 받고 서울로 내려온 성시백 동지는 앞서 언급한 몇 가지 주요 임무를 품에 안고 있었다. 그것은 첫째, 대남전략 수립에 필요한 정보수집. 둘째, 고위급 정치인과 군부인사 등 요인포섭. 셋째, 남조선 내부 와해 특수공작 등이었는데 김구 공작은 특수 공작에 포함시켜두었다. 김일성 동지는 특히 이러한 공작을 위한 조직을 구축하되 남로당과 철저히 별개 조직으로 만들라고 강조하시었다.

김일성 동지의 지시대로 남로당을 감시하려면 남로당에 남아 있는 인사들을 잘 아는 사람들이 필요했으며 이들을 엮어두면 나중에 남로당 견제용 반대세력으로도 활용할 수 있었다. 이와 함께 박헌영이 남로당을 만들면서 배척한 공산당의 대회소집파와 인민당·남조선신민당 출신의 좌익세력을 적극 규합하라는 지시도 내려졌다.

그리고 북한에 대한 선전선동과 함께 정치·군사 등 각종 정보를 수집하라는 임무도 떨어졌다. 김일성 동지께서는 연합세력에 대해서도 언제나 후일을 대비하시며 조국 통일과 인민해방을 위해 때가 오면 하나씩 제거해야 함을 알고 묵묵히 실천해가시었던 것이다.

성시백 동지는 서울에 도착하자마자 '북조선 공산당 남반부특별정치위원회'란 명칭의 조직을 만들고 공작에 들어갔다(북쪽에 보고한 다음에 이름이 길다는 소리가 많아 '서울공작위원회'라는 이름을 사용했다). 이미 준비한 인적·물적 토대를 충분히 가동하기 시작한 것이다.

성시백 동지의 공작활동이 본격화된 때는 1947년 5월이었다. 우선 성시백 동지는 기초적인 공작금을 토대로 남조선에서 사업을 펼쳐 진짜 의심할 수 없는 공작자금을 확보하기 시작했다. 김일성 동지는 공작자금이 발각되는 것을 극히 조심하라고 몇 번이나 주의를 주었다. 성 동지는 '자금이 곧 정보력'이라는 생각을 갖고 있었다. 그는 1948년 2월 남북교역이 금지될 때까지 56차례나 명태와 카바이트 등 총액 1억 원이 넘는 물자를 북한에서 들여와 공작 자금으로 충당했다.

이때 성시백 동지는 과감하게 남조선 해군제독 이용운을 찾아가 만났다. 이용운은 남조선의 초대 육군 정보국장인 이용문의 친형이었다. 그러나 이용문의 형 이용운은 평양 출신으로 사상적인 신념도 없고 전형적인 기회주의자요 부패한 장군이었다. 이런 자는 돈과 권력에 맹종하게 돼 있었다.

이 사실을 간파한 성 동지는 갖고 간 금괴를 건네주면서 "나는 김일성 장군의 특명을 받고 공작하는 사람이오. 남조선 해군이 보유하고 있는 폐선박을 좀 넘겨주면 좋겠소. 그것을 가지고 해상을 통해서 남북교역사업을 하려고 합니다"라고 당당하게 말했다고 한다.

이로서 폐선박을 넘겨받는 데 성공한 성 동지는 이용운 해군제독의 후광을 등에 업고 동해상에서 남북간 자유로운 무역을 통해 공작금을 충당하고 북한과 통신연락도 수월하게 할 수 있었다.

이러한 사실은 이용운이 해군제독에서 예편한 뒤 강대국인 미국으로 이민 가 살던 중 1970년대에 김일성 수령님을 알현하러 평양에 들렀을 때 자신이 성시백 동지와 만나 도움을 준 사연을 이야기하면서 당 역사관의 기록문서에 남겨놓은 내용이다. 그만큼 해방직후 남조선의 기강해이는 개판 5분 전이나 다름없었으며 우리가 다시 이러한 상태로 복원시키는 데 거의 70년이나 걸린 셈이었다.

2018년 시세로 따지면 수백억 원에 달하는 공작자금을 확보한 성시백 동지는 이 자금을 바탕으로 「조선중앙일보」 등 언론기관만 10여 개를 경영했다. 단독 주택도 무려 30여 채나 현금으로 구입해 비밀 아지트로 사용했다. 그의 본거지는 서울시 서대문구 서소문동이었고 여기서부터 본격적인 지하공작에 돌입하게 된다.

성시백 동지의 주 활동 무대는 당대의 번화가인 서울 명동이었다. 언제나 성 동지는 깔끔한 신사복에 중절모 차림으로 명동 일대를 휘저으며 고관대작을 만나고 다녔다. 그런 그를 보며 사람들은 '명동 백작'이라고 불렀다.

성시백 동지의 근로인민당 창당 과정에 대하여

성시백 동지가 서울에서 가장 역점을 둔 공작은 '근로인민당 창당'이었다. 남로당으로부터 버림받은 좌익 3당의 부스러기들, 즉 인민당의 여운형과 그의 지지파, 남조선신민당의 백남운과 그의 지지그룹 등을 중심으로 추진되던 '근로인민당' 창당 작업을 지원하는 것이 성 동지의 중점 사업이었다.

김일성 동지께서는 성시백뿐만 아니라 김철·김광섭·최광호·한응필 등 공작원들을 수시로 서울에 파견해 여운형, 백남운 등과 비밀리에 접촉하면서 그들의 활동을 직접 지원하시었다.

여운형은 정계은퇴 선언을 한 뒤 1946년 12월 평양에서 김일성을 만나고 돌아와 성시백이 뒤에서 지원하는 '근로인민당' 창당을 주도하게 된다. 물론 여운형이 평양에 다녀온 것은 이때가 처음이 아니었다. 1946년 4월 말과 7월말, 9월 말에도 이미 평양에 다녀온 바 있었다. 백남운도 1946년 11월 평양을 방문해 김일성으로부터 정치활동 재개 요청을 받고 돌아와 여운형과 그의 측근이었던 장건상 등과 함께 '근로인민당'을 창당했다.

정당을 창당한다는 것은 정파가 다른 정당과의 대결은 물론이고 포섭을 통한 연합을 할 수 있는 상층부 공작을 위한 진지 구축이란 의미다. 이 때문에 성시백 동지에게는 무척 중요한 사업이었다. '근로인민당'을 창당한 성시백 동지는 국내 중간 정당과 단체들 중에서 가장 영향력이 큰 '근로인민당'을 중심에 두고 4개 정당을 포섭하는 데 성공했다. 그다음에는 10개 정당과 산하 14개 단체를 장악해 갔다. 이를 밑천 삼아 중간 및 우익 정당과 단체까지 모두 끌어들이고 뭉쳐서 13개 정당협의회까지 결성했다. 이러한 공작의 밑바탕엔 든든한 자금이 확보되어 있어 가능한 일이었다.

47년 12월 초, 김일성 동지는 성시백 동지로부터 기쁜 소식 하나를 들을 수 있었다. 인편으로 보내온 보고서에는 춘원 이광수를 포섭해 김구의 『백범일지』가 완성되는 중인데, 백범의 아들 김신이 낌새를 채고 백범이 쓴 일기첩을 통째로 모아서 『백범일지』라는 같은 제목으로 책이 출간되었다는 내용이었다.

결과적으로 『백범일지』란 책이 두 종류가 되는 셈이지만 김구를 신격화해서 남조선에 형성되는 리승만의 지지세력을 분산시키는 데에는 더없이 좋은 상황이 된 것이었다. 보고를 받은 정치정보 공작장교 레베데프 소장도 김구를 활용할 방안을 강구하자고 제의했다.

김일성 동지는 레베데프 소장과 단독 면담을 통해 남조선에서 반리승만 지도자로 누구를 선택해야 하는지를 의논했다. 비록 남조선 내에서 리승만에 비하면 너무 초라한 지지세력을 갖고는 있으나 대중선동에 가장 적절한 인물은 역시 '김구'라는 데 의견의 일치를 보게 됐다. 때마침 김구의 『백범일지』도 세간의 이목을 끌기 시작해 더없이 좋은 기회가 되었다. 특히 김일성 동지에게 폭탄을 던지고 외증조부 강양욱 노인의 집에 폭탄을 보낸 암살단의 배후조종자인 김구에게 김일성 동지는 공과 사를 분별하는 위대한 면모를 보여주시어 그 자리에 참석한 모든 이들로부터 칭송을 받았다. 이 자리에서 김일성 동지는 이런 말을 남겼다.

"적을 미워하는 데 급급하면 판단력을 잃게 되는 법이오. 냉철하게 생각해보면 정치나 범죄나 법을 넘나들고 도덕과 윤리 같은 걸 이용한다는 면에서는 본질적으로 같소. 그런 의미에서 한편으로 나는 김구를 이해 못 하는 바가 아니오. 그러니 우리가 큰 행사를 준비하는 마당에 사소한 감정으로 조국의 위대한 민주기지 건설사업을 가로막을 수는 없소."

이로써 '화해할 수 없는 테러단 두목' 김구를 옭아매는 통일전선 공작이 시작된 것이다. 당분간 북조선 내에서는 김구를 두고 '파쇼테러단 두목'이라는 욕설을 자제하게 했다. 동시에 김일성 동지는 성시백 동지에게 직접 지령을 하달했다.

"다른 놈들은 둘째 치고 김구를 포섭해서 내년(1948년) 4월에 열리는 남북연석회의에 꼭 참석하도록 하시오."

성 동지의 공작 특징은 간접포섭이었다. 김구를 포섭하려면 결코 김구와 접촉하지 않는다는 것이 그의 철칙이었다. 그는 김구의 개인비서 가운데 임정시절부터 안면을 터놓고 지내던 안우생과 접촉하기 시작했다. 안우생은 안중근의 동생 안공근의 아들, 그러니까 안중근의 조카였다. 안우생은 중국에 있을 때부터 성시백과 절친한 사이였는데 성시백 동지에게 포섭되어 김구의 태도를 바꾸는 데 결정적인 역할을 하게 된다.

그는 48년 1월초 성시백과 두 차례 만난 뒤 적극적으로 김구에게 리승만 노선의 불가능성을 역설하고 민족주의를 내세워 김일성 노선을 은근히 강조해갔다. 게다가 48년 2월 8일 조선인민군 창설식 화보집을 성시백으로부터 비밀리에 전달받은 안우생은 이 사진집을 김구에게 펼쳐 보여주었다. 보무도 당당한 조선인민군의 사열 장면과 도열한 병력 뒤로 거대한 태극기와 함께 내걸린 '우리 민족의 영도자 김일성 장군 만세!'라는 대형 현수막은 김구를 감격에 떨게 했다.

무력투쟁에 친숙했던 김구는 생전 처음 보는 현대식 무기와 전차로 무장한 조선인민군의 창건 화보사진에 입을 다물지 못했다. 안우생은 성시백 동지로부터 지시받은 대로 소련이 미국과 달리 최신무기를 지원하여 세계 최강의 인민군대가 창설된 것이라고 설명을 곁들였다. 그 자리에서 김구의 마음은 확정됐다.

어차피 김구는 47년 12월 2일 장덕수 암살로 인해 리승만은 물론이고 모든 우파 진영으로부터 따돌려지던 중이었다. 그가 기댈 곳은 김일성 수령님 품이 아니고서는 아무 데도 없었다.

한 달 전쯤 '단정론'에 찬성한다는 성명을 발표했던 김구는 48년 2월 11일, '삼천만 동포에게 읍고함'이라는 성명서를 발표한다. 물론 이 성명서는 성시백 동지의 공작으로 이광수-안우생을 거쳐 작성된, 감상적 민족주의의 호소문이었다.

(첨언하자면, 김구에 관한 이러한 공작의 결과는 48년 당시는 물론이고 훗날 남조선의 박정희 정권이 유신을 합리화하기 위해 김구 우상화를 시작하면서 다시 효력을 보게 된다. 그리하여 오늘날 남조선 인민의 90퍼센트 이상이 가장 위대한 독립운동가로 리승만이 아니라 김구

로 여기게 만들었다. 이것만 보더라도 소련군정 시절에 우리가 해낸 정치공작들이 역사를 얼마나 휘저어왔는가를 잘 알 수 있을 것이다. 그만큼 우리의 행군은 위대했던 것이다.)

이후 김구는 기자회견을 통해 민족통일을 논하며 단독정부수립을 반대한다는 명분으로 평양의 연석회의에 참석하겠다는 발표를 했다. 평양의 김일성 동지는 손뼉을 치며 성시백 동지에게 응원의 박수를 보냈다.

안우생 동지는 남북연석회의 당시 김구 선생을 직접 모시고 올라왔다. 그는 6·25 조국해방전쟁 시기에 평양으로 들어와 해외공작원으로 교육받고 홍콩에서 활동하다 귀국한 뒤에는 로동당 대남공작부서에서 외국어 강사로 활동했었다. 1991년 2월 사망해 평양시 형제산 구역 신미리 애국렬사릉에 모셔져 있다.

1948년 3월 17일부터 남북연석회의 공작을 위한 구체적 계획이 수립되기 시작했다. 정치공작장교 레베데프 소장은 연석회의 행사진행의 사소한 부분까지 모두 기획해주었다. 무대 장치와 조명의 각도, 사진 촬영 때 중요한 구도와 카메라 위치, 김구와 김규식에 대한 예우, 회의진행방법, 돌발사태 시 대처방안 등등을 김일성 동지에게 직접 가르쳐주고 예행연습까지 시켰다. 이후 레베데프는 대남 언론공작을 시작했다. 3월 25일 밤 평양방송은 다음과 같이 공표했다.

"우리의 위대한 북조선민주주의민족통일전선 중앙위원회는 유엔 소총회 결의와 남조선 단선단정을 결사 반대하고 통일적 자주독립을 위한 전 조선정당·사회단체명의로 연석회의에 참가할 남의 정당·사회단체 17개를 거명하고 기타 모든 단체를 초청한다."

이날을 기해 초청장도 발송됐다. 특히 토론회 참가자 명단도 포함됐는데, 여기에는 남측 15명, 북측 5명으로 발제자와 토론자가 노출되도록 했다. 당시 레베데프와 로동당 연락실은 남측 15명의 성향분석을 했는데, 김구·김규식·조소앙·홍명희·김봉준·리극로를 우익계로 분류하고 있었다.

제주 4·3 폭동과 실패한 대한민국 건국 저지 공작

남북연석회의의 준비가 분주하게 진행되는 와중에 4월 3일 제주도에서는 대규모 유격전이 시작되고 있었다. 5·10 총선거를 저지하기 위한 비합법 투쟁의 일환이었다.

제주도는 소련군정 당국과 북조선 로동당 입장에서는 주요 관찰 지점이 아니었다. 교통과 통신이 불편한 섬이라는 점도 있었지만 약 15만 명의 섬 주민들은 어민이 아니라 가난한 농민뿐이었다. 조선시대 내내 해금(海禁) 정책을 펴는 통에 어업이 발달하지 못한 상태로 척박한 땅에서 농사나 짓고 살아왔기에 모두가 가난해서 도무지 타도해야 할 지주계급이랄 게 없었던 것이다. 경제구조의 모순이 없다시피 해서 계급투쟁의 선동이 먹히기 어려웠다. 그러나 이것은 당 조사부의 판단 실책이었다. 성시백 동지는 서울에 머물면서 제주도의 중요성을 문건으로 작성해 평양으로 보냈다.

성시백 동지의 보고에 따르면 제주도는 일제 강점기에 일본으로 가장 많은 사람들이 건너가 노동자로 일하며 사회주의 사상을 체득한 자들이 많았다고 한다. 이들 약 6만여 명이 해방직후 고향으로 돌아와 제주도민을 설득하며 가난을 벗어난 사회주의 이상향을 꿈꾸게 했다.

하지만 이들을 맞이한 현실은 늘어난 인구와 가난이었다. 일제가 물러난 후 문맹률이 80퍼센트에 달하던 섬에서 미군정은 면 소재지마다 학교를 세우게 했다. 교사가 부족해지자 일본에서 소학교만 나와도 교사로 채용했고 경찰과 공무원도 그런 식으로 채용했다.

덕분에 많은 좌익들이 제주도의 교사와 공무원·경찰로 들어가게 된 것인데 당 조사부는 이런 사실을 제대로 파악하지 못해 직접 지원할 시기를 놓치게 된 것이었다. 실상 제주도민의 상당수가 이미 혁명역량이 되어 있었는데도 말이다.

성시백 동지는 이미 적화된 해방지역이나 마찬가지였던 제주도를 박헌영의 남로당이 방치함으로써 중요한 전술기지로 이용할 수 없음에 분노하고 있었다.

한편, 한 해 전인 1947년 3·1절 기념행사는 본토에서도 남로당의 지휘 아래 전국 대도시마다 대규모 시위를 계획했지만 이를 간파한 조병옥의 경무대가 '불법시위 엄단 방침'으로 엄포를 놓는 바람에 큰 충돌을 일으키는 데 실패했다. 이런 사정은 제주도에서도 마찬가지였다. 당시 제주경찰서도 시위금지를 내걸었다. 본토 부산에서는 3·1절 기념행사 후 찬탁시위를 하다 경찰이 쏜 총에 맞아 숨지기도 했었다.

제주에서도 탑동 공터에 몰려나온 인파가 무려 1만여 명이 넘었고 기념식만 엄숙히 진행되는 듯 보였다. 그러나 맨 마지막에 만세삼창을 하면서 군중들이 흥분하기 시작하자 이 여세를 몰아 경찰의 저지선을 넘어서는 가두시위로 돌변해버렸다.

그때 기마경찰이 군중을 위협하기 위해 말을 타고 달려가다 골목에서 튀어나온 어린아이가 말발굽에 채는 사고가 발생했다. 아이가 사망한 것도 아니었지만 사망사고 이상으로 부풀려진 유언비어가 퍼지며 군중들을 분노로 흥분시켰다. 이어서 도내 모든 관공서의 공무원들이 파업에 돌입하는 등 제주도는 육지보다 훨씬 가열차게 행동에 들어갔다.

이는 46년 말 본토에서 열린 남로당 연석회의에 제주도 대표로 참석한 자들이 뒤늦게 대구폭동의 전말을 알게 되면서 학습된 방법이었다. 대구폭동은 반합법 투쟁으로 시위를 계속해서 진압경찰에 의한 시위대의 희생자 발생과 동시에 무장투쟁의 기회를 잡는 것이라는 사실을 말해주고 있었다. 제주도 남로당은 이 점을 학습한 결과였다. 경찰의 진압에 의해 소강국면에 접어든 제주도 남로당은 지역사회의 여론을 등에 업고 유격전에 대비하기 시작했다.

이들은 이듬해인 48년 4월 초, 다가올 5·10 총선거와 단독정부수립을 반대하는 유격전을 벌일 태세를 갖추었다. 제주도의 지형은 유격전을 수행하기 안성맞춤이었기에 이 계획이 가능했다.

1948년 4월 3일 새벽 2시, 남로당 제주도당 김달삼 동지 등 350여 명이 무장을 하고 제주도 내 24개 경찰지서 가운데 12개 지서를 일제히 급습하면서 투쟁은 시작되었다. 좌익에 의한 우익 가족의 처형에 뒤따른 우익의 보복 공격이 연일 계속됐다.

피비린내 나는 대결은 제주도 전역으로 퍼져나가 조국해방전쟁이 끝날 때까지 제주도의 민족해방 봉화는 꺼질 줄 몰랐다. 김달삼은 그해 6월, 성시백 동지의 도움을 받아 황해도 해주에서 열리는 전 조선 제 정당 연석회의 참석차 제주도를 빠져나갔지만 이덕구 등은 남조선 경찰과 국군, 그리고 지원경찰대로 들어온 서북청년단에 의해 무참히 생을 마쳤다.

이들의 투쟁은 그해 5월 10일 총선거 당시 2개 선거구를 습격하여 남조선에서 유일하게 선거진행을 가로막은 성과를 냈다. 이로써 제주도의 2개 선거구를 제외한 모든 남조선 전역에서 총선이 치러졌으며 리승만의 의지는 관철된 것이다. 훗날 당 정치국은 남로당의 선거저지공작 책임자를 과오를 물어 숙청했다.

당시 로동당의 열악한 사정상 이들의 투쟁지원을 제때 하지 못한 것은 두고두고 안타깝다. 대신 6월, 해주에서 열리는 전 조선 제 정당 연석회의에 참가한 김달삼 동지에게 그 공훈을 기려 조선민주주의 인민공화국의 헌법위원이란 자리를 내주었다. 강동정치학원에 입교해 유격훈련을 받은 김달삼은 1949년 10월 4일 4차 유격대 대장으로 대원 300명을 이끌고 강원도 일월산 일대로 침투했다가 전사했다.

김일성 수령께서는 이 사실을 보고받으시고 다음과 같은 말씀을 남기셨다.

"남조선 인민들은 투쟁을 통하여 더욱더 각성되고 단련될 것이며 마침내는 불패의 혁명력량으로 자라나게 될 것입니다."(『김일성 저작선집』 제4권, 239쪽)

여순반란으로 본격화된 무력 대결

제주 4·3 폭동 진압을 지원하던 남조선 국방경비대는 8월 15일 대한민국 건국과 동시에 국군이 되었다. 남조선 국방부는 1948년 10월 19일 여수에 주둔 중인 국군 제14연대 1개 대대에 제주진압 명령을 하달했다. 남로당 조직책인 지창수 상사 등 남로당계 군인들은 기회라고 판단하고 명령을 거부하며 저항 전쟁을 시작했다.

이 소식이 제주도에 전해지자 유격전에 임하던 동지들의 투쟁은 힘을 받아 더욱 가열찼다. 제주도 경비임무를 수행하던 9연대의 경우 경찰과 합동작전 계획을 수립하던 와중에 남로당 세포조직의 작계 누설이 발각되기도 했다. 이를 계기로 남조선 국군은 대대적인 군부 숙청에 들어가게 되었다. 이때 성시백 동지는 남로당과 별개로 선을 갖고 국군의 숙청작업을 예의 주시하고 있었다.

리승만이 남조선의 대통령으로 당선된 직후였으므로 리승만은 철저한 진압을 시행했다. 그러나 조선인민공화국이 소련의 지원에 힘입어 탄탄하게 구성된 당과 행정조직을 바탕으로 정부를 수립한 데 반해, 남조선의 대한민국은 좌우충돌 와중에 허겁지겁 행정조직만 구축한 채 정부를 수립하고 출범했으므로 허술한 데가 한두 군데가 아니었다. 불과 3개월 만에 앞뒤도 안 맞는 누더기 조항들을 엮어서 헌법이라고 만들어놓고 친일파를 반성이나 성찰 하나 없이 사람 부족이란 구실로 죄다 쓸어담은 채 정부를 구성해 간 것이었다.

그 와중에 지창수 상사를 비롯한 남로당계 군인들의 항쟁은 치명적 위협이 되었을 것이다. 리승만은 권력을 쥐자마자 숙청의 칼을 뽑아들었다. 그는 취임 직후 다음과 같은 강경한 담화문을 발표했다.

"모든 지도자 이하로 남녀 아동까지라도 일일이 조사해서 불순분자는 다 제거하고 조직을 엄밀히 해서 반역적 사상이 만연되지 못하게 하며, 앞으로 어떠한 법령이 혹 발표되더라도 전 민중이 절대 복종해서 이런 비행이 다시는 없도록 방위해야 될 것이다."

이로써 한반도에서는 김일성과 리승만의 무력대결·공작대결이 본격화된 것이다.

다른 루트, 동일 공작으로 삐걱거린 국회프락치 사건

남조선 사회를 주름잡던 성시백 동지는 포섭대상자가 우국지심(憂國之心)을 가졌는지를 먼저 확인했다. 그다음에는 유교적인 인물인지를 살폈다. 우국지사의 심정으로, 동시에 유교적 사고를 한다면 봉건적 사고를 하는 인물이기에 백발백중 그의 포섭망에 걸려들어 그와 의기투합하게 되었다. 술잔을 거푸 뒤집어가며 '민족의 출구'에 대해 논의하게 되면 다된 일이나 마찬가지였다.

공산주의에 민족주의를 뒤섞으면 유교적인 사람들은 십중팔구 포섭될 수 있었다. 혼란한 남조선에서 '민족의 출구'란 외국군대를 철수시키고 단정·단선음모를 저지·파탄시키기 위한 유일한 방책으로 북조선의 공산주의자들과 제휴·합작해야 한다는 결론에 도달할 수밖에 없었기 때문이다. 더구나

'민족'이란 단어 앞에서 '통일'은 당연시했다. 통일을 위해서는 결국 북조선과 손을 잡아야 한다는 논리가 만들어지는 것이다. 이런 식으로 포섭망을 넓혀가던 성시백 동지는 1948년 남조선에서 제헌의회가 결성되고 국회가 열리자 국회의원들을 포섭해 국회 와해 공작을 추진했다.

국정은 물론 대통령도 간선제로서 국회의원들이 투표로 선출하게 되니 국회의원을 포섭한다는 것은 권력교체 수단을 확보하는 것이나 마찬가지였다. 국회의원만 포섭하면 남조선의 적화 혁명은 탄탄대로를 달리게 될 것이었다.

성 동지의 이런 뜻과는 별개로 남로당도 국회의원 포섭공작에 뛰어들었다. 북로당에 심한 열등의식을 가진 이들은 자신들이 하루바삐 공을 세워 조선공산당의 적통을 되찾고 싶어했다. 남조선 경찰에 쫓기어 북으로 올라온 박헌영, 리승엽 등은 셋방살이 신세로 전락한 상황을 뒤집고 싶어 안달했던 것이다. 그래서 평양에 머물던 이들이 남로당 중앙지도부에 지령을 내리게 되어 결국 성시백 동지의 공작과 유사한 공작이 동시에 추진되어버린 것이었다.

훗날 총화과정에서도 여러 차례 지적된바, 동일 공작을 서로 다른 계열이 동시에 개입하면 적에게 노출되기 십상이어서 반드시 실패한다는 교훈을 남겼다. 북조선으로 들어온 박헌영과 리승엽 등은 공산당의 정통은 자신들이란 생각에 사로잡혀 있었고 그 열등의식이 미제 정보기관과도 내통하는 지경에 이르게 된다. 이들은 북조선 로동당으로부터의 열세를 만회하고자 남로당 서울지부의 김삼룡, 리주하 등에게 지령을 내리고 일을 무리하게 추진한 것이 화근이 되었다. 이에 반해 성시백 동지는 절대 당을 만들지도 않았을뿐더러 조급하게 일을 추진하지도 않고 있었다.

1949년 3월부터 본격적인 활동에 들어간 노일환 등 국회의원들은 남로당의 지시에 따라 '국회의원'이라는 합법적인 신분을 이용해 '민족 자주자결론', '평화적 민족통일론' 등을 국회에서 공공연히 안건으로 들고 나왔다. 또 남조선에서 외국군대 철수 문제와 남북통일협상 문제를 거론했다. 이 와중에 세 명의 의원들이 프락치혐의로 구속된 가운데 1949년 6월 21일 국회에서 정식으로 '미군철수' 문제를 긴급동의안으로 제출하는 데까지 이르렀다. 성시백 동지는 명단이 게재되는 긴급동의안을 제출하는 활동방식에 반대를 했지만 남로당을 감시하는 입장에서 그들에게 드러내놓고 반대하지 못하는 속사정이 있었던 것이다.

사건은 1949년 3월 초, 남조선의 공안 놈들에게 꼬리가 잡히면서 드러났다. 서울지검 장재갑 부장검사와 오제도 검사는 국회 내 동성회와 일민구락부에 소속된 소장파 의원의 동태가 수상하다는 보고를 받는다. 이들은 서울시경 최운하 사찰과장을 중심으로 특별사찰반을 편성하여 약 2개월간에 걸친 내사를 개시했다. 그 결과 1949년 5월 20일, 검찰은 자수한 남로당원 전우겸의 진술을 받아 국회의원 리문원·리구수·최태규를 구속시켰다. 남로당과 연계해 국회에서 프락치 활동을 했다는 혐의였다.

1949년 5월 21일, 국회는 임시국회를 소집하고 이들 의원에 대한 석방결의안을 상정했지만 부결되었다(184명 투표, 가 88, 부 95, 기권 1). 세 명이 구속되고 사건은 일단락되는 듯했다. 그러나 남로당의 또 다른 실책이 발목을 잡았다. 6월 10일, 남로당의 여성 공작원 정재한이 월북을 하다 남조선 경비대에 검거됐는데 음부 속에 숨긴 암호로 작성된 명단이 발각된 것이었다. 그 소식을 들은 성시백 동지는 무릎을 치며 한탄했지만 이미 엎지른 물이 되어버렸다.

6월 21일 남조선 검찰은 국회의원 노일환·김옥주·강욱중·박윤원·황윤호·김병회, 6월 25일 국회부의장 김약수, 8월 10일과 16일에 서용길·신성균·배중혁·오택관을 구속하고, 8월 16일까지 국가보안법 위반으로 기소했다.

공판은 15차에 걸쳐 이어져 1950년 2월 10일 제14차 공판

(구형공판)에 이어 1950년 3월 14일 제15차 공판(선고공판)에서 남조선 판사 놈들은 피고인 전원에게 유죄 판결을 선고했다. 리문원·노일환 징역 10년, 김약수·박윤원 징역 8년, 김옥주·강욱중·황윤호·김병회 징역 6년, 오택관 징역 4년, 리구수·최태규·신성균·서용길·배중혁 징역 3년을 선고했다.

이후 서울고등법원에 항소하여 심사를 진행하던 중, 우리의 위대한 인민군이 조국해방전쟁을 시작하며 쳐들어가서 감옥에 있던 이들을 석방시켰다. 이들 대다수는 납북인사·월북인사들 틈에 끼어 북조선으로 들어왔다.

당 연락부는 전쟁이 끝난 뒤인 1954부터 1년여 동안 국회프락치 사건에 대한 결산 총화를 가졌는데, 긴급동의안 제출 문제를 따져보니 작성자는 남로당 계통의 노일환이었고 성시백 조직과 연계되었던 사람들은 동의안에 서명한 일이 없다는 것이 사실로 드러났다. 그만큼 성 동지의 공작이 노련했음을 말해주는 것이기도 했다.

당시 국회부의장이던 김약수조차 자신의 이름이 들어가 있는지 몰랐다는데, 이는 김약수가 노일환 라인에 포함되어 있었기 때문에 노일환이 임의로 그의 이름을 동의안 제출자 명단에 넣어버렸기 때문이다.

그러나 성시백 동지의 국회침투 공작계획은 그가 1950년

5월 15일 체포되면서 중단되고 말았다. 이 위대한 공작원이 검거되는 과정은 '적은 내부에 있다'는 교훈을 다시 한 번 되새기게 한 것이다.

1950년 제2대 총선을 앞둔 5월 10일, 「조선중앙일보」 사장 성시백은 리승만 대통령을 반대하는 의원 후보들에게 선거자금을 지원하기 위해 동아호텔로 직접 나갔다. 198석 중 리승만의 대한국민당이 71석, 나머지 의석에서 무소속 등을 포섭해 진보정당을 만들면 리승만은 제거될 것이었다. 그러나 그가 뷰익 승용차에서 내려 호텔로 들어가던 순간 잠복했던 형사 수십 명이 덮치면서 밀사 성시백 동지의 활약은 막을 내리게 된다.

성시백 동지는 체포된 순간부터 단 한 차례도 당당함을 잃지 않았다고 한다. 그리고 체포된 지 25일 만에 사형선고를 받았다. 재판은 속전속결로 진행되었고 집행은 더 빨랐다. 1950년 6월 27일 새벽 5시. 우리의 자랑스런 인민군대가 포성을 울리며 탱크를 앞세워 미아리 고개를 넘어 서울로 진격해 들어가던 시점, 일단의 무장군인들이 육군 형무소로 들이닥쳤다. 이들은 함께 수감돼 있던 김삼룡·리주하 그리고 여간첩으로 체포된 김수임과 성시백 동지를 끌어냈다. 말뚝에 묶고 눈을 가린 뒤 목사가 다가와 "종교에 귀의하겠습니까?"

라고 물었다. 성시백 동지는 담담하게 이렇게 말했다고 한다.

"종교는 아편이오. 내게 아편을 권하지 마시오."

잠시 후 육군 형무소 형장에서 수십 발의 총성이 울렸다. 그렇게 애국렬사 1호 성시백 동지의 삶은 막을 내렸다. 그러나 비록 육체적 생명은 사라졌지만 그의 위대한 업적과 함께 정치적 생명은 영원히 남게 되었다.

이틀 뒤 김일성 동지는 서울로 들어오면서부터 성시백 동지의 행방을 찾았다. 그러나 체포돼 사형당했다는 소식을 듣고 땅을 치며 애석해하셨다. 그러면서 시신이라도 찾아오라고, 그렇지 않으면 진격하지 않겠다고 엄포를 놓았다. 6·25 전쟁에서 조선 인민군대가 왜 서울에서 사흘간이나 진격하지 않고 머물렀는지에 대해 남조선에서는 많은 이야기가 있었지만 실제로는 성시백 동지의 주검을 찾기 위해서 김일성 동지께서 직접 여기저기를 찾아 헤매셨던 것이다. 김일성 동지는 자신의 품에 간직하고 있던 깃발을 꺼내 성시백 동지의 주검을 감싸주시고 싶었다고 한다. 애석하게도 그의 주검은 끝내 찾지 못했고 애국렬사릉에는 그의 가묘를 세워 불굴의 정신을 기리게 되었다.

제2부
조국해방전쟁시기의 대남 공작

제1장
초기 공작의 성과

성공한 공작 10가지

조국해방전쟁 직전 우리 공화국의 정치공작대는 남조선 괴뢰군부 내의 혼란을 유도하고 공화국 인민군대의 기습이 가능하도록 남조선 괴뢰군의 비상해제를 성사시키는 등 다양한 공작들을 성공적으로 완수하고 있었다.

훗날 남조선 국방부 관계자들은 우리의 공작을 여전히 눈치채지 못한 채 초기의 혼란을 '6·25 초기 10대 의혹'으로 정리하고 있으며 남조선 이형근 장군 같은 자는 의심나는 점들을 열 가지나 모아놓곤 했다. 이들이 정리한 열 가지 의혹을 중심으로 초기 공작의 성과를 정리해본다.

의혹 1

인민군의 남침 가능성을 경고하는 일선 부대의 적정 보고를 남조선 군 수뇌부에서 묵살·무시했다.

사실, 아무리 적이 모르게 남침한다는 계획을 세워도 10개 사단, 30개 연대, 3개 경비여단 등 총 20만 명의 병력이 이동하는 것을 감춘다는 것은 말이 안 된다. 인민군 정찰국도 그런 점을 익히 알고 작전을 수행했던 것이다.

즉, 적이 어느 정도 눈치는 챘겠지만 긴가민가할 정도로 혼란을 주고 무엇보다 결정적 순간에 그릇된 판단을 유도할 수 있도록 공작의 목표를 세워두는 것이 더 중요한 일이었다. 우리의 공작목표가 이처럼 명확해짐으로써 남조선 괴뢰군들로 하여금 개전 시각 예측과 대응미숙의 결과를 가져오게 한 것이었다.

무엇보다 일본군 소령출신으로 전투경험이 전무하고 결단력이 부족한 채병덕 참모총장은 육본 정보상황실로부터 6월 22일, 23일 입수된 첩보를 통해 인민군의 활동이 매우 활발하다는 사실을 알고 있었다. 그는 첩보대를 포천·동두천·개성 등지로 파견해 적정을 파악하고 25일 08시까지 보고하라고 지시한 후 자신은 장교파티에 나가 밤새 술을 마신 채 곯아떨어졌던 것이다. 이런 자의 심리상태는 개전을 두려워하고 자신이 보고 싶은 것만 보려는 비겁한 태도에서 연유한다.

오늘날 남조선 국방군에도 정치인들에게 아부나 잘해서 진급하고 장관도 되는 그런 장군들이 널렸지만 그때도 역시 마찬가지였다.

남조선의 국방부 장관 신성모란 자는 영국 상선 선장이 경험의 전부였고 참모총장 채병덕은 지상전이라고는 한번 치러본 적이 없는 일본군 소령출신이었던 것이다.

최고 학벌의 리승만도 군사 경험은 전무했다. 그는 자신의 혈통이 조선왕족 출신임을 자랑하듯 자신을 그렇게 예우하는 유가(儒家)를 중용했던 것이다. 충성경쟁을 즐기는 유교문화 속에서 지도자는 자신에게 과잉 충성하는 자를 가려낼 줄 모른다. 리승만의 지시에 감격하듯 눈물을 흘려 별명이 울보라고 알려진 신성모가 국방부장관에 임명됐으니 할 말 다했지 않는가.

의혹 2

전쟁 발발 열흘 전인 6월 15일에 중앙 요직을 포함한 사단장과 연대장을 대대적으로 교체했다.

1950년 5월 소련군 장교 바실리예프가 작성한 작전계획을 강건 총참모장에게 건네자 이를 번역한 강건은 김일성 동지에게 보고했다. 그러자 김일성 동지는 남조선 국방군에 남아 있는 프락치들을 연결해 "6월 초까지 대대적인 인사이동할 것"이라는 지령을 보내게 했었다. 이 지령을 받은 남조선 군부 내 프락치들은 "빨치산 토벌작전의 경험이 있는 지휘관이 모두 후방에 근무하고 있는 반면에 전방의 지휘관들은 그런 경험이 전혀 없으니 교체하자"는 그럴싸한 건의를 내게 되었던 것이다.

의혹 3

6월 13일부터 20일까지 진행된 부대 배치 변경도 의심받는 사건 중 하나다. 이들 조치 때문에 지휘관들이 지형은커녕 부하 얼굴도 모르는 상태에서 전쟁 상태에 돌입했다.

김일성 동지의 혜안은 동북항일연군 시절부터 알려져 있지만 조국해방전쟁기에 이르러서는 그 깊이가 더했던 것이다. 김일성 동지의 지령으로 남조선 국방군의 주요 지휘관이 교체된 직후인 6월 13일부터는 전후방 부대의 대대적인 교대가 이루어졌다. 이로써 전투를 지휘해야 할 지휘관들이 적정이나 지형은 물론 지휘해야 할 부하들의 신상파악도 제대로 하지 못한 상태가 됐던 것이다.

의혹 4

6월 24일 0시부터 육본이 비상경계 조치를 해제시켜버린 이유.

사실은 육본이 아니라 미 고문단 측으로 공작이 들어간 결과였다. 당시 미 고문단에는 리승만을 혐오하던 미 행정부의 사회주의자와 연결된 자들이 있었다. 이들은 북조선의 남침 가능성을 과소평가하던 중이었고 본국의 행정부 관료로부터 일본으로 건너와 휴가를 함께 즐기자는 제안을 받고 들떠 있었다. 미 고문단은 일본에서의 달콤한 휴가에 정신이 팔린 나머지 남조선의 육본에 비상경계 태세 해제를 강력 권고하게 된 것이었다. 거기에 국방군 내 남로당 프락치들의 협공이 주효했었다.

의혹 5

6월 24일 육군장교회관의 파티.

박정희 소령 같은 강직한 남조선의 군인들은 미 고문단과 사이가 좋지 않았다. 이들은 전방의 사태가 심상치 않다는 보고서를 들고 다니면서 비상경계 태세를 계속 유지해야 한다고 주장했다. 이들의 주장을 가만 놔두면 고위 장성들이 비상을 계속 걸 것 같았다. 이에 우리 측과 연결된 미 고문단의 한 장교가 육군 장교회관의 파티를 미끼로 던졌다. 서울 용산 육군 장교클럽에서 낙성파티를 연다고 미군장교가 전후방 고급장교 전원에게 초청장을 보낸 것이었다. 이 초청장은 비상태세 해제를 주장하는 측에 힘을 실어주었다. 파티에 눈이 먼 남조선 고위 장교들을 이용한 성공한 공작이었다.

의혹 6

경계 해제와 더불어 장병의 절반에게 휴가 실시.

당시 남조선 군대는 4월부터 비상대기 상태를 유지해오고 있어 장병들의 피로도가 극에 달해 있었다. 이것은 모택동의 '16자 전법'에서 근거하는바, 적지아요(敵止我擾: 적이 움직이지 않으면 흔들어서 교란시켜라) 원칙을 적용해 1950년 초부터 우리 인민군대가 옹진반도에서 끊임없는 국지전을 일으킨 결과였다.

가랑비에 옷 젖듯이 남조선 군대의 전투 역량은 계속 소진되고 있었다. 게다가 5·10 총선을 대비해 4월부터 비상경계령이 내려져 거의 3개월간 외출외박은 물론이고 휴가조차 금지된 채 영내에 머물게 됐다. 이것은 해당 부대의 식량지급인원이 장기간 만충된 상태를 의미했고 이 상태가 장기화되면서 부대 내 식량부족 사태를 불러온 것이었다.

6월 중순이 되자 쌀 창고는 비어가고 외출외박 장병에게 지급되던 건빵은 남아돌고 있어 보급담당 장교들은 좌불안석이었다. 그러던 차에 남로당계의 한 장교가 아이디어를 낸 것이 휴가를 보내 농번기의 고향집도 도와주고 식량도 절약하자는 것이었다. 군 수뇌부는 이 아이디어를 극찬하면서 전 병력의 절반을 서둘러 병영 밖으로 내보냈다. 이처럼 대남사업에서는 뜻하지 않게 진행된 일들이 좋은 결과를 만들어내는 수도 있었다.

의혹 7

개전 초반 병력 축차투입(逐次投入)을 통해 불필요한 희생을 불러온 점.

6·25 조국해방전쟁은 사실상 소련군 출신 조선인과 일본군 출신 조선인 사이의 전쟁이었다. 남조선 군대 지휘관들은 대부분 일본 육사와 만주 군관학교 출신으로 대부대 운용경험이 거의 없었다. 꼽으라면 일본군 대령 출신의 수도사단장 김석원 대령 정도였다. 당시 그의 나이가 57세로 34세의 채병덕 참모총장보다 연륜과 경험이 월등히 많았지만 직책과 계급은 채병덕이 참모총장에 소장으로 더 높았다.

리승만이 좋아하는 채병덕과 신성모는 전투경험이 전무한 자로써 참모총장과 국방장관이 되어 전군 지휘를 하고 있었고, 전투경험이 있는 자는 강등시켜 대령으로 앉혀놓으니 작전 지도가 제대로 될 리 없었다. 굳이 우리가 공작을 하지 않더라도 남조선 군대의 어리석은 작전으로 많은 병사들이 인민군대의 밥이 되곤 했던 것이다. 리승만과 김일성의 리더십은 이런 면에서 엄청난 차이가 있었던 것이다.

의혹 8

6월 25일부터 27일까지 국군이 반격 중이라는 허위 방송이 나감에 따라 군부는 물론 국민들의 판단을 그르치게 한 점.

"서울 시민 여러분, 안심하고 서울을 지키시오. 적은 패주하고 있습니다. 정부는 여러분과 함께 서울에 머물 것입니다. 국군의 총반격으로 적은 퇴각 중입니다. 우리 국군은 점심은 평양에서, 저녁은 신의주에서 할 것입니다. 이 기회에 우리 국군은 적을 압록강까지 추격하여 민족의 숙원인 통일을 달성하고야 말 것입니다."

현재 남조선의 대다수 인민은 이 방송이 리승만의 육성이라고 알고 있다. 남조선 정치인들조차 그렇게 알고 있다. 이 방송은 당시 남조선 국방군 정훈국장 이선근 대령이 라디오 방송국의 위진록 아나운서에게 지시한 내용이다.

해방전쟁 직후 살아남은 우리의 애국렬사들이 이 사실을

살짝 비틀어서 "리승만이 국민에게 안심하라고 속이고 생업에 종사하라는 방송을 하고는 자신은 몰래 도망갔다"는 유언비어를 퍼뜨린 결과였다.

남조선은 전쟁 이후 60여 년이 지나는 동안 인구가 공화국의 두 배 이상 늘어났고 미제 앞잡이 노릇을 해가며 쌀밥에 고깃국을 많이 먹어 살이 찌기는 했지만 확실히 남조선 인민들의 사상적 수준이나 력사를 대하는 태도는 우리 공화국 인민의 자격으로 함께 살아가기에는 턱없이 부족해 보이는 부분이기도 하다.

거짓 소문을 그대로 믿고 그야말로 자기네 국가원수를 적으로 여기고 거짓 력사를 신봉하는 자가 권력을 잡기까지 하는 이 무리배와 우리의 강고한 공화국 인민이 과연 통일해서 함께 살아야 할 가치가 있는지 회의가 들기도 하는 것이다.

조만간 통일이 되면 우리는 이 문제를 당 조직위원회에서 반드시 재론해야 한다고 강조하겠다. 이유는, 남조선 인민의 정신상태가 썩어 문드러져 있음을 보여주는 좋은 사례가 되기 때문이다.

남조선 인민은 자기 나라 력사도 제대로 모르고, 거짓 력사를 자기네 것으로 알며, 비록 우리의 적이지만 리승만이 남조선을 세운 자인데도 남조선 인민들은 배은망덕의 극치를 보여주기 때문이다. 그런 썩어빠진 정신상태를 가진 남조선 인민을 데리고 우리가 어떻게 련방공화국으로 함께 살아갈 수 있는지, 재교육·혁명화 교육을 하면 과연 혁명적 인간으로 다시 태어나게 할 수 있는지 고민해야 할 것이다. 이것은 우리 통일공화국의 향후 과제가 될 것이다.

남조선에서 부활한 봉건관료주의의 폐습은 '적의 적은 무조건 동지'라는 단순사고의 풍토인바, 우리 공화국의 적이 리승만이었지만 이제 와서 리승만을 욕하고 우리 공화국에 아부하는 기회주의적인 남조선 인민은 아무리 피를 나눈 동포지만 각별히 유의해야 할 것이다.

의혹 9

한강교 조기 폭파로 국군의 퇴로 차단한 점.

의혹 10

한강교 조기 폭파의 책임을 지고 육군 공병감을 신속히 처형한 점.

위 방송과 연이어져 남조선 지식인들의 뇌 속에 심어진 소문은 리승만이 허위방송을 한 다음 자기만 살기 위해 한강 다리를 끊고 도망갔다는 내용이었다. 물론 우리 측 공작원이 지어낸 유언비어였는데, 희한하게 이런 말도 안 되는 유언비어가 남조선에서는 력사로서 대접받고 있는 것이다. 그동안 적대적 관계로서 남조선이 혁명의 대상이었을 때는 썩든 말든 문제가 되지 않았지만 이제 곧 통일을 앞두고 있는 상황에서는 우리 공화국에 저런 폐습이 전염될까 몹시 두렵기까지 하다. 혁명적 정신에 입각해서 사실을 그대로 여기에 기록하고자 한다.

리승만은 끝까지 서울에 남아 있겠다고 고집을 부리다가 6월 27일, 반 강제로 열차를 타고 대전으로 피신했었다. 우리 인민군 선봉 부대 105전차여단이 미아리 방어선을 돌파하고 서울시내에 진입한 시각은 28일 00시 05분. 남조선 국방군은 서울에 인민군이 진입하면 2시간 이내에 한강 인도교를 폭파할 것을 명령계통으로 내려 두고 있었다.

채병덕 참모총장은 서울에 전차가 들어왔다는 연락을 받자 공병감 최창식에게 전화해 "즉시 한강 다리를 폭파하라!"라고 지시했다. 채병덕을 비롯한 육군본부 참모들에 이어 이시영 부통령이 한강 인도교를 넘자마자 새벽 2시 30분께 폭음과 함께 한강 다리가 폭파되었다.

이 사건도 남조선의 정신병자 같은 정치군인들의 작태를 잘 보여주는 사례가 될 것이다. 당시 교량 폭파로 50대 이상의 차량이 물에 빠지고 최소한 500명이 폭사했는데 한강 인도교의 폭파로 피란민은 오도가도 못 하게 되었다. 전술전략적 상식이 인민들에게 있었다면 어쩔 수 없는 희생으로 여겼을 것이지만 남조선의 썩어빠진 문민정권과 그 인민은 오직 자신의 안위만 급급해했다. 그리하여 남조선 인민은 전략적인 계산을 하지 못한 채 분노를 자신의 정부에 쏟아내기 시작했다.

교량폭파에 대한 분노의 여론은 "6~8시간의 여유가 있었는데도 불구하고 조기 폭파로 인명과 병력 및 물자소송에 막대한 타격을 받게 됐다"는 비판으로 변했다. 말 좀 한다는 자들은 한결같이 이런 말을 떠벌리고 다녔다. 그런 자들이 전략을 알 수 없음에도 말이다. 비판은 독기를 품었다.

결국 리승만 정권은 8월 28일, 당시 명령에 의해 폭파를 수행한 최창식 대령을 '작전비행죄'란 죄목으로 체포하고 9월 21일 사형을 집행한 것이다. 이 점에서 리승만도 결국 봉건시대의 유산을 버리지 못한 것으로 보인다.

한강 인도교의 폭파는 우리 인민군의 입장에서 볼 때 비록적이지만 신의 한 수를 둔 것이나 마찬가지였음이 밝혀졌다. 이 작전으로 인해 파죽지세로 밀고 내려가던 인민군 105전차여단은 며칠 동안 발이 묶여야 했다. 그 틈에 일본에 있던 맥아더 원수 놈이 6월 29일, 수원으로 날아와 시찰을 하게 만들어주었다. 만약 다리 폭파를 한 시간만이라도 더 미뤘더라면 인민군 정찰부대가 폭파병들을 제거하고 다리를 우리 수중에 넣었을 것이다.

그렇게 됐더라면 맥아더는 수원으로 들어올 수 없었을 것이며 유엔군의 개입도 불가능했을 것이기 때문이다. 그럼에도 남조선 괴뢰군은 이런 효과를 모른 채 도강을 미처 못한 국군의 퇴로를 차단했다며 의혹을 제기하고 서로 비난하는 지경인 것이다.

제2장
정보 실패의 교훈

상륙작전에 대한 정보 실패

조선인민군이 가열차게 밀고 내려가 두 달도 안 돼서 경상남도와 부산만을 남겨둔 1950년 8월 15일, 스티코프와 레베데프는 김일성 동지와 함께 전략회의를 거듭하는 와중에 모스크바로부터 '맥아더 장군 놈이 조선땅으로 상륙작전을 감행할 것'이라는 첩보를 받게 됐다. 이 첩보는 미 국방성 내부의 공산주의를 흠모하는 미국 관리로부터 입수된 것이어서 매우 신뢰할 수 있는 것이라고 스티코프는 역설했다.

이로써 적이 언제 어디로 상륙할지를 미리 파악하고 대처해야 하는 상황을 만난 것이었다. 따라서 인민군의 정찰국은 날짜를 포함해 상륙지점을 알아내기 위한 첩보활동에 전력을 기울이기 시작했다. 포로가 된 미군 비행기 조종사, 국방군 포로등을 심문하는 데 많은 노력을 쏟아부었다. 당시 맞아죽은 포로들이 부지기수였다. 이때 간사한 맥아더 놈은 어떤 작전을 펼쳤는가. 그리고 우리는 어떤 과오를 저질렀는가.

위대하신 수령 김일성 동지는 당시 회의석상에서 이렇게 말씀하시었다.

"맥아더 놈은 태평양전쟁에서 승리해 자만심이 하늘을 찌를 것이오. 그러니 가장 어려운 지점으로 상륙할 가능성이 크다고 봅니다." 그러면서 인천을 지목했다.

당시 인천지구 방어사령관은 최용건이었으나 수동적으로만 움직였다. 곁에 있던 서울시 인민위원장 리승엽은 반대 의견을 내 놓았다.

"인천이라면 영흥도로 접근해야 하는데, 거긴 내 고향집이 있고 내가 태어나 살아봐서 압니다. 조석간만의 차가 세계에서 두 번째로 큰 곳이어서 큰 전함이 들어왔다가는 썰물에 꼼짝없이 발이 묶이는 곳입니다. 게다가 영흥도 사람들은 이 리승엽 하면 모르는 사람들이 없지요. 그 사람들이 바닷길을 안내해줄 리 없으니 불가능하다고 봐도 될 겁니다."

그러면서 리승엽은 낙동강 전선이 형성된 지도를 가리키면서 경상북도 영덕군에서 남쪽으로 약 16킬로미터 떨어진 장사 해변을 지목했다. 두 사람의 대화를 지켜보던 스티코프와 레베데프는 리승엽의 손을 들어주었다. 게다가 남로당원들의 첩보활동으로 올라오는 보고도 장사를 향한 상륙작전과 유사한 첩보가 많아지기 시작했다.

이 무렵 적은 어떤 식으로 준비하고 있었나. 간사한 유엔괴뢰군은 우리의 정보활동을 감지하고 양동작전을 수행하고 있었다. 먼저 8월 24일, 대구와 경남 밀양에서 유격대원을 모집해 훈련을 시키면서 육군 제1유격대대라는 이름의 상륙부대를 급조하고 있었다.

남로당의 정보망으로 올라온 자료에 따르면 제1유격대대는 총 772명으로 대부분이 나이 어린 학도병이었다. 이 정보에 근거할 것 같으면 장사 해변으로 상륙해 보급선을 차단하고 우리의 진격을 가로막을 것으로 보였다. 인민군 정찰국도 비슷한 첩보를 올리고 있었다.

같은 날, 그러니까 8월 24일 새벽 1시 30분, 인천 영흥도 십리포 해안에 남조선 해군 첩보대 17명이 배에서 내리고 있었다. 휴전이 되고 남조선이 승리에 도취되어 광분하면서 펴낸 자료에 보면 이 작전명은 '엑스레이 작전'이었다. 새벽에 상륙한 17명의 남조선 첩보 공작대는 영흥도를 거점으로 월미

도와 인천에 잠입한 뒤 인민군 해안포대의 위치와 수, 병력배치 등 고급정보를 수집해 맥아더 사령부에 보고했다.

당시 서울을 중심으로 인천지역은 모두 우리 조선인민군의 수중에 들어가 반동분자를 처형하거나 북으로 이송시키며 안정화단계에 접어들었는데 이런 일이 벌어진 것이었다.

남조선 괴뢰 공비들은 대담하게도 우리가 발행하는 통행증을 구해 신분을 위장한 채 방어진지 공사장 등에 잡부로 일하다가 9월 12일 밤, 인민군 군관복을 입고 간도 크게 인민군 인천지구 방어사령부 기밀실을 뒤져 중요 자료를 빼돌렸다.

뒷날 수령님께서는 "상륙작전 때 우리 쪽의 협조자가 있지 않고서는 적들이 그런 대담한 첩보공작을 할 리 없습니다. 반드시 협조자를 물색하시오"라고 엄명을 내린 바 있었다.

내무서원이 모두 동원되어 행적을 끌어모아 밝혀낸 바에 따르면 보안원으로 있던 권순철이라는 자가 배신자였던 것이다. 이자는 해방 직후 미처 월남하지 못한 채 북조선에 남아서 성분검사도 통과하고 수령님의 배려로 보안간부학교를 나와 보안원으로 근무하고 있었다. 하지만 해방전쟁 전부터 남조선 해군 괴뢰장교들에게 포섭되어 많은 정보를 갖다주었던 것이다.

서해 인천인가… 동해 장사인가

한편, 부산에 잠입한 남로당 첩보요원이 9월 13일자로 긴급 보고를 올렸다.

〈정보 보고 (긴급)〉

수신: 조선인민군 정찰국 정보참모

발신: 금강 003

내용: 신성모 국방부 장관과 정일권 육군참모총장이 참석한 가운데 부산 부두에서 작전명령 제174호로 출동명령을 받은 제1유격대 772명이 LST 문산호에 승선, 출항함(9월 13일 오후 2시). 상륙지는 경북 영덕군 장사리 해안임.

어느 쪽이 상륙지점이 될지 확신이 서지 않는 가운데 이 보고서를 받은 스티코프와 레베데프는 영흥도와 인천 방어선 보강 지시를 철회하고 즉시 장사 지역으로 긴급 방어선 구축 명령서를 작성하라고 수령 동지에게 강권했다.

9월 14일, 영흥도에 잠입했던 괴뢰해군 첩보대 17명 중 11명은 전날 밤에 섬을 빠져나갔고, 6명이 잔류하고 있다가 우리 인민군의 기습을 받았다. 그때 괴뢰해군 4명이 배를 타고 빠져나가는 사이에 끝까지 남아 우리를 유인했던 남조선 괴뢰군 임병래 소위와 홍시욱 상등병 조는 마지막에 권총으로 자결해버렸다. 이로써 우리가 더 이상 알 수 있는 것은 아무것도 없었다. 다만 리승엽의 주장대로 자신의 고향마을이어서 적화된 것처럼 떠벌렸으나 실제로는 우리 치하에 있을 때에도 반동들이 많았으며 남조선 괴뢰해군 첩보대가 들어오자 너무나 적극적으로 지원해 주었단 사실을 나중에야 확인했다.

한편, 같은 날인 9월 14일 새벽 4시 30분쯤, 태풍 케지아가 지나던 장사 해안으로 상륙한 남조선 괴뢰 유격대는 그날부터 무려 6일 동안 우리 인민군의 주요 보급로인 포항·영천 방면의 국도를 완전히 차단해버렸다.

이에 우리 인민군 제2군단이 2개 연대를 급파했으나 이 공격도 막아내고 있었다. 인천지구 방어병력은 9월 14일 오전부터 긴급수송과 급속행군으로 경북지역으로 이동해 갔다. 이로써 인천지구 방어병력은 1개 연대 2,000여 명뿐이었다.

그런데 다음 날인 9월 15일 새벽, 서해안 수평선으로 미제국주의 놈들의 군함이 새까맣게 몰려들었던 것이다. 이들은 월미도와 팔미도를 접수하고 인천 시내까지 밀고 들어오면서 조국해방을 목전에 둔 우리 인민군의 허리를 끊어놓은 것이었다.

늙은 여우 리승만의 협잡으로 유엔군을 끌어들여 인천상륙작전을 해 들어옴으로써 우리는 남조선을 해방시키고 통일조국을 사회주의 낙원으로 만들어 후손에게 물려줄 기회를 놓치게 되었다. 이렇게 안타까운 사건이 벌어진 것은 순전히 '정보의 실패'에서 기인하는 것으로 정보야말로 전쟁을 수행하는 가운데 가장 으뜸가는 사업임을 뼈저리게 깨달아야 했던 것이다.

훗날 수령님께서는 "남조선과 싸워 이기려거든, 남조선의 정보기관들을 모조리 못쓰게 만들어놓고 전쟁을 시작해야 합니다"라고 훈시하시었다.

제3부
조봉암 공작과 리승만 제거 공작

제1장
조봉암 공작

리승만에 의해 국제군이 뛰어드는 바람에 조국통일을 눈앞에서 놓치게 됐으나 그만큼 공화국의 정보기관들은 더 강해지고 있었다. 반면 남조선은 미군에 크게 의존하면서, 악질반동 김창룡을 중심으로 하는 방첩대 수준의 정보기관만으로 남파한 우리 공작원을 잡는데 혈안이 되어 있었다.

특히 육군 특무부 대장 김창룡이 허태영 대령의 하수인인 송용고, 신초식에게 암살당하면서(1956년 1월 30일) 남조선의 방첩은 육군 방첩대보다 경찰에게 실권이 넘어가게 되었다.

어쨌거나 정보기관만큼은 우리 공화국이 남조선을 압도하기 때문에 언제라도 우리가 결심만 하면 남조선 사회는 정치공작에 의해 혼란의 도가니에 빠지게 될 운명이었다.

휴전 후 1960년까지 우리 공화국의 대남사업은 크게 두 가지 사업을 두고 언급할 수 있겠는데, 그 하나는 남쪽에서 말하는 조봉암 사건이며 다른 하나는 역도 리승만 제거 공작사업이었다. 전자는 실패로 끝났다고 알려졌으며 후자는 그 성공의 과실을 아직도 다 수확하지 못할 정도로 어마어마한 것이었음을 기록에 남기고자 한다.

조봉암은 누구인가

조봉암은 1899년 9월 25일 경기도 강화군에서 소작농의 아들로 태어나 일제시기에 사회주의 항일운동을 했다. 특히 일본 유학시절에 '흑도회'에 가입하면서부터 사회주의에 심취하게 된다.

3·1 운동에 가담, 징역 1년 형을 살고 나온 그는 1922년 10월 소련으로 가서 베르호네우딘스크에서 개최된 코민테른 총회에 조선인 공산주의자 대표로 참석하기도 했다. 이때 조봉암은 1~3차 조선공산당 결성 및 와해 과정에서 상해지도 그룹을 이끌며 코민테른과 중국공산당에도 관계한 골수 공산주의자였다.

그는 1923년 소련공산당의 지령을 받고 러시아 모스크바에 소재한 '동방노력자 공산대학' 속성과를 수료하고 1924년 국내 공산주의 운동서클 '화요회'에 가입하면서 본격적인 맑스주의에 입각한 조선공산주의 운동을 시작했다. 코민테른 지령에 따라 1925년 4월 17일, 조선공산당 창당에 참여, 주도적 역할을 했던 조봉암은 공산주의 국가에 대한 1국1당 원칙에 따라 조선공산당을 코민테른 한국지부로 인준받게 했다. 이것이 훗날 남로당의 모태가 된 것이다.

남로당 당수 박헌영이 월북 후 김일성 수령에게 협력하며 조선인민공화국 건국에 참여했지만 조봉암은 남쪽에 남아서 리승만의 대한민국 건국에 참여해 초대 농림부장관으로 남조선의 토지개혁을 주도했다. 국회 부의장을 역임했으며 진보당을 창당하고 1952년 제2대 대선(11.7% 득표), 1956년 제3대 대선(30.0% 득표)에 출마, 리승만(각 70% 이상 득표)을 위협하는 강적으로 등장했다.

문제는 해방 직후 조봉암과 박헌영의 갈등이었다. 이것이 우리 공화국으로 하여금 많은 측면에서 조봉암을 오해를 하게 만들었다. 해방 직후 조봉암은 건국준비위원회 인천지부의 활동을 시작으로 조선공산당·남조선로동당·민주주의 민족전선에 가담하고 활동했으나 1946년 5월 「한성일보」를 통해 박헌영을 강하게 비판하면서부터 오해가 불거졌다.

조봉암의 강렬한 비판으로 정치적 타격을 입은 박헌영은 그해 6월, 조봉암을 조선공산당에서 제명시켜버렸다. 그리고 대구폭동을 일으킨 뒤 월북했던 박헌영의 일방적 주장을 받아들인 당은 조봉암을 척결대상으로 분류했던 것이다.

하지만 그의 사상은 변한 바가 없었다. 조국해방전쟁기에 미제 스파이를 잡아내는 과정에서 박헌영과 리승엽 등 남로당 변절자들을 심문하게 됐는데, 이때 박헌영은 조봉암을 제거한 것은 자신의 과오였다며 눈물을 흘리며 후회했었다.

해방전쟁기에는 인민군에게 '조봉암을 체포하면 즉시 총살하라'는 명령을 내리기도 했던 당이었으나 1952년 남쪽에서 실시된 대한민국 제2대 정부통령 선거에 출마한 조봉암은 진보당 당수로서 우리와 하등 다를 바 없는 평화통일의 구상을 내걸고 있었던 것이다. 그가 이런 공약을 내걸고도 전란 중에 무려 11.7퍼센트의 득표를 한 사실에 조선로동당은 주의 깊게 그를 지켜보게 됐다. 그리고 박헌영에 의해 만들어진 조봉암에 대한 불신임을 당은 철회하고 그를 재신임하기로 결정했던 것이다.

그보다 몇 달 앞선 52년 초 유엔군과 중공군의 교착상태가 지속되며 전세가 불리하게 돌아가자 수령께서는 "만조기를 지나 이제 간조기가 되었으므로 공세적 작전을 줄이고 역량을 키우는 쪽으로 가야 합니다. 그러니 평화전술과 화해전술, 대화전술로 적들의 예봉을 꺾어놓아야 합니다"라고 지도하시었다.

이에 따라 당은 평화전술을 전개하면서 '평화적 남북통일 전술 3대 노선'을 발표했다. 그것은 '1.만국의 노동자는 단결하라 2.착취 없는 경제정책 3.평화통일'로 선전되었는데, 52년 5월 남조선의 진보당 대통령 후보 조봉암도 자신의 통일정책을 '1.피해대중은 단결하라 2.수탈 없는 경제정책 3.평화통일'로 공표하고 있었던 것이다. 뒷날 밝혀진 바에 따르면 남조선 경찰 놈들은 이때부터 진보당의 강령이 우리의 로동당과 동일하다는 걸 눈치채고 의심하기 시작했다고 한다.

'급히 하면 망친다' 대남사업국의 과오

53년 7월 27일 휴전 후에 대남사업국은 남쪽의 조봉암을 권좌에 앉힌 뒤 북과 남이 평화통일을 할 수 있다는 복안을 채택했다.

로동당과 흡사한 정강정책으로 휴전도 되기 전에 남조선에서 무려 11퍼센트를 얻었다는 것은 대남공작을 조금만 더 잘 해간다면 우리가 충분히 승산 있음을 보여주는 것으로 파악한 것이다.

반성해야 할 부분인바, 당시 대남사업국은 너무 서둘렀다는 과오를 남겼다는 점이다. 로동당 정보위원회 부위원장 박일영 동지가 조봉암을 관리하기로 결정하면서 자신의 선으로 정찰국 소속의 박정호 동무를 위장귀순시키면서 조봉암에게 3만 달러를 전달하게 했다.

그러나 박일영-박정호-조봉암의 관계가 남조선 경찰 놈들에게 감지된 것은 1953년 12월 김일성 동지의 보좌관으로 근무하다 성시백과 같은 역할을 하겠노라며 자청해서 남조선 밀사로 내려온 조재복 때문으로 훗날 밝혀졌다.

남조선 경찰에 체포된 조재복이 자신을 심문하던 경찰에게 지나가던 말로 '박일영-박정호-조봉암'의 관계를 흘리는 바람에 경찰은 박정호를 잡아들이게 된 것이다. 박정호는 조봉암에게 전달하려던 3만 달러를 경찰에 압수당하면서 그 돈의 목적을 끝까지 불지 않았다. 이로써 당은 먼 훗날 그의 가족들을 애국열사 가족으로 대우해주려 했으나 그 가족들은 이미 숙청되고 죽어버려 애석했다.

하지만 교활한 남조선 경찰 놈들은 증거를 수집하기 위해 조봉암을 체포하지 않고 계속 쫓기만 했다. 우리는 그런 사실을 모른 채 중간책인 박정호가 체포되자 박정호의 역할을 대신할 밀사를 물색하고 있었던 것이다.

그때 남조선의 북파공작대(HID)에 있다가 우리에게 포섭된 양명산을 활용하자는 의견이 제시됐다. 이중첩자 양명산은 열 번도 넘게 우리 북쪽을 넘나들며 정보 장사를 해오고 있었다. 그런 양명산을 통해 조봉암에게 우리 측 의사를 전달했으며 조봉암은 긍정적으로 응해온 것이다.

당시 당은 조봉암에게 3대 선거인 56년 5·15 정부통령 선거에 출마하면 재정적으로 당이 후원하겠노라는 제의를 했고 양명산을 통해 거액을 내려 보냈다. 그리고 그 결과는 조봉암 후보의 30퍼센트 득표였던 것이다.

한심한 꼴로 선거에 임하는 남조선에서는 이변이 또 일어났다. 민주당 대통령 후보 신익희가 열차에서 심장마비로 죽어버린 것이었다. 그 덕에 조봉암 후보가 무려 30퍼센트나 표를 받을 수 있긴 했지만 그래도 리승만 다음가는 대선 후보가 된 것이었다. 대남사업부는 흥분에 휩싸였었다. 그리고 1960년에 벌어질 제4대 대선에서 끝장을 보자는 성급함에 사로잡힌 것이었다.

1957년 12월, 조선로동당은 조봉암의 정치자금으로

2,500만 환을 양명산을 통해 전달하게 되는데 이때까지 몰래 미행하던 경찰 놈들과 남조선 특무원들에게 양명산과 조봉암이 체포되고 말았다. 경찰에 체포된 조봉암은 양명산에 연루돼 붉은 자금을 받아 쓴 것이 마음에 걸렸던지 당시 공안검사 조인구에게 "리 박사님께 죄송하다"라는 말을 전해달라고 했다. 그리고 59년 7월, 양명산과 조봉암 두 애국렬사는 형장의 이슬로 사라졌다.

이로써 조봉암 공작은 막을 내리게 되지만 이 과정을 지켜보신 수령 동지께서는 유명한 주체철학의 사회정치적 생명체론을 설파하시면서 이런 말씀을 우리들에게 남기시었다.

"정치 공작은 바둑과 같습니다. 한쪽의 변화가 다른 쪽에 영향을 미쳐서 전체 판도가 바뀌는 것이 다반사입니다. '죽은 돌이 말을 한다'는 바둑의 격언이 그냥 있는 것이 아닙니다. 그러니 조봉암 동지의 실패도 우리가 훗날 판세를 어떻게 뒤집느냐에 따라 다시 살아날 수 있는 것입니다. 비록 형장의 이슬로 육체적 생명은 사라졌지만 그의 사회정치적 생명은 영원하기 때문입니다."

통일을 목전에 두고 있는 2018년인 오늘, 우리는 수령님의 깊은 뜻을 다시 한 번 체감하며 놀라움을 감출 수 없는 것이다. 왜냐하면 남조선에서 역적으로 몰렸던 조봉암이 2011년 1월 남조선 대법원에서 무죄판결을 받고 신원이 복권되었기 때문이다.

남조선 혁명의 발자취를 따라가다보면 'IMF－김대중 당선' '김대업 병풍－노무현 당선' '최순실 태블릿PC－문재인 당선'이라는 우리의 위대한 족적을 마주하게 될 것이다. 그만큼 우리 당의 이름 없는 밀사들이 투쟁해온 결과, 오늘날 남조선의 정치판 전체가 뒤집어진 것이다.

제2장
4·19와 리승만 탄핵 공작

불나방 같은 남조선 얼갱이들

조봉암 공작이 무산되는 바람에 대남사업국은 핵심적 사업을 중단할 수밖에 없었다. 하지만 그동안 정찰국과 통전부 등 각 부처에서 파견된 밀사들의 다각적 투쟁들은 크고 작은 성과를 올리며 평양으로 전송되는 승리의 무전은 멈출 줄 몰랐다. 이들은 남조선 사회 내에 유언비어를 여기저기 흘리고 다녔는데, '권력욕에 사로잡힌 리승만이 조봉암을 빨갱이로 몰아서 죽였다'는 것이 주요 골자였다. 웃기는 것은 이 유언비어가 50년쯤 지나면 우리가 뿌린 거짓을 진실로 믿고 달려드는 불나방 같은 남조선 얼갱이들이 우후죽순으로 생겨난다는 것이다. 그런 자들에게 분노와 증오를 심어주면 그들은 새로운 우리의 혁명지원군이 될 수 있었다. 리승만의 대한민국은 그렇게 스러져가고 있는 것이다.

1960년 제5대 정·부통령 선거에서는 자유당에서 리승만과 이기붕이, 민주당에서 조병옥과 장면이 출마하고 있었다. 원래는 5월 중순에 치러져야 했는데, 우리도 예측하지 못할 정도로 변화가 많았다.

설명하자면, 권력을 잡고 난 뒤인 1950년 12월에 가서야 자유당이라는 정당을 만든 리승만은 정치투쟁과 정당의 역할을 제대로 모르는 늙은이였던 것이다. 우리 공화국처럼 당을 건설한 다음 당원을 중심으로 국가를 내세운 게 아니었던 것이다. 그러니 자유당은 리념이나 사상을 기반으로 탄생했다기보다는 순전히 당수인 리승만의 권력에 기생하는 기득권 기생충의 집합소가 돼버렸다. 주인인 리승만이 가져다주는 정치적 영양분을 토대로 자신들의 삶을 이어가는 식이었다. 개중에 순진한 자들이 일부 있어서 겉으로 보기에는 이들이 자유주의 사상을 대변하는 제대로 된 정당처럼 보이기만 했을 뿐이다. 문제는 그런 자유당의 '꿀 빨던 시대'가 저물어 간다는 데 있었다.

리승만은 벌써 86세의 노인이었다. 이미 4년 전인 56년

선거판에서도 "저 영감은 윗목에서 똥 싸고 아랫목에서 밥 먹는다"며 다 죽은 사람 취급했었다. 그런 그가 다시 60년 제5대 대선에 출마하고 있는 것이다.

묘향산 81호 보고서

자유당에 잠입해 프락치로 활동하던 '묘향산 81호'의 보고서는 리승만은 3선 당선 후인 1956년 가을, 더 이상 출마하지 않고 은퇴하겠노라고 했다는 것이다. 그런데 리기붕을 포함한 저들 충신들이 극구 만류했다는 것이다. 보고서를 보자.

리승만 정계 은퇴에 대하여

발신: 묘향산 81호

수신: 당 대외연락부 부장

내용: 정계은퇴를 준비하던 리승만에게 리기붕과 박마리아, 기타 가신(수신 불량)들은 하나같이 리승만의 정계은퇴를 만류했음. 곁에서 지켜보면 왕에게 충성을 하던 조선시대 어전을 보는 것 같았음.

"각하, 그것만은 절대 안 됩니다. 각하만큼 영어를 잘하시고 외교를 잘하시는 분은 이 조선 천하에 없습니다. 김일성을 이길 수 있는 분은 각하뿐입니다. 각하가 아니었으면 6·25 때 우리는 이미 김일성에게 녹아버렸을 것입니다."(이기붕)

"각하께서 떠나시면 이 나라는 누가 이끌며 이 백성은 누구를 믿고 살아가야 하는 겁니까? 흑… 흑…."(김태선 서울시장)

"있을 수 없는 일입니다. 제 눈에 흙이 들어오고 제 목에 칼이 들어와도 각하께서 경무대를 떠나시는 일은 있어서는 안 됩니다. 각하, 부디 만수무강 하시옵소서. 만년세세 누리소서. 저희는 죽어서 흙이 되더라도 각하 곁을 떠나지 않고 지켜드리겠습니다."(이기붕 부인 박마리아)

(중략)

결론: 리승만은 정계 은퇴를 못할 것임.〈끝〉

1948년 8월 15일, 애시당초 내각제로 출범한 대한민국이었지만 리승만은 대통령제를 고집했었다. 혼란을 막고 통치를 하려면, 전쟁을 막고 국가를 발전시키려면 리승만이 옳았지만 남조선의 사대부들이 권력 맛을 본 이상 독점을 허용하지 않을 것이었다. 이 문제를 해결하고자 리승만은 우리 공화국처럼 숙청으로 해결 못 하고 발췌개헌이네, 사사오입이네 하면서 다수결 제도를 무리하게 갖다대며 상대를 설득시키려다 정적만 늘려놓았다. 남조선에서는 우리 공화국의 밀사들 말고도 리승만을 적으로 삼는 자들이 체제의 덕을 보며 무럭무럭 자라나고 있었던 것이다.

1960년초 민주당의 조병옥이 리승만과 대적하겠노라고 출마하자 자유당은 5월 중순의 선거일을 3월 15일로 두 달이나 앞당겼다. 명분은 농번기를 피한다는 것인데, 조병옥의 건강이 나쁘다는 정보를 이용한 것이었다. 그러자 민주당에서 조병옥을 미국으로 보내 빨리 수술하고 돌아오라고 부추겼다. 2월 초, 미국으로 날아간 조병옥은 수술대에서 의료사고를 당해 영원히 일어나지 못한다. 여기까지는 늙은 여우 리승만에게 운이 좋았던 것이다. 제4대 선거에서는 신익희가 심장마비로 가버리고, 제5대에서는 조병옥도 수술대에서 가버렸으니 두 번씩이나 무투표 당선확정이 된 셈이었다.

통일전선부 부부장 대리의 보고서

그러나 이 무렵 자유당의 속사정은 또 달랐다. 로동당 통일전선부 부부장 대리 양형순이 김일성 수령께 직접 올린 보고서가 도움이 될 것이다.

수령 동지께 올리는 보고서

제목: 남조선 자유당 선거에 대하여

예측: 남조선 자유당은 이번 제5대 정부통령 선거에서 필시 무리하게 부정선거를 자행할 수밖에 없음.

이유: 자유당은 금숟가락을 물고 태어난 정당으로 한 번도 거리에서 풍찬노숙하며 가열차게 정치투쟁한 적이 없음. 그런데 조병옥의 사망으로 리승만이 대통령에 당선되더라도 이미 86세로 노환을 앓고 있어 임기를 마칠 때까지 살아 있을지 아무도 장담할 수 없음.

만약 리승만이 당선된 후 부통령으로 민주당의 장면이 당선될 경우(실제로 지난 제4대 선거에서도 장면이 당선되어 부통령을 해먹었음), 리승만 유고 시 권력은 민주당으로 넘어가게 됨.

한 번도 정권이양 경험도 없고, 민주제도의 경험도 없는 남조선이 분수도 모르고 서양 놈의 정치제도를 가져와 자유민주주의를 한다고 하나, 선거에서 부통령을 장면에게 내줄 경우 자유당은 몰살될 것이란 공포분위기에 휩싸여 있음.

따라서 자유당은 수단과 방법을 가리지 않고 부통령 선거에 부정을 획책할 것이며, 이로 인한 반발에 군중을 동원하면 남조선 정권붕괴는 시간문제로 보임.

이미 서울대학교를 포함, 고려대와 민족적인 남조선의 거의 모든 대학의 인문계 학생들 대다수는 우리 공화국을 로망으로 삼고 있어 각종 지하서클을 통해 규합해가면 선거부정을 할 수밖에 없는 자유당 정권은 도끼로 제 발등을 찍는 격이 될 것임. 단, 시위 구호는 '부통령 부정선거'라고 하지 말고 '대통령 부정선거'라고 후려쳐야 함.

추신: 지난 주에 결정된 리승만 암살공작은 취소하는 것이 바람직하다고 사료됨.

1960년 1월 3일 통일전선부 부부장 대리 양형순 올림

그 후 양형순 부부장 대리의 이 보고서는 로동당 정보분석 담당자들에게는 전설이 되었다. 김일성 수령 동지로부터 2중 영웅메달을 수여받기도 했다. 그가 예측한 대로 남조선은 무너지고 있었다. 선거 후 개표가 진행되자 곳곳에서 부정선거의 흔적들이 쏟아져 나왔다. 찬성표가 100퍼센트인 곳도 있었고 투표용지가 완전히 갈라지지도 않은 채 무더기 찬성표 뭉치로 나오기도 했으며 어떤 지역구는 선거인수보다 투표용지가 더 많이 나오기도 했었다.

한민당에서 갈라져 나와 리승만과 대립각을 세우던 민주당을 중심으로 거센 항의가 시작됐다. 그러자 한 경찰관이 상부에서 받았다며 '부정선거 지령서'를 민주당에 갖다주었다.

이로써 서울·부산·마산 등지에서 부정선거 규탄시위가 시작됐고 경찰은 곤봉과 최루탄, 심지어 실탄 사격까지 하며 시위 진압을 했다. 대구폭동처럼 이런 거센 시위에서는 시체가 나와야 승기를 잡을 수 있었다. 그리고 4월 11일 최루탄이 눈에 박힌 채 마산 중앙부두 앞바다에서 떠오른 김주열 군의 시체가 등장한 것이었다. 자유당은 그걸로 끝이었고 리승만도 더 이상 권좌에 머물 수 없었다. 전국의 모든 대학이 주동이 된 듯 일어섰고 뒤이어 교수와 고등학생, 중학생도 일어섰다.

4·19는 자유민주 호헌 혁명, 더 기다려야 한다

4월 19일, 남조선은 권력의 주인을 바꿔버리는 혁명을 일으킨 것이었다. 들불처럼 번진 분노한 군중을 막을 수 있는 권력은 지구상에 없다. 우리 공화국은 결코 그런 사태를 불러일으키지 않는다. 사전에 그럴 기회를 철저히 봉쇄해야 권력이 추구하는 이상사회로 나아갈 수 있는 것이니까. 조선민주주의 인민공화국의 정치야말로 진정한 선진정치가 아니고 무엇인가 말이다.

위대하신 수령 김일성 동지의 정치적 경쟁자인 남조선의

늙은 여우 리승만은 1960년 4월 26일, 하야 성명을 발표하고 그의 집으로 돌아갔다. 한반도의 초한지 장기판에서 드디어 남조선의 궁이 떨어져나가 우리가 한판 승리를 거머쥔 것이었다. 하지만 남조선의 혁명은 우리의 통일과는 여전히 거리를 두고 있었다. 당시 평양에 수신된 보고서를 보자.

남조선의 4·19 혁명에 대하여

발신: 백두 009호

수신: 대외연락부 부장

내용: 리승만 하야 직후 국내 여론은 리승만에 동정적임. 중심구호를 '3·15 부정선거 규탄'으로 삼는 바람에 '대통령 부정선거'로 인식하지 않고 리기붕에게 책임을 전가하고 있음. 4·19 혁명은 권력을 바꾸는 데 성공했으나 헌법 체제는 여전히 고수하고 있음. 권력붕괴가 국가붕괴로 이어지지 않아 '호헌 혁명'으로 굳어질 가능성이 많음. 차후 리승만이 배후에서 정치를 할 가능성도 많음. 1960. 4. 30. 〈끝〉

이 전문을 바탕으로 모든 대남사업 부서장들이 모여 회의를 거듭했다. 결론은 다섯 가지로 다음과 같았다.

첫째, 4·19 혁명은 '호헌 혁명'이므로 '미완의 혁명'이라 부르기로 결정했다.

둘째, 남조선의 대다수가 아직도 반공에 머물러 있기 때문에 빨리 대중여론을 평화통일로 옮겨가 북남화해 분위기를 조성한다.

셋째, 권력을 잡은 민주당 내로 프락치를 대거 침투시켜 북남접촉과 북남대화를 추진한다.

넷째, 아직 숨이 붙어 있는 리승만을 완전히 끝장낼 데에 대한 조치를 강구한다.

다섯째, 권력이 바뀌면 정보기관도 바뀌어야 함에도 정보기관의 변화 속도가 늦다. 윤보선-장면의 민주당이 이 문제를 조속히 해결하도록 공작해야 한다.

남조선에서 벌어진 어이없고 희한한 일

우리의 공작 목표가 정해지면서 남쪽으로 발신되는 단파송신기가 바빠졌다.「동아일보」「경향신문」등 남조선의 양대 일간지에 침투한 분자들이 여론 조성을 시작하고 있었다. 리승만 정권에 의해 약 1년간 정간조치를 당했던「경향신문」이 되살아나 복수의 칼을 갈았다. 보름도 안 돼, 신문이 주장하는 여론과 실제여론이 갈라졌다. 이렇게 되면 시간이 지날수록 신문이 여론을 주도하게 될 것이었다.

리승만의 정치적 생명을 완전히 끝장내기 위해서 다시 암살공작을 시작할지 회의가 계속됐다. 잘못하다가는 후유증으로 우리가 역습을 당한다는 의견이 만만찮았다.

그런 와중에 리승만이 하와이로 휴양 갈 계획이란 보고가 들어왔다. 약 보름간 요양차 하와이로 갔다 올 계획인 것이었다. 이 사실을 공표할 경우 반대여론에 화를 입을까 두려워 리승만 측근은 쉬쉬하는 모양이었다. 따라서 대중들은 리승만 부부가 휴양 갈 것인지를 알지 못한다. 통일전선부에서는 이것을 망명으로 엮기 위한 공작계획을 수립했다. 그리고 보름도 안 돼 남조선에서 희한한 일들이 벌어졌다.

「동아일보」 5월 29일자 조간신문 제1면은 이웅희 기자가 쓴 망명 기사였다. '리박사 부부 해외망명설'이란 제목이 붙어 있었다. 하지만 기사 어디를 보아도 망명을 부인하는 내용들이 전부이며 망명하는 것이 아니지만 제목과 전체 분위기는 망명처럼 느끼게 됐다. 이 신문은 5월 28일 저녁에 발간됐는데, 우리 측 요원이 「경향신문」에서 숙직하던 윤양중이란 신참 기자에게 전화로 "내일 새벽 이화장에 가면 큰 사건이 있을 거요"라며 흘리는 데 성공했다. 국방부 출입기자라 정치 쪽을 잘 모르고 있어 더 좋았다. 미끼를 문 윤 기자는 막 배달된 내일 아침자 「동아일보」 기사를 숙독하면서 리승만이 망명 갈 것으로 믿었다. 그는 29일 새벽에 이화장 앞에서 잠복하다 오전 7시쯤 조용히 집에서 빠져 나오는 리승만 부부를 뒤따라 김포공항까지 갔다. 오전 10시께 김포공항에서 이륙대기 중인 기내로 들어간 윤양중 기자는 앞도 뒤도 없이 "지금 심정이 어떻습니까?" 하고 물었다. 이에 리승만은 "이제 무슨 말을 하겠소. 그대로 떠나게 해주오"라고 했다.

"개 돼지에게 진주목걸이를 채워줘서야…"

망명인지 휴양인지 확인조차 않은 채 다짜고짜 본사로 돌아온 「경향신문」 기자들은 이날 오후 4개 면 중 3개 면과 2분의 1면을 망명 특종판으로 제작해 전국에 뿌렸다. 제1면 제목은 '리박사 부부 돌연 하와이로 망명'이었다.

리승만 부부를 태운 비행기가 태평양을 지나는 동안 남조선 사람들 모두가 리승만이 몰래 도망갔다고 알게 된 것이다. 그때까지 리승만에게 동정적이던 남조선 인민의 여론은 금방

적대적으로 돌변했다. 그날 저녁부터 남조선의 모든 매체는 리승만을 역적·도둑놈 그리고 독재자로 몰아세우기 시작했다. 다음 날엔 리승만 부부가 미국에 비자금을 수십만 달러나 빼돌렸다고 주장하는 국회의원이 나타났고, 민주당은 특별검사를 임명해 조사해야 한다고 아우성이었다.

전국의 모든 학교에서 리승만은 역도요 역적이라고 가르치기 시작했고 학생들은 교정과 공원에 세워진 리승만의 동상을 끌어내려 목에 밧줄을 매고 행진하느라 하루해가 뜨고 졌다.

우리 공화국의 로동당 대외연락부에서는 처음에 남조선에서 무슨 일이 벌어졌는지 도통 이해되지 않아 애를 먹었다. 하와이에 살고 있는 동포 공작원에게 사실 탐문을 지시한 결과, 리승만은 보름 정도 머물다 돌아갈 예정이라 집도 절도 없는 곳이며, 그를 따르는 자들이 임시로 머물 거처를 마련한다고 동분서주하고 있다는 것이다. 그런 리승만을 미국 장군들은 측은하게 생각하며 동정하고 있다고도 전했다. 그런데 남조선은 전 국민이 달려들어 리승만이 망명했다며 욕을 해대고 있는 것이다. 이것을 어떻게 이해해야 할 것인가?

6개월쯤 뒤에 올라온 보고에 따르면 리승만 부부는 거지나 다름없이 여기저기서 떨구어 주는 돈을 받아 연명한다는 내용이었다. 리승만은 길에서 폐철을 주워 서랍 속에 모으면서 고국으로 갈 여비를 마련하려 애쓴다는 내용도 있었다.

김일성 수령 동지께서는 이 전문을 받아보시고는 깊은 회한에 잠기시었다. 비록, 해방직후부터 서로 적대 관계에서 제2의 독립운동과 건국운동을 해왔으며 전쟁을 통해 서로의 목숨을 겨누고는 있었으나 인간적으로 동정을 금할 수 없는 슬픈 표정을 지으시면서 이런 말씀을 혼자 하시었다.

“리승만 저 영감도 남조선 인민들을 너무 잘못 보는 바람에… 개·돼지한테 진주목걸이를 채워주겠다고 하다가….”

리승만은 하와이에서 4년 6개월 동안 수구초심으로 고국을 그리다 쓸쓸하게 병원에서 숨을 거두었다. 미국 장성들이 대거 참여해 장례를 치렀다. 그때부터 우리 공화국의 「로동신문」 기자들에게는 리승만 망명 사건을 기화로 하여 남조선 기자와 인텔리들을 한심하게 보는 전통이 생겨났다.

남조선 언론들은 겉만 번지르르하고 명분만 그럴싸하게 내걸 뿐이지 언제나 금전적 이익 앞에서는 국가의 목표는 물론이고 진실도 교묘하게 짜깁기해버리는 ‘배운 도둑놈들’이었다. 물질만 풍부할 뿐이지 지조나 절개, 의리나 철학, 사상이나 이념은 깡그리 팽개친 채 살찐 개·돼지들의 발광놀음을 하는 집단이었던 것이다. 거짓 기사를 써서 그것으로 거짓 불랑품 같은 역사를 만드는 민족에게는 미래가 있을 수 없는 것이다.

그로부터 약 57년 뒤, 김정은 동지께서도 조부이신 김일성 수령 동지가 정적인 리승만의 최후를 보며 느끼신 것과 똑같은 심정을 느끼셨다고 한다. 2017년 3월 10일, 박정희의 딸이자 남조선 대통령인 박근혜가 헌법재판소에서 탄핵을 당하던 날, 김정은 동지는 침통한 표정이 되셨다. 그러면서 "할아버지 수령 동지가 리승만이 쫓겨 나가는 걸 보시며 어떤 느낌을 가지시었는지 잘 알 것 같소. 참 남조선 사람은 몹쓸 자들이야. 이해하기 힘든 족속이구먼" 하시며 씁쓸해하시었다.

1960년 당시 리승만의 망명 같은 추방으로 남조선은 통일이 한층 더 가까워 진 상황이었다. 조금만 더 노력한다면 대남사업은 성공리에 막을 내릴 수 있었다. 그러나 그것은 박정희 도당이 등장하면서 일거에 뒤집어졌다. 또다시 대남사업의 간조기가 시작된 것이다.

남조선 력사 제4~5부

(1960년~1979년까지)

박정희 시대는 북한에는 나쁜 시대였으나 대한민국에는 좋은 시대였다

이강호(국가전략포럼 연구위원)

박정희 시대는 민주를 자신의 전매특허로 내세우는 사람들에겐 '암흑의 시대'다. 그런데 그 시대에 이루어진 대한민국의 성장과 발전은 세계적으로는 '한강의 기적'으로 일컬어지고 있다. 그렇다면 '한강의 기적'은 '암흑의 시대'에 이루어진 셈이 된다.

상식을 가진 사람이라면 누구나 논리적 당착을 느낄 수밖에 없을 것이다. 그런데도 한국에선 어느 땐가부터 박정희 시대를 부정적으로 보는 것이 정의의 기준이나 되는 것처럼 행세를 하고 있다. '기적과 암흑'이라는 어울리지 않는 당착에 대해 당연히 있어야 할 질문이 없다. 더 정확히는 그런 의문

자체가 봉쇄되고 있다.

이 글은 어느 틈엔가 묻는 자체가 금기가 돼버린 바로 그 의문에 대한 답을 찾아보고자 한 시도이다. 당착은 때로는 반증적으로 따져보면 해명의 답을 찾을 수 있다. 박정희 시대에 대한민국과 대치하고 있던 반대편의 적대적 세력의 즉 북한 정권의 관점에서 그 시대를 살펴보는 것이다.

박정희 시대는 북한 김일성 정권의 입장에서 어떤 시대였는가? 그들은 6·25 전쟁 때 대한민국을 침공했을 뿐만 아니라 이후로도 내내 대한민국에 대한 적대적 전복 책동을 멈추지 않았다. 그들에게 박정희 시대는 좋은 시대였는가 아니면 나쁜 시대였는가? 그리고 덧붙여 북한과 입장을 같이하는 부류들에게 그 시대는 어떤 시대였는가?

박정희 시대가 시작될 당시 남한은 북한에 비해 크게 뒤떨어져 있었다. 그런데 그 시대를 거치는 동안 대한민국은 북한에 대해 더 이상 비교가 필요 없을 정도로 괄목할 만한 성장과 발전을 이룩했다. 북한의 입장에서 보면 확실히 박정희 시대는 없었으면 좋았을 시대이다. 그런데 당시는 물론 지금도 북한과 마찬가지의 입장에 있는 자들이 있다.

박정희 시대에 나름의 이유에서 유감을 품는 것은 정치적 자유에 해당한다. 그러나 북한과 같은 입장에서 더 심하게는 북한에 동조 결탁하여 그 사주에 따라간 부류들의 경우는 그렇게 양해될 수 없다. 그것은 정치적 자유의 영역이 아니라 단죄되어야 할 대한민국에 대한 적대행위이다. 그런데 그 같은 주장과 행위가 이러저러한 미사여구로 포장되고 급기야는 행세까지 하게 된다면 어떻게 되는가?

지금 대한민국은 어떤 시대인가? 대한민국은 지금 어디로 가고 있는가? 박정희 시대를 살펴보면서 대한민국의 길을 다시 묻는다. 대한민국은 과연 어디로 가야 하는가?

제4부
박정희의 등장과 공화국의 위기

제1장
남조선 집권자 박정희 평가에 대하여

남조선의 집권자를 평가하는 데 있어 단언적 언설이 있다. 남조선 인민에 대한 압제자요 남조선 해방을 가로막는 미제의 주구라는 것이다. 그런데 이런 식의 언설은 사실 쓸모없는 상투적 평가다. 그가 우리 공화국의 남조선 해방 과업의 추진에 어떻게 난관을 야기하고 장애로 작용했는지 구체적으로 살펴보지 않으면 향후의 전략 수립을 위한 교훈을 얻는 데 아무 도움이 되지 않기 때문이다.

남조선의 역대 집권자들은 근본적으로는 남조선뿐만 아니라 전체 조선 인민의 이익에 반하는 반동이며 미제의 주구다. 몇몇 분자들의 예외적 행태를 가상하게 보아준다 하더라도 본질에 있어서는 동일하다. 하지만 우리 공화국의 이익을 관철하고 미제를 타도하여 남조선 해방을 이룩하는 데 있어 효과적인 전략을 수립하고 추진하기 위해선 그 역대 집권자의 다소의 차이에도 주목할 필요가 있다.

특히 리승만에 이어 우리 공화국에 심대한 타격을 안긴 박정희에 대해선 냉철하게 따져볼 필요가 있다. 우리 공화국은 조국해방전쟁의 후유증을 빠르게 극복하여 리승만 집권 말기에는 남조선에 대해 이미 국력이 압도적으로 우위에 있었다. 박정희가 집권했을 무렵에도 이 같은 공화국의 우위는 확고했다.

그런데 박정희 집권 기간 남조선은 우리 공화국을 따라잡아 힘의 우위를 무력하게 만들었다. 뿐만 아니라 박정희는 그 사이 여러 차례 우리에게 주어진 결정적인 기회를 무산시켰다. 이것은 근본에서는 미제의 공화국에 대한 적대 정책과 남조선 지원에 따른 후과다. 하지만 박정희가 그 조건이 성과적으로 구현되도록 솜씨를 발휘했음을 간과할 수는 없다.

미제의 지원을 등에 업었으니 미제의 주구, 우리 공화국에 시종 적대적이었으니 반동, 그리고 남조선의 해방 전사들을 탄압했으니 압제자라는 등의 선언적 평가에만 그친다면 남조선 해방이라는 궁극의 과업을 달성하는 데 도움이 되지 않는다. 좋든 싫든 그가 어떤 역할을 했는지를 입체적으로 그리고 냉정하게 이해되고 따져져야 할 필요가 있는 것이다.

박정희가 집권하던 무렵 남조선은 1인당 GNP가 70~80달러 수준으로 유엔 가맹국 125개국 가운데 105위였다. 당시 우리 공화국은 GNP가 약 300달러 수준의 50위권으로 말하자면 중진국이었다. 필리핀이 일본 다음으로 아시아에서 가장 소득이 높았다. 그러나 당시 남조선의 피폐상은 그 수치가 말해주는 것 이상이었다.

조국해방전쟁이 끝난 지 8년이었다. 원래도 변변찮았던 남조선의 산업현장은 전쟁의 여파로 다 무너진 상태였다. 우리는 빠른 속도로 후유증을 극복하고 혁명무력을 재건하여 다시 남조선을 겨누고 있었지만 남조선은 군인들에게 봉급을 제대로 줄 돈이 없었다. 도시에는 일자리가 없었고 농촌에는 보릿고개의 굶주림이 여전히 반복되고 있었다.

그런 만큼 우리는 박정희 패당의 재건이 어쩌고저쩌고하는 어설픈 놀음도 결국 모조리 실패로 돌아갈 것으로 판단했다. 당시 우리는 박정희 패당 때문에 남조선에서 끓어오르던 조국통일의 열망이 수포로 돌아간 것을 통탄했다. 그러면서도 놈들이 그 무슨 수를 쓴다 해도 남조선의 근원적 악조건을 이기지 못하고 남조선 인민의 지지를 잃어 조만간 파탄에 이르게 될 것으로 확신했다.

그러나 우리의 이 예측은 빗나갔다. 단명으로 끝날 것으로 본 박정희의 집권은 18년을 이어갔다. 그리고 그 18년 동안 형편없는 처지에 있던 남조선은 천지개벽 수준으로 탈바꿈했다. 물론 남조선이 미제의 식민지이며 자본가와 지주 놈들이 인민을 착취하는 체제라는 본질에는 하등 변화가 없었다.

하지만 외형적 양적 성장이 있었음은 인식해야 한다. 소위 그 성장이라는 게 미제에 기생하며 인민을 쥐어짜낸 결과이지만 남조선이 이제 무슨 경제강국이나 된 듯이 행세할 수 있게 된 것도 어떻든 그것이 바탕이 된 것임을 알아야 한다.

이러한 재인식은 당시 우리의 오판을 새삼 문제 삼거나 비판하고자 함이 아니다. 박정희와 그 패당의 반동적 본질에도 불구하고 그 성과를 냉정하게 타산하는 것은 그 유산을 계속 이어가고 있는 남조선 반동체제를 제압하고 무너뜨릴 수 있는 효과적 방책을 수립하기 위해선 회피할 수 없는 일이기 때문이다.

더욱이 굳이 약간의 변명을 하자면 당시 박정희 패당의 앞날에 대해선 우리만 오판을 한 것도 아니다. 그 어느 나라도, 심지어 미제도 박정희 패당의 미래에 대해 전혀 낙관적 전망을 하지 못했던 터였다. 남조선 내에서도 마찬가지였다. 남조선의 지식분자 대부분도 박정희의 이른바 근대화 놀음에 회의적이었다.

특히 수출입국 운운에 대해선 매판자본을 위한 것일 뿐이며 외자도입은 외세에 나라를 팔아먹는 짓거리로 보는 것이 일반적이었다. 이들 지식분자 대다수는 "안 된다"고 했다. 그러나 박정희는 그 같은 회의와 비판을 아랑곳하지 않고 "하면 된다"고 하며 자기 노선을 밀어붙였다. 그리고 결과적으로 "안 된다"고 했던 그 모든 판단은 빗나갔다.

물론 그 과정에서 있었던 남조선 인민들의 희생을 간과할 수 없다. 박정희가 "하면 된다"고 외치며 인민을 몰아세우는 가운데 남조선 인민은 이역만리 타국에서 시체를 닦는 간호사로, 석탄을 캐는 광부로 시작하여, 열사의 사막과 정글의 진흙탕을 뒹굴어야 했다. 농민들은 새벽종 댓바람부터 새마을이 어쩌니 하면서 땀을 흘려야 했다.

그러나 아무튼 그런 가운데 남조선의 경제는 한 발짝 한 발짝 눈에 띄게 덩치가 커져갔다. 인민들을 몰아세우고 쥐어짠 바탕이 있었던 덕분이지만 여하튼 기업들이 대거 등장하고 자라난 것은 특히 주목되는 일이다. 그 매판적 본성과 반인민적 본질에도 불구하고 지금 남조선이 경제적으로 행세를 해대고 있는 데는 이들 기업들의 성장 덕분이기 때문이다.

우리 공화국은 앞으로 미제와의 결정적 승부를 앞두고 있다. 우리는 미제의 남조선 지배력을 약화시키고 마침내 남조선을 접수할 수 있는 결정적 호기를 맞이했다. 이 기회를 살려 남조선을 접수하게 되면 박정희 이래 그간 남조선이 쌓은 모든 경제적 부도 결국에는 우리 공화국의 자산이 될 것이다.

따라서 박정희와 그 패당들이 반동적이었다 해도 놈들이 만들어낸 과실을 굳이 무시할 이유는 없다. 더욱이 남조선을 접수한 이후 그 자산을 여하히 잘 관리해나가기 위해서도 놈들의 국력성장 비결을 인정할 것은 인정하고 배울 것은 배워야 할 것이다.

제2장
박정희에 대한 경제적-정치적 평가

남조선의 역사에서 박정희의 족적은 지울 수 없다. 앞서 정리한 대로 박정희의 '경제적' 측면에서의 성과는 논란의 여지가 없다. 그러나 그 점을 인정한다 하더라도 '정치적' 측면에서는 결코 그럴 수 없다는 입장이 있다.

특히 남조선의 '민주세력'은 이 같은 입장을 강력히 고수하고 있다. 출발에서부터 군사 쿠데타였으며, 집권 후반기는 유신체제라는 독재체제였던 만큼 정치적으로는 정당성을 절대로 인정할 수 없다는 것이다.

강경한 반(反)박정희 '민주세력'들은 박정희 시대의 경제적 업적에 대한 최소한의 긍정도 결과론적 합리화로 본다. 그들에게 있어 박정희 시대는 '여하튼' 반민주 독재의 시대일 뿐이다. 이들의 완강한 자세와 끈질긴 선전의 성과로 현재 남조선에는 정치적으로는 박정희를 옹호하지 못하는 분위기가 상식으로 굳어져 있다.

박정희에 대한 정치적 평가와 관련한 남조선의 이 같은 상황은 우리 공화국에는 결과적으로 큰 정치적 이득이 되고 있다. 박정희에 대한 부정적 평가가 강해질수록 정치적으로 그를 계승한 남조선 보수패당의 입지도 약화되기 때문이다.

그런 점에선 박정희의 경제적 업적을 인정하지만 정치적으로는 부정적으로 평가하는 어중간한 양비론적 입장도 쓸모가 있다. 정치적으로 회의적인 시각이 강화되면 결국에는 총체적인 부정으로 이어지게 할 수 있는 것이다. 그래서 우리 공화국의 전략적 입장에선 어떻든 박정희에 대한 부정적 평가가 남조선에서 더 확산되고 굳어지게 하는 것이 필요하다.

특히 박정희 시대의 정치에 대해선 그것이 다른 무엇보다도 우리 공화국에 대해 적대적인 자세로 일관한 것이었다는 점에서 철저하게 부정되도록 할 필요가 있다. 박정희는 5·16 쿠데타 때부터 이른바 반공을 제1의 공약으로 내걸더니 급기야는 집권기간 내내 그것을 국시로 삼아 우리 공화국에 대한 대결 태세를 견지했다.

박정희는 그렇게 반공을 국시로 하여 우리 공화국에 대해 민족 차원에서 우호적 자세를 보이거나 사회주의 노선의 위력적 성과를 인정하려는 모든 정치적 움직임에 대해 혹독한 탄압을 서슴지 않았다. 그 때문에 남조선에선 미제의 지배를 청산하고 매판자본의 수탈체제를 끝장내려는 노력이 끊이지 않았음에도 번번이 좌절되는 결과를 맞아야 했다.

물론 우리 공화국은 그처럼 거듭되는 고난에도 불구하고 박정희 체제를 무너뜨리기 위해 치밀하고 치열하게 공작을 계속해나갔다. 박정희의 유신이라는 반동체제에 저항하는 민주화투쟁을 끊임없이 부추기고 반(反)유신 세력이 강화될 수 있도록 할 수 있는 모든 노력을 다해나갔다. 박정희가 결국 10·26으로 종말을 맞게 된 것도 궁극적으로는 우리의 그 같은 가열찬 노력에 힘입었다 해도 과언이 아니다.

하지만 박정희 시대의 종막을 더 앞당기지 못한 데 대해선 만시지탄의 아쉬움이 있다. 박정희가 유신체제를 이어간 그 기간에 남조선은 드디어 중화학공업까지 크게 일으키게 되었다. 덕분에 남조선은 우리 공화국의 혁명무력에 맞서는 군사태세를 뒷받침하는 방위산업 기반을 강력히 갖추게 되었다. 만약 박정희의 유신체제를 좀 더 빨리 끝장냈더라면 우리 공화국의 남조선에 대한 혁명무력의 우위는 더 강력하고 오래 유지될 수 있었을 것이다.

그런 점에서 우리는 남조선 민주세력의 박정희에 대한 정치적 평가와는 별도로 박정희 체제의 정치적 위력에 대해 냉철한 평가를 할 필요가 있다. 반공을 제1의 공약으로 시작하여 유신으로 이어지는 박정희의 18년간의 정치가 우리 공화국의 남조선에 대한 공작을 대단히 효과적으로 제압해왔음은 사실이기 때문이다.

따라서 우리는 남조선에 대한 우리 공화국의 정치공작이 무위로 돌아가게 할 수 있는 박정희식 정치가 다시는 남조선에서 등장할 수 없도록 긴장을 늦추지 말아야 한다. 박정희 체제의 정치가 '민주'의 이름으로 단죄되고 부정되는 기조가 흔들리지 않도록 해야 한다. 이를 위해 남조선의 이른바 '민주세력'들에게 계속 힘을 실어주어야 할 필요가 있다. 우리는 이 같은 정치적 기조의 유지가 성과적으로 작동한 것을 이미 확인한 바 있다.

지난 2012년 남조선 대통령선거전 당시 박근혜는 5·16과 유신이 헌법정신을 훼손했다고 인정하고 고개를 숙인 바 있다. 이것은 그간 끊임없이 '민주'의 이름으로 박정희와 남조선 보수패당을 공격한 노력의 결과였다. 남조선에는 박정희의 경제적 업적을 인정한다 하더라도 정치적으로는 문제가 있었다는 시각이 상식으로 군림하는 분위기가 있었고 그 때문에 박근혜 패거리도 이에 정면으로 맞서지 못했던 것이다. 그런데 그렇게 물러선 박근혜는 비록 당시에는 당선되었지만 결국에는 탄핵을 당하여 지금은 감옥에 있다. 5·16을 쿠데타로 유신을 반(反)민주적 폭거로 규정하는 남조선의 '민주세력'이 그 민주의 기준을 앞세워 끊임없이 밀어붙인 노력이 마침내 결실을 보게 된 것이다.

그리고 그 덕분에 남조선의 반동 보수패당은 궤멸적 위기에 처하고 드디어 우리 공화국의 정당성을 인정하고 흠모하는 세력이 정권을 거머쥐는 쾌거를 이룩하게 되었다. 그 결과 이제 남조선의 소위 자유민주 체제라는 반동체제는 숨통이 끊어지기 직전의 처지가 되었다. 이 같은 상황은 우리 공화국이 그간의 고난을 근원적으로 타개하고 남조선까지 아우르는 전국적 혁명을 달성할 수 있는 다시없는 호기다. 우리는 지금의 이 호기를 놓치지 않아야 한다.

정권을 잡은 남조선의 문 정권은 기특하게도 우리의 입장에 철저히 호응해주고 있다. 1948년 8월 15일의 남조선의 소위 건국을 부정함으로써 우리 공화국의 정당성에 힘을 실어주었다. 그리고 1987년의 이른바 민주화 이전을 민주주의가 전혀 존재하지 않았던 반민주적 반인민적 암흑시대로 규정함으로서 남조선이 그간 쌓아올린 물질적 성과가 무가치함을 스스로 선언해주었다.

남조선의 보수패당은 늘 그들의 물질적 성과를 '한강의 기적'이니 뭐니 하며 자랑해왔다. 그들은 국제적으로도 그렇게 떠들고 선전하며 우리 공화국의 고난을 비웃고 모독해왔다.

특히 미제는 그 '한강의 기적'을 들어 자신들의 남조선에 대한 지배가 정당했음을 강변해왔다. 그러나 지금 남조선 정권을 거머쥔 문재인 세력은 민주주의가 없는 상태에선 경제발전은 아무 의미가 없으며, 그런 속에서의 경제발전이란 매판자본 세력의 배만 불린 것에 지나지 않음을 분명히 하고 있다. 이것은 그간 우리가 일관되게 주장해왔던 바인 만큼 문 정권의 이 같은 자세는 참으로 높게 평가할 만하다.

더욱이 남조선의 문 정권은 지금 우리의 영원한 수령님 김일성 주석님의 주체사상이 가르쳐온 바인 '사람 중심'이라는 사상을 받드는 개헌을 시도함으로써 우리 공화국과 하나가 될 수 있는 준비를 가속화하고 있다. 그런 한편 미제의 우리 공화국에 대한 무력적 압박도 온갖 노력을 다해 차단해주고 있다. 실로 이제 남은 일은 '우리 민족끼리' 하나가 되는 최종적 과업을 완수하는 시기에 이르렀다 해도 될 것이다.

그러나 우리는 이런 때일수록 긴장을 늦추지 않고 차근차근 목표를 향해 나아가야 한다. 미제의 영향력을 무력화시키고 남조선을 최종적으로 접수하는 그날까지 한 단계 한 단계 행보마다 치밀함을 견지해야 한다. 남조선 보수패당이 그간 자랑삼아 떠들어왔던 그 '한강의 기적'이란 것이 결국에는 아무것도 아니라는 회의가 확산되는 이 분위기가 지속되도록 해야 한다.

박정희로 대표되는 반동 보수패당의 지배 시기는 실로 민주주의가 죽었던 암흑기에 지나지 않으며 민주주의가 없으면 소위 경제성장이란 아무 의미도 없는 것이라는 인식이 굳어지게 해야 한다. 그래야 비록 경제적으로는 고난을 거듭했어도 수령님 영도 하에서 민족적 자긍심을 지키고 사람 사는 세상다움을 유지한 우리 공화국의 품에 안기는 것을 받아들일 수 있기 때문이다.

박정희와 그 뒤를 이은 남조선 보수패당은 분명 대단한 솜씨를 발휘했다. 그들은 최악의 조건에서 남조선의 경제를 일으키고 우리 공화국의 압박을 무력화시켜왔다. 우리는 그것을 냉철히 타산해야 한다. 적들에게서도 배울 것은 배워야 하는 차원에서만이 아니다. 남조선 인민들이 효과적으로 선동하기 위해서도 필요한 것이다.

지금 남조선 인민 대다수는 굶주림을 모른다. 그래서 굶주림에서의 해방된 그 가치와 고마움을 절실하게 느끼지 못한다. 그런 반면 불평 불만은 누적돼 있다. 이 심리를 파고들어 더욱 증폭시켜야 한다. '민주'를 강조해야 하고 '참여'를 강조해야 하고 '사람'을 강조해야 한다. 지금 남조선의 문재인 정권의 입장과 행보는 그런 점에서 매우 고무적이라 평가할 수 있다.

공화국 주도의 통일을 좌절시킨 5·16 쿠데타

남조선에선 극히 일부의 반동들을 제외하고는 박정희의 5·16 쿠데타가 4·19 민주혁명으로 수립된 민주정권을 불법적으로 전복시킨 원죄가 있다는데 대해선 이론이 없다. 이 같은 입장은 특히 지금 남조선 집권세력인 문재인 정권으로 이어지는 이른바 민주세력의 핵심적인 기본입장이 돼 있다. 이들은 그래서 박정희 정권은 처음부터 민주적 정당성을 결여했다는 것을 무엇보다도 강조한다.

박정희에 대한 이 같은 평가는 그의 정당성을 깎아내리는데 그 나름의 유용성이 있다. 그러나 우리 공화국의 입장에선 4·19의 정당성을 내세워 5·16을 단죄하는 것은 그 일정한 타당성에도 불구하고 전 조선의 혁명화를 위한 남조선 해방이라는 관점에선 중요한 지점을 놓치고 있는 평가임을 지적하지 않을 수 없다.

우선 4·19로 들어선 소위 민주정권이라는 것도 본질적으로 볼 때 반동 부르주아 패거리에 지나지 않았다는 점에서 그렇다. 인민적 관점에서 볼 때 4·19 덕분에 권력을 잡은 민주당 패거리는 박정희 패당보다 하등 나을 것 없는, 어떤 점에선 그 출신과 사회적 기반으로 볼 때는 훨씬 더 악질의 수구반동패당이라 할 수 있기 때문이다.

당시의 민주당 패당은 그 반동적 본성에서 볼 때는 언제든 누구에 의해서든 무너져야 마땅한 무리들이었다. 따라서 그것을 무너뜨린 것 자체만으로 박정희의 5·16을 단죄할 수는 없다. 5·16의 진짜 문제는 그 수구 정권을 무너뜨린 게 아니라 4·19 이후 마침내 다시 기지개를 켜고 일어서기 시작한 남조선 인민의 통일열망과 움직임을 짓밟았다는 데 있다.

이것은 우리 공화국의 입장에선 매우 애통한 결과라 하지 않을 수 없다. 민주당 패거리는 그 반동적 본성이 어떻든 리승만을 무너뜨리는 데 큰 역할을 했다. 이들은 기회를 포착하자 갖은 선동을 총동원하여 리승만을 공격했고 덕분에 우리는 우리의 남조선 해방전쟁의 목표에 좌절을 안긴 숙적이 쫓겨나는 것을 볼 수 있었다.

그리고 그런 가운데 조성된 남조선 정정의 혼란과 통일세력의 대두는 다시 한 번 북남 통일의 기회를 맞도록 했다. 민주당 정권이 전혀 사태를 수습 장악하지 못하는 가운데 리승만체제 아래에서 숨을 죽이고 있었던 북남의 하나됨을 열망하는 통일세력이 다시 결집되고 일어서기 시작한 것이다. 그리고 이에 더해 여전히 4·19의 흥분을 가라앉히지 않고 있는 학생들의 들뜬 분위기가 있었다.

4·19가 민주혁명이라고 한다면 이후의 중요한 정치적 관심은 민주주의를 어떻게 정착시키고 안정화시킬 것인가로 모아졌어야 할 것이다. 하지만 정작 4·19를 주도했던 남조선 학생사회의 관심은 딴 데로 가 있었다.

온 사회가 데모 천국으로 변한 가운데 학생가의 관심은 '민주'가 아니라 '통일'로 이동해 있었던 것이다. 이것은 우리 공화국의 입장에는 매우 고무적인 현상이었다. 1960년 11월 1일 서울대에서 민족통일연맹(민통련)이 출범했다. 민통련은 1961년 5월 3일 "가자 북으로, 오라 남으로"를 내걸고 '남북학생회담'을 제의했다. 그리고 1961년 5월 무렵까지 서울과 지방의 18개 대학에 민통련이 결성되었다.

이 같은 일련의 일들은 4·19의 '자연스러운' 발전은 아니었다. 학생들이 아무리 들뜨고 흥분해 있었다 하더라도 그냥

내버려두었으면 그처럼 통일을 내걸고 행동하는 데까지는 결코 이르지 못했을 것이다. 배경이 있었다. 4·19 이후 남조선의 상황이 여러 가지로 느슨해지면서 우리와 입장을 같이하는 잠복해 있던 통일혁명세력이 움직일 수 있는 공간이 주어진 덕분이었다.

우리는 조국해방전쟁이라는 대혈전을 치렀지만 남조선을 해방시키는 궁극적 과업은 달성하지 못했다. 그리고 그 전쟁 기간에 남조선에선 통일혁명세력이 일단은 상당히 몰락했다. 하지만 고난의 과정 속에서도 다행스럽게도 끈질기게 살아남은 세력들이 있었다. 그리고 대학가를 비롯한 지식계층에는 사회주의적 기풍을 우러르는 풍조가 상존하고 있었다.

'진보적'이어야 지식인다운 것으로 여기는 풍조는 지금이나 그때나 자본주의 세계 지식분자의 변치 않는 일반적 풍조다. 이렇게 잠재돼 있던 '혁명적 기풍'이 4·19 이후 때를 만나 다시 꽃을 피우기 시작한 것이다.

당시 남조선에선 이 같은 세력을 통칭하여 '혁신계'라 했는데 이들이 4·19 이후 드디어 정치적 움직임을 본격화했다. 4·19 이후 치러진 7·29 총선에 사회대중당·한국사회당·혁신동지총연맹 등이 참여했다. 단일정당이 아니었던 탓에 총선에서 큰 성과를 거두지는 못했지만 혁신계는 이후에도 정치적 움직임을 늦추지 않았다. 이들이 가장 중요시한 것은 통일운동이었는데 이것은 우리 공화국의 선도하는 바와 전적으로 입장을 같이하는 것이었다.

드디어 혁신계와 대학가 보조를 맞추다

당시 남조선 혁신계의 통일운동과 관련한 주요 움직임은 다음과 같이 전개됐다.

— 1960년 9월 15일 '민족자주통일중앙협의회(민자통)' 준비위원회 결성

— 1960년 12월 6일 사회대중당, 민주적 평화적 조국통일 촉진방안 발표

— 1961년 2월 13일 혁신계 신문 「민족일보」 창간

— 1961년 2월 14일 통일사회당·사대당·혁신당 등 14개 정당 및 사회단체들, '한·미경제협정 반대 공동투쟁위원회' 결성

— 1961년 2월 25일 '민족자주통일중앙협의회(민자통)' 결성, 남북협상 주장

그런데 「민족일보」 창간 하루 전인 1961년 2월 12일 서울

시내 7개 대학 민통련이 '전국 한·미경제협정 반대 전국학생 투쟁위원회'를 결성했다. 그리고 이틀 뒤 2월 14일 혁신계는 7개 대학 민통련의 주장을 그대로 받아 '한·미경제협정 반대 공동투쟁위원회'를 결성했다.

남조선에선 이제 대학가와 혁신계가 주거니 받거니 보조를 맞추고 있었으며, 이 같은 움직임은 이후 더욱 박차가 가해졌다. 서울대 민통련이 1961년 5월 3일 남북학생회담을 제의한 이틀 뒤인 1961년 5월 5일, 전국 18개 대학 대표가 참석한 가운데 '민족통일전국학생연맹 결성준비대회'를 개최되고 공동 선언문이 발표됐다.

혁신계는 대학가의 이 같은 움직임에 적극 호응했다. 혁신계 조직인 민자통은 대학가 민통련의 움직임에 적극 호응하여 1961년 5월 13일 '남북학생회담 환영 및 통일촉진 궐기대회'를 개최했다. 1만~3만여 명의 시민과 학생이 참석한 가운데 대회는 △남북학생회담의 전폭적 지지 △남북 정치협상 준비 등 6개 항의 결의문을 채택하고 시위를 했다. 구호는 역시 "가자, 북으로! 오라, 남으로!"였다.

이 시위는 전국으로 확산되는 조짐을 보였다. 부산(13일), 광주(14일), 대전(14일) 등으로 시위가 이어졌다. 전주 16일, 대구 17일로 시위가 예정돼 있었다. 하지만 그 시위는 열리지 못했다. 1961년 5월 16일 제동이 걸렸다. 5·16 군사 쿠데타가 일어났기 때문이다.

친히 지도하신 4·19 직후 남조선 진보단체 접촉

김일성 수령님께서는 1960년 4·19 혁명 직후 우리 공화국 주도의 북남통일이 가능하다고 판단하시고 실제로 그 같은 대남전략 추진에 들어가도록 하신 바 있다.

우선 김일성 수령님께서는 남조선 문제에 대한 발 빠른 정책결정을 위해 남조선문제중앙국(CBSKI)을 설립토록 하셨다. 당시 수령님께서는 CBSKI 설립은 남조선 지하조직을 부활시키고 평화통일 선전작업을 위한 것이라고 밝히셨다. 아울러 수령님께서는 남조선 출신의 인민군 10만 명 가운데 일부를 통일인력으로 양성하기 위해 공산대학도 설립토록 하셨다.

당시 수령님을 중심으로 한 우리 공화국 지도부는 남조선의 4·19 혁명이 진정한 계급혁명으로까지 발전하지는 않을 것으로 보았다. 하지만 학생조직이 약점을 보완하고 있다고 보고 남조선 내 진보단체와 접촉을 시도했다. 수령님께서는 이를 친히 지도하셨다.

수령님께서는 당시 우리 공화국이 정치·경제적으로 남조선보다 훨씬 더 우월하고 안정돼 있기 때문에 우리 공화국 주도의 통일이 가능할 것으로 자신하셨다. 그래서 우리 공화국 지도부도 모두 4·19 혁명 직후 북남통일이 가능성의 단계가 아니고 실제로 임박한 것으로 판단하고 그것을 실현하기 위해 온갖 노력을 아끼지 않았다.

수령님께서는 이 같은 전망과 방책을 당시 평양주재 소련 대사였던 알렉산드르 푸자노프에게 소상히 설명하신 바 있다. 푸자노프는 이 내용을 1960년 3월 12월까지 작성한 20건의 개인기록으로 남겼다. 2013년 1월 17일 미국 싱크탱크 우드로윌슨센터(WWC)는 이 내용을 공개했다.

최초로 북·남련방제 통일방안을 제시하시다

한편 수령님께서는 남조선에 대한 이 같은 물밑 작업과 함께 남조선의 '통일운동' 움직임이 더욱 힘을 받도록 하기 위해 련방제통일 방안을 제기하고 천명하셨다. 수령님께서 1960년 8월 14일 행해진 8·15 해방 15주년 기념연설에서 북·남련방제통일 방안을 공식적으로 제의하신 것이다. 우리 공화국이 북·남련방제통일 방안을 내건 것은 이때가 최초였는데 이후 이 련방제통일 방안은 우리 공화국의 기본 입장으로 확립되었다.

우리의 이 련방제 방안은 근본적으로는 우리 공화국 창건 이래 견지해온 남조선 해방과 전 조선 혁명화의 기본 방책인 민주기지론에 입각한 것이었다. 즉, 우리 공화국을 전 조선 혁명화를 위한 기지로 튼튼히 육성하여 그 힘을 바탕으로 남조선을 해방한다는 것을 기본으로 하면서도 그 조건을 용이하게 하기 위해 남조선에 대한 혁명화 전략을 더하는 방책이었다.

일찍이 위대한 레닌 동지는 민족 식민지 문제에 대한 테제에서 "강력한 공산국가와 비공산 민족국가가 과도적 형태의 련방제를 거쳐 프롤레타리아의 완전 통일국가로 도달한다"고 규정한 바 있다. 우리의 련방제 방안은 이 지침을 바탕으로 하여 조선의 현실에 맞게 구사하고자 한 남조선 해방의 실천 수단이었다.

우리가 수령님의 지도에 따라 이 같은 련방제 방안을 확립하고 내걸게 된 데는 우리 공화국의 강력한 우방인 소련의 조언도 참고가 되었다. 남조선의 4·19 혁명 직후 조선반도 정세를 논의하기 위해 1960년 5월 초 쿠즈네소프 소련 외무성

부상이 우리 공화국을 방문했다. 그는 당시 우리에게 "남조선 사람들이 갖고 있는 공산주의와 무력남침에 대한 공포증을 해소시키기 위한 방안으로 북·남 정부당국 간의 련방 형성 제안"을 권유했다. 이에 김일성 수령님께서는 5월 20일 로동당 정치위원회에서 "련방제로 남조선을 끌어안아 소화시킬 수 있다"고 교시하시고 련방제 연구의 필요성을 제기하셨다. 그 후 약 3개월간의 연구를 거쳐 드디어 1960년 8월 14일 북·남련방제 방안을 공식 제의하신 것이다.

그 주요 내용은 "당분간은 북·남조선의 현재 정치제도를 그대로 두고 조선민주주의인민공화국 정부와 남조선 정부의 독자적인 활동을 보존하면서 동시에 두 정부의 대표들로 구성되는 최고민족회의를 조직하여 북·남조선의 경제 문화 발전을 통일적으로 조절하는 방법을 실시하자"는 것이었다.

수령님께서 당시 그처럼 소련의 조언을 수용하고 련방제 통일 방안을 적극 제기한 것은 남조선에서 4·19 이후 무르익어가는 혁명적 정세의 성숙과 긴밀한 관련이 있다. 4·19 이후 1960년 7월 29일 남조선의 총선에서 혁신계도 의석 확보에는 성공한 상태였다. 민의원에 사회대중당 4명, 한국사회당 1명, 참의원에는 사회대중당·한국사회당·혁신동지총연맹이 각각 1명씩 총 8명이 진출하게 된 것이다.

물론 이것은 총선 전의 기대에는 미치지 못하는 아쉬운 결과였다. 단일 대오를 꾸리지 못한 탓이었다. 하지만 이전 리승만 시대의 남조선의 상황을 상기해보면 결코 실망스럽기만 한 결과가 아니었다. 리승만체제 아래에선 사실상 완전히 압살 상태에 있었던 혁신계가 남조선 의회에 공식적으로 교두보를 갖게 된 것은 적지 않은 의미를 갖는 것이었다.

남조선에서 우리 공화국의 입장에 공감하는 세력이 다시 의석을 확보한 것은 이후 수십 년의 세월이 흐른 2004년이었다. 민주노동당이 이때 10석을 확보했는데 1960년 혁신계의 의회 진출 이래 실로 44년 만이었다. 더욱이 1960년 당시 혁신계는 의석수는 비록 2004년의 민노당에 미치지 못했지만 그 영향력은 훨씬 더 컸다.

우리는 당시 남조선의 그 같은 정세 전개를 예의 주시하고 있었다. 어떻든 '통일'을 외치는 혁신계가 드디어 의회진출에 성공을 했다. 그리고 한편으로 학생사회에서 통일운동 세력이 결집되고 있었다. 수령님께서 1960년 8월 14일 8·15 해방 15주년 경축사에서 북·남련방제통일 방안을 제기하신 것은 바로 그 같은 흐름을 겨냥한 것이었다.

그 겨냥은 정확히 적중했다. 이후 남조선에서는 혁신계와 그에 호응한 학생세력들이 중심이 된 통일운동이 앞서 살펴본 바와 같이 거세게 일어나 1961년 5월 13일 '남북학생회담 환영 및 통일촉진 궐기대회'에는 수만 명의 학생 시민이 "가자 북으로, 오라 남으로"를 외치게 된 것이다.

당시 남조선의 민주당 정권은 그 수구 반동적 본성답게 남·북학생회담과 남·북협상 등 대학가와 혁신계의 통일운동에 반대 입장을 분명히 하고 있었다. 하지만 민주당 정권은 그 움직임을 제압할 능력이 전혀 없었다. 그러면서도 장면내각은 뒤늦게 통일운동의 열기를 불온하게 간주하여, 반공법(反共法)을 제정해 사태의 혁명적 발전을 차단하려 했다.

하지만 장면 내각의 이 기도는 성공하지 못했다. 민족적 열정과 통일의지로 무장한 학생들과 혁신계가 강력히 맞선 덕분이었다. 이들은 기왕에 존재했던 보안법까지 반대하며 전국적인 반공법 제정 무력화를 위한 악법반대투쟁위원회를 결성해 대대적 시위를 벌였다.

그리하여 급기야 1961년 3월 22일에는 학생들과 혁신계는 횃불데모까지 감행해 경찰과 유혈충돌을 불사하는 투쟁을 전개했다. 그렇게 투쟁을 전개하는 가운데 남조선의 학생들과 혁신계는 "김일성 만세"를 외치는 의기까지 보여주었다.

이렇게 사태가 발전되면서 1961년 5월에도 "가자 북으로, 오라 남으로"를 외치는 움직임은 계속 힘을 더해가고 있었다.

역사에 가정이 없다고 하지만 이 흐름이 계속 유지되었으면 수령님과 우리 공화국의 '희망'은 결코 희망에만 머무르게 되지 않았을 것이다. 그런데 4·19 직후의 수령님과 우리 공화국의 대남전략 추진은 결국 수포로 돌아가게 되었다.

강력히 떨쳐 일어나 드디어는 전국으로 확산되기 직전에 이르렀던 거센 통일운동이 1961년 5월 16일 박정희 패당의 군사 쿠데타에 의해 종막을 맞게 되었기 때문이다. 이것은 참으로 통탄스러운 결과였다.

뿐만 아니라 이것은 이후 우리 공화국이 남조선 해방 과업을 추진해나가는 데 있어 겪게 될 곤란함을 예고하는 사태이기도 했다. 박정희와 그 패당은 우리의 노력과 기도를 거듭 좌절시키는 가운데 남조선의 힘을 우리 공화국에 강력히 맞설 수 있게 키워냈던 것이다.

혁명과업 추진에 중대한 장애가 된 군사세력의 등장

남조선에서는 5·16에 항상 '군사'라는 수식어를 빼놓지 않고 붙인다. 혁명이라고 부를 때도 군사라는 수식어는 거의 빠지지 않는다. 사실을 지칭하는 것이기도 하지만 단적으로 그 수식은 부정적 의미에서 갖다 붙이는 것이다. 군인이었던 박정희에 대해서도 마찬가지다.

이것은 남조선이 여전히 떨치지 못하고 있는 우리 조선민족의 오랜 역사적 고질병과 무관치 않다. 그것은 두 가지인데 그 하나는 사대주의(事大主義) 근성이고 또 하나는 숭문문약(崇文文弱)의 병폐다. 스스로 나라를 지키려는 자주적 자세 없이 외세에 의존하는 근성과 글만 나불대는 양반 행세를 대단한 것인 양 여기는 두 풍조는 결국 무(武)를 천시하고 군인의 가치를 우습게 아는 것으로 귀결된다.

이것은 역사적으로 보면 모두 이조시대로부터 비롯된 것인데 이조는 그 시대 내내 밖으로는 사대굴종을 하면서 안으로는 붓질밖에 모르는 양반 놈들만 행세하는 꼴을 이어갔다. 그리고 그러다 결국 왜놈들에게 시원하게 싸움으로 대항 한번 제대로 못 한 채 나라를 망해먹고 말았다.

우리 공화국은 일찍이 김일성 수령님의 영도 아래 조선의 그 같은 사대굴종과 숭문문약의 고질병을 청산했다. 그리하여 자주적 기풍을 튼튼히 하여 '전인민의 무장화'를 중심으로 한 4대 군사노선을 확고히 했다. 이는 왜놈들에 일관되게 무력으로 맞섰던 위대하신 김일성 수령님이 우리 공화국과 인민의 중심이 된 덕분이었다.

하지만 남조선에는 우리 공화국과 같은 기풍이 자리 잡지 못했다. 남조선은 처음부터 그랬고 지금도 마찬가지다. 그래서 미제의 후원만 아니라면 남조선은 언제든 우리 공화국의 혁명 무력에 의해 접수될 수 있는 취약점을 안고 있다. 그런데 남조선의 그런 변함없는 풍조에 비하자면 5·16을 감행한 박정희와 그 패당들은 매우 예외적 존재였다. 박정희가 군인이었고 그가 이끈 5·16이 군사혁명이었다는 건 남조선이 일시적이나마 과거 조선의 문약을 넘어서게 됐음을 뜻했다. 그런데 그것은 일시적인 상황에 그치지 않았다.

박정희 시대는 18년을 이어갔다. 그동안 남조선에선 과거와는 달리 군사적 기풍이 강력하게 자리 잡았다. 그러면서 우리 공화국에 대한 대결 태세도 전에 없이 치밀하고 강력해져갔다. 박정희에 의한 남조선의 이 같은 변화는 우리 공화국의 남조선에 대한 혁명과업 추진에 전에 없는 난관을 야기했다. 우리는 남조선의 대결태세를 허물기 위해 전방위적으로 갖은 공작을 추진했지만 4·19 직후와 같은 성과를 거둘 수가 없었다.

그런 가운데 박정희를 선두로 한 5·16 패당들은 이후 남조선에 상공(商工)의 시대를 본격 열었다. 그들의 표현을 빌자면 '능률과 실질'의 시대였다. 이 또한 군사적 기풍과 무관치 않았다. 생사를 오가는 전장에는 허세가 자리할 곳이 없으며 계산서에는 수식어가 필요 없다는 점에서 '능률과 실질'은 상공(商工)과 군(軍)을 함께 관통하는 공통의 특성이다.

박정희 시대 남조선은 그렇게 우리 공화국에 맞서는 가운데 경제적으로 힘을 키워갔다. 박정희는 남조선 해방과 전 조선의 혁명화라는 우리의 목표에 참으로 중대한 장애가 된 실로 어려운 상대였다.

박정희와 5·16 폄하풍조 확산은 우리 공화국에 이득

5·16은 남조선에선 지금 공식적으로는 쿠데타로 일컬어진다. 쿠데타는 남조선에선 특히 불명예스러운 의미를 갖는다.

5·16을 쿠데타로 정의하는 것에는 그 정당성을 인정하지 않겠다는 의미가 담겨 있다. 박정희와 그의 5·16이 우리 공화국에 조성한 여러 난관을 생각할 때 남조선의 이 같은 분위기는 매우 다행스러운 상황이다.

5·16을 뭐라고 부르든 그것은 4·19 직후 우리가 맞이한 매우 결정적인 호기를 무력화시켰다. 4·19 직후 남조선의 정치는 혼란의 극을 보였다. 내각제가 되고 민주당이 정권을 잡

왔지만 놈들은 민생을 아랑곳하지 않고 신파 구파 싸움으로 날밤을 지새울 뿐이었다. 이 같은 무능하고 무책임한 무리가 남조선의 운전틀을 잡고 있다는 것은 우리의 남조선 혁명과업 추진과 관련해선 매우 다행스러운 일이었다. 더욱이 국회 밖에서는 "가자 북으로, 오라 남으로" 구호와 '횃불 데모'가 가열차게 일어나고 있었지만 당시 민주당 정권은 이를 전혀 제압하지 못하고 있었다. 달리 갖기 어려운 기회였다.

4·19는 그 자체로는 계급혁명이 아니라 자유민주라는 부르주아적 가치를 내건 것이었다. 그러나 4·19 직후 남조선의 소위 자유민주체제는 극심한 혼돈으로 치닫고 있었다. 거리는 이미 통일혁명을 열망하는 세력들이 장악해가고 있었지만 남조선의 제도권 정치는 이미 무력화돼 있었다. 그대로 갔으면 우리의 민족적 숙원은 그때 이미 달성될 수 있었을 것이다. 그러나 남조선의 이 모든 혼란은 5·16을 거치면서 수습되고 우리의 기회는 날아가버리고 말았다. 그런 점에서 5·16 군사 쿠데타는 그 명칭에 비추어 볼 때는 매우 아이러니하게도 남조선의 소위 자유민주 체제를 파괴한 것이 아니라 수호한 셈이 되었다.

이와 관련해 5·16 직후 「사상계」 발행인 장준하가 '5·16 혁명과 민족의 진로'라는 제목으로 게재한 권두언을 살펴볼 필요가 있다.

"4·19 혁명이 입헌정치와 자유를 쟁취하기 위한 민주주의 혁명이었다면, 5·16 혁명은 부패와 무능과 무질서와 공산주의의 책동을 타파하고 국가의 진로를 바로잡으려는 민족주의적 군사혁명이다."

"혁명공약이 암암리에 천명하고 있듯이, 무능하고 고식적인 집권당과 정부가 수행하지 못한 4·19 혁명의 과업을 새로운 혁명세력이 수행한다는 점에서 우리는 5·16 혁명의 적극적 의의를 구하지 않으면 안 된다. 따라서 이러한 의미에서는 5·16 혁명은 4·19 혁명의 부정이 아니라 그의 계승, 연장이 되어야 하는 것이다."

장준하는 박정희 시절 강력한 반대자의 한 명이었지만 5·16 직후에는 그렇게 '5·16 혁명'에 대해 강력한 지지의사를 밝혔다. 우리가 지금 새삼 이 문제를 주목하는 것은 5·16 직후 한때 우리가 범했던 과오를 다시 범하지 않기 위함이다.

우리는 당시 박정희와 그 형의 전력과 관련해 일정한 기대를 품고 박정희의 형 박상희의 친구였던 황태성을 밀사로 파견한 바 있다. 그러나 박정희는 황태성을 단 한 번도 만나주지 않은 채 사형에 처하고 말았다. 어설픈 기대를 품고 범한 과오였고 때문에 우리는 아까운 혁명역량 한 명만 아무런 성과 없이 희생시키고 말았다.

애초에 우리는 박정희가 5·16 공약의 첫 번째로 반공을 내건 것을 올바로 직시했어야 했다. 그리고 장준하의 표현을 빌리자면 5·16은 부패와 무능과 무질서뿐만 아니라 "공산주의의 책동을 타파"하려는 철저히 반동적인 반공의 행동이었다.

지금 남조선에선 박정희와 5·16의 그 같은 철저한 반공노선의 가치가 전혀 평가되지 못하고 있다. 아니 철저히 폄하되고 있다. 이것은 남조선 체제의 궁극적 와해를 목표로 하고 있는 우리 공화국의 입장에선 매우 고무적이라 하지 않을 수 없다.

우리는 박정희와 그 패당의 역사적 역할에 대한 평가가 그렇게 계속 이어지고 더 강화될 수 있도록 다각도의 노력을 할 필요가 있다. 무엇보다도 '민주'를 기치로 한 반(反)박정희 세력이 힘을 더할 수 있게 하는 데 소홀함이 없도록 해야 한다.

제3장
공화국에 비수를 꽂은 한·일협정 타결

갓 취임한 박정희, 한·일협정 추진으로 위기를 맞다

1963년 10월 15일 남조선의 대통령선거에서 승리한 박정희는 12월 17일 제5대 대통령에 취임했다. 그런데 그 이듬해 임기를 시작한 지 반년도 지나지 않은 시점인 1964년 초, 박정희는 강력한 저항에 봉착했다. 박 정권의 한일국교정상화 추진에 남조선 대학생들이 "굴욕적인 한일회담 반대"를 외치며 거세게 들고일어난 것이다. 3월 24일 시작된 학생 시위는 6월 3일 마침내 대규모 학생 시민 연합시위로 발전했다.

그 반동적 본질이 어떻든 간에 박정희의 5·16은 남조선에서 국민적 지지를 확보하기는 했었다. 그리고 박 정권은 형식적 차원에서도 대선에서 승리하여 합법적으로 출범한 모습을 갖추고 있었다. 그런데 갓 출범하여 아직 정치적 단꿈에 젖어 있을 만한 시점에 커다란 정치적 도전을 맞게 된 것이다.

우리는 박정희 정권이 일단은 권력의 보위에 치중할 것으로 예상했다. 그 본성으로 볼 때 박정희 패당의 모든 관심은 권력을 누리는 데 있을 것인 만큼 당연한 예측이었다.

그러나 박정희는 놀랍게도 자신의 권력 기반이 흔들릴 수도 있는 일을 바로 추진했다. 지금도 그렇지만 당시는 더욱이 반일 민족감정의 날이 시퍼렇게 살아 있던 시절이었다. 일본과의 관계 개선 따위는 제쳐두고 반일에 기대는 행보가 권력의 안정과 보위를 위해서는 현명할 수 있었다. 그러나 박정희는 그 반대의 선택을 했다.

한·일협정 타결, 우리에겐 위기. 남조선에는 기회

지금도 그렇지만 당시에는 더욱더 박정희의 한일협정 추진에 대해 굴욕적인 협상으로 '민족적 자존심'을 '헐값'에 팔아넘겼다는 여론이 절대적이었다. 한 예로 김대중은 자신의 자서전에서 다음과 같이 언급하고 있다.

"나는 협정 내용을 보고 분노를 넘어 수치심에 어찌할 바를 몰랐다. 우선 대일 청구권 3억 달러는 역대 정부가 요구한 액수 가운데 최저였다. 리승만 정권은 20억 달러였고, 장면 정권도 국교 정상화를 위해 28억 5,000만 달러를 요구했다. 이에 비해 3억 달러는 터무니없이 적었다. 35년 수탈의 역사를 3억 달러로 보상받는다는 것에는 누구도 동의할 수 없었다."

우리 공화국의 입장도 김대중과 마찬가지였다. 강도 일제의 우리 민족에 대한 침략과 수탈의 원한을 그런 알량한 푼돈으로 때울 수는 없는 것이었다. 하지만 이런 원칙적 문제와는 별도로 우리 공화국으로서는 남조선이 일본과 국교 정상화를 해내는 것에 대해선 극도의 경계심을 갖고 있었다. 배상 액수가 어떻든 남조선과 일본의 국교 정상화는 우리 공화국에 대해선 중대한 도전이었다.

한편으로는 우리 공화국에 대한 적대적 태세에 일본이 본격 가담하게 되는 것이며 다른 한편으로는 남조선이 일본과의 국교를 계기로 새로운 기회를 가질 수 있기 때문이다. 그래서 우리는 장면 정권이 리승만보다 배상요구액을 대폭 증액한 것을 내심 다행스럽게 생각했다. 소위 외교의 달인이라던 리승만도 받아내지 못한 액수를 장면이 더 받아내며 일본과 국교정상화를 해낼 수는 없을 것이기 때문이었다.

그런데 박정희는 일본과의 국교정상화를 기어이 타결하는 것을 목표로 잡고 일을 벌였다. 박정희의 이 같은 행보는 남조선의 대학생들과 야당의 맹렬한 저항에 봉착했다. 5·16으로 4·19 직후의 모처럼의 호기를 물거품으로 만들었던 박정희가 우리에게 스스로 다시 한 번 기회를 준 셈으로 볼 수도 있었다.

하지만 이것은 사실 우리에겐 기회이기보다는 반드시 저지해야 할 매우 절박한 과제의 문제였다. 박정희가 일제와의 반민족적 결탁을 추진하는 행실이 가증스럽긴 해도 어떻든 소위 한일국교 정상화가 성사가 된다면 우리 공화국은 앞으로 대단히 부담스러운 상황을 맞게 될 것이기 때문이었다. 무엇보다도 남조선이 경제적 도약의 발판을 갖게 될 것이었다.

내포적 공업화에서 수출주도로 방향전환이라는 어이없는 발상

박정희가 집권하던 무렵 남조선이 얼마나 가난했던가는 새삼 언급할 필요조차 없다. 남조선은 미제의 원조에 기대어 근근이 버티고 있었다. 그 가난의 질곡에서 벗어나는 것은 남조선으로서는 절박한 과제였다. 문제는 그를 위해선 '어떻게 해야 하는가'였다. 경제정책과 관련해 박정희 정권 초기 이뤄진 가장 중요한 결정은 이전의 수입대체 공업화에서 수출주도로의 방향전환이었다. 박정희도 5·16 직후에는 이전의 수입대체 공업화 노선에 머물러 있었다.

국가재건최고회의의 유원식 최고위원은 박희범 서울상대 교수와 함께 '내포적 공업화 전략'을 마련했다. 자력갱생파에 의한 '자립경제를 지향하는 자주적 공업화 전략'이었다. 이 계획에 따라 유원식 등은 자금 조달을 목적으로 1962년 6월 통화개혁을 단행했다. 그러나 통화개혁은 실패로 끝났다. 남조선 국내에서 자금을 조달하는 데 한계가 있었던 것이다.

이 실패 이후 박정희는 경제정책의 방향을 근본적으로 수정했다. '내자 동원과 내포적 공업화에 의한 자력갱생형 경제자립화'가 아니라 '외자 도입과 대외개방적 공업화에 의한 수출지향형 경제성장'으로의 전환이었다.

당시 후발 개도국에는 외자 도입과 대외 개방에 대한 부정적 인식이 일반적이었다. 대외종속을 심화시킨다는 것이었는데, 미제를 필두로 한 제국주의 열강의 탐욕스러운 행태가 횡행하고 그에 대한 적대감이 팽배했던 만큼 이 같은 인식은 매우 자연스러운 것이었다.

더욱이 당시는 소련을 선두로 한 사회주의 국가의 경제발전이 위력적으로 이루어진 결과 세계적으로 사회주의적 자립경제 노선에 대한 선망이 드높아지던 때였다. 우리 공화국도 사회주의 자주자립 경제를 주체적으로 훌륭히 이루어내는 위업을 달성하여 남조선에서도 날로 그 흠모가 더해가고 있던 터였다.

우리 공화국식의 경제건설을 모범으로 한 자력갱생 노선은 당시 남조선의 많은 정치인과 지식층의 일반적 사고방식이 돼 있었다. 남조선의 야당과 비판적 지식인은 대외의존의 심화를 경계하며 내포적 공업화에 의한 자주적 '민족경제론'을 계속 설파했다.

하지만 박정희는 그와 정반대로 '수출입국' 노선을 밀어붙이고 있었다. 박정희의 한일회담의 추진은 그와 맞물려 있는 문제였으며, 출발점이나 다름없는 것이기도 했다.

5·16 당시 발표된 소위 혁명공약에는 "국가자주경제 재건에 총력을 다한다"는 표현만 있을 뿐 수출에 대한 언급은 없다. 1962년과 1963년의 여러 연설에서도 수출은 거의 언급되지 않았다. 박정희가 '수출입국'을 명확히 한 것은 1964년 후반 이후부터였으며, 수출 드라이브를 본격화한 것은 1965년

한일회담 타결 전후 시기부터였다.

세계시장경제 체제 진입을 열어준 한·일협정 타결

민족의 자존심을 팔고 구걸로 얻어낸 것과 다름없지만 박정희는 어떻든 한·일협정 타결로 푼돈이나마 받아내기는 했다. 박정희의 남조선 경제개발 추진 초기, 이 돈은 알량하나마 나름 종자돈의 역할을 하기는 했다. 하지만 직접적인 재원 이상으로 중요한 것은 남조선이 이를 계기로 자금 조달을 원활히 할 수 있게 됐다는 것이었다.

한·일협정 타결 이전 남조선은 경제적 측면에서 국제적으로 완전히 고립된 존재에 지나지 않았다. 우리 공화국은 주체적 경제를 유지하면서도 소련을 위시한 세계 사회주의 형제 국가들과의 관계가 활발하게 이루어지고 있었다. 그러나 남조선은 미제와의 관계가 있긴 했지만 일방적으로 원조를 받아먹는 관계였을 뿐이며 그 외의 유의미한 대외적 경제관계는 존재하지 않았다.

그런데 1965년 한·일국교 정상화가 이루어지면서 남조선은 일본과 전면적인 경제관계를 수립하고 그것을 시작으로 자본주의 세계경제 체제에 본격 진입하게 되었다.

남조선에 있어 일본과의 경제관계는 세계적 경제관계의 첫 번째 관문이었을 뿐만 아니라 매우 중요한 관문이기도 했다. 당시 일본은 다시 급속하게 경제강국으로 부상하고 있었다. 그리고 일본에는 축적된 기술과 노하우도 있었다.

남조선은 일본과의 경제관계에서 이후 오랫동안 무역 역조가 계속되는 대일 종속적 상태였다. 하지만 일본으로부터 도입한(혹은 훔치기도 한) 기술과 노하우는 남조선의 경제발전에 덕이 됐음을 부인할 수 없다.

한·일회담 타결에 이어 GATT 가입
박정희는 무엇을 하려는가

남조선은 한·일협정 타결 2년 뒤인 1967년 4월 14일, 현재의 세계무역기구(WTO)의 기반이 된 '관세와 무역에 관한 일반협정(GATT)'에 가입함으로써 세계자본주의시장경제 체제 속에 확실하게 자리를 잡았다. 남조선이 이후 급속한 경제성장을 이룰 수 있었던 데는 이 GATT 가입을 빼놓을 수 없다. 경제개발에 시동을 건 남조선은 GATT의 다자무역체제에서 다른 나라의 개방된 시장을 이용할 수 있게 됨으로써 수출을 통한 경제성장을 가속화할 수 있게 되었다.

남조선은 GATT 가입이 없었으면 무역 규모 세계 10위권의 통상국가로 발전할 수는 없었을 것이다. 그런데 한·일국교 정상화 없이 GATT에만 가입하는 것은 현실적으로 가능할 수가 없었다. 경제정책의 측면에서 볼 때 '수출 드라이브 정책 확립→한·일협정 타결→GATT 가입'은 사실상 연속적인 과정이나 다름없었다.

박정희가 리승만 정부 때부터의 20억~28억 달러 보상을 계속 고수했다면 한·일협정의 타결은 분명 쉽지 않았을 것이다. 당시 일본은 경제적으로 급속하게 재성장하고 있기는 했지만 외환 보유고 총액은 18억 달러 정도였기 때문이다.

더욱이 당시 일본의 입장에서 냉정하게 보면 여력도 여력이지만 남조선에서 얻을 수 있는 경제적 이득이 그다지 크지 않았다. 간단히 말해 나중의 중국과 달리 시장 규모가 작았다. 일본이 그럼에도 한·일협정 타결에 나서게 된 것은 미제의 압박이 매우 강했기 때문이다. 만약 미제의 강한 압박이나 박정희의 결단이 없었더라면 협상은 그 이전에 그랬던 것처럼 답보상태에 머물렀을 것이다.

남조선이 박정희 시절 수출 드라이브로 경제발전을 이룩하던 기간은 중국이 아직 본격적으로 개혁개방에 나서지 않고 있던 시기와 거의 일치한다. 만약 남조선이 당시 때를 놓치고 시간을 흘려보냈다면 경제발전을 이룩할 기회를 갖지 못했을 것은 거의 틀림없다.

동아시아 정세 개편으로 이어진 한일협정

일본은 한·일국교 정상화 7년 뒤인 1972년 중국과 국교정상화를 타결했다. 키신저는 1971년 비밀리에 중국을 방문해 주은래 수상과 회담을 했다. 소련과 중국을 떼어놓으려는 전략의 일환이었지만 일본에게도 숨긴 미국의 중국 접근은 일본에 적지 않은 충격을 주었다.

1972년 7월 11일 일본 총리가 된 다나카는 중국과의 국교정상화를 서두를 것을 천명하고 불과 3개월도 되지 않은 1972년 9월 27일 직접 중국을 방문해 모택동 주석과 국교정상화에 전격 합의했다.

그토록 빨리 합의에 도달할 수 있었던 것은 배상문제가 쟁점이 되지 않았기 때문이다. 중국은 당시 중·일공동성명 제4항에서 다음과 같이 선언하고 있다. "중화인민공화국 정부는 중·일 양국의 국민 우호를 위해, 일본에 대한 전쟁 배상 청구를 포기할 것을 선언한다."

중국다운 통 큰 결단이었다. 중국의 이 같은 태도는 일본을 상당히 감복시켜 조약 외의 성과를 얻어냈다. 기왕에 중·일 국교 정상화를 촉구해오던 일본 재계의 중국 투자가 대규모로 이뤄지기 시작한 것이다. 등소평 주석이 1978년 본격적인 개혁개방 정책을 추진하기까지는 아직 6년을 더 경과해야 했다. 하지만 수교 당시부터 적극적으로 이뤄진 일본의 대중 투자는 나중에 중국이 본격적인 개방개혁 정책을 추진할 때 큰 힘이 됐다.

박정희의 한·일협정 체결은 리승만이 한·미동맹을 확보한 것에 비견할 만하다. 한·미동맹은 우리 공화국에 심대한 압박이 되었으며 이후 우리가 남조선 해방의 과업을 추진하는 데 있어 가장 중요한 장애가 되었다. 박정희의 한·일협정도 비슷했다. 한·일협정의 성공 이후 남조선의 경제발전은 본궤도에 진입했으며 점차 경제적으로도 우리 공화국을 따라잡기 시작했다.

그렇게 결과적으로도 확인되었지만 당시에도 한·일협정의 타결이 남조선에 기회를 주고 우리에겐 곤란함을 야기할 것임은 어느 정도는 예견된 것이었다. 그런 만큼 박정희의 한

·일협정 추진은 우리로선 단순히 민족적 자존심이라는 명분 차원의 문제가 아니었다. 그것은 우리 공화국의 입장에선 전략적 차원에서 저지해야 할 중대한 도전이었다.

한·일국교 정상화의 의미를 이해 못 한 남조선 대학생들

그런 만큼 당시 남조선의 지식층이나 대학생 등이 그 필요성과 의의를 헤아리지 못하고 반대부터 들고 나온 것은 우리로선 매우 다행스러운 일이었다. 1964년 3월 24일 남조선의 서울대·연세대·고려대 등에서 "굴욕적인 한·일회담 반대"을 내걸고 첫 시위가 일어났다. 시위는 이후 확산일로를 치달으며 6월까지 이어졌다.

우리는 남조선의 이 같은 상황에 비상한 관심을 갖고 주시했다. 그리고 대학생들의 투쟁이 더욱 가열차게 전개되어 박정희의 한·일협정 추진이 무산되기를 기대했다. 하지만 남조선에서의 사태 전개는 우리의 기대 만큼에 이르지 못했다. 박정희가 1964년 6월 3일 비상계엄을 선포하여 시위를 진압함으로써 '6·3 사태'로 일컬어지는 한·일회담 반대투쟁은 일단 끝나고 말았다. 이 같은 결말은 우리 공화국의 입장에선 참으로 아쉬운 일이었다.

박정희의 한·일협정 추진은 우리 공화국의 입장에선 반드시 저지되어야 하는 것이었다. 그리고 한·일협정 반대투쟁을 계기로 민족적 열정이 거세게 일어나고 박정희 패당에 대한 저항이 들불처럼 번져가 4·19 직후와 같은 혁명적 호기가 다시 한 번 조성되기를 기대했다. 우리의 그런 바람은 결코 아무 근거 없는 기대는 아니었다.

당시 남조선 대학생의 저항은 표면적으로는 순수한 민족적 열정에 입각한 것으로 받아들여지고 있었다. 그러나 그 이면에는 4·19 직후의 통일운동과 마찬가지로 우리 공화국과 입장을 같이하는 혁신적인 그룹의 집요한 노력이 있었다.

6·3 사태의 이면, 동백림사건과 '민비연'

1964년 3월 24일 서울 주요 대학에서 한·일회담 반대 시위가 일어날 당시 서울대 시위대는 다음과 같은 결의문을 발표했다.

— 민족반역적 한·일회담을 즉각 중지하고 동경 체재 매국

정상배는 즉시 귀국하라.

— 평화선 침범하는 일본어선은 해군력을 동원하여 격침하라.

— 남한에 상륙한 일본 독점자본가의 앞잡이를 즉시 축출하라.

— 친일 매국하는 국내 매판자본가를 타살하라.

— 미국은 한·일회담에 관여치 말라.

— 제국주의 일본 자민당 정권은 너희들의 파렴치를 신의 앙화(殃禍)를 입어 사죄하라.

— 박 정권은 민족분노의 표현을 날조, 공갈로 분쇄치 말라.

오늘 우리의 궐기를 역사는 증언하려니와 우리의 결의와 행동이 '신제국주의자'에 대한 반대투쟁의 깃점임을 만천하에 공포한다.

'매판자본가' 타살과 '일본 독점자본' 축출을 주장하며 '신제국주의자에 대한 반대투쟁'의 깃점임을 천명하고 있는 데서 알 수 있듯이 당시 대학생들은 분명 우리 공화국과 같은 '반제국주의 민족해방투쟁'의 정신으로 무장하고 있었다.

3월 24일 시위가 시작되기 하루 전인 23일 서울대 문리대에서 '민족주의비교연구회'라는 학생단체 주최로 '한·일관계

강연회'가 있었다. 이 '민족주의비교연구회'는 1963년 10월 서울대 문리대생들이 주축이 되어 결성되었는데 '제3세계 민족주의 운동'을 비교 연구하는 것을 주 내용으로 했다. 당시 한·일회담 반대투쟁을 주도한 것은 이 민비연이었다. 제3세계 민족주의 운동을 비교 연구한다는 것은 혁명적 사상 이론의 학습과 무관할 수가 없다. 제3세계 민족주의 운동론은 결국에는 레닌의 '제국주의론'에 입각한 반제투쟁론에 뿌리를 두고 있기 때문이다.

1964년 8월 14일 '인민혁명당 사건'(제1차)으로 도예종·이재문·박현채·김중태·김정강·현승일·김도현 등이 체포되었다. 그중 김중태는 한·일회담 반대투쟁을 주도하던 민비연의 회장이었다. 김중태는 인혁당 사건에선 공소 취하되었지만 1965년 9월 '민비연 사건'(제1차)으로 다시 구속됐다. 이 사건으로 15개월을 복역하고 출옥한 김중태는 1967년 '동백림 간첩단 사건'과 관련된 제2차 '민비연 사건'으로 다시 구속됐다.

'동백림 간첩단 사건' 관련자인 서울대 사회학과 황성모 교수가 민비연을 조직하고 이끈 지도교수였기 때문이다. 황성모 교수는 6·25 당시 우리 공화국의 인민군으로 참전한 바 있는 인사였다. 그는 낙동강 전투에서 남조선의 포로가 되어 거제 포로수용소에 갇혀 있다 석방된 인물이었다. 그는 독일 유학 시절에 동베를린을 방문했으며, 거기서 서울대 후배인 동백림 사건 관련자들을 만났다.

해방공간 남북합작의 이면

러시아혁명에 성공한 레닌은 초기부터 국제적인 반자본주의 투쟁의 일환으로 반(反)제국주의 민족운동을 강력하게 지원했다. 이후 특히 식민지 경험이 있는 제3세계 후발국에서 민족주의는 사회주의 혁명운동의 훌륭한 정치적 도구의 역할을 했다. 남조선도 예외가 아니었다.

1945년 8월 15일 해방 이후부터 1948년 8월 15일 건국에 이르기까지 3년간 한반도에선 '민족'이라는 구호는 일단은 반동 우익진영의 것이었다. 그런데 분단이 현실화되면서 '민족'은 서서히 우리 혁명 진영의 것이 되어갔다.

리승만의 남조선 정부 수립을 앞두고 한때 우익 민족진영의 거두로 자리매김했던 김구·김규식 등이 민족 단일정부 수립을 내세우며 남·북연석회의에 참석하고 김일성 수령님을 만난 것도 그와 무관치 않았다. 김구 등이 우리 공화국과 입장을 같이하게 된 것은 단순히 '민족적 열망'만으로 이뤄진

게 아니었다. 거기에는 김일성 수령님에 의해 직파된 성시백 동지의 공작이 큰 역할을 했다.

성시백 동지는 나중에 1950년 2월 제2대 국회의원선거에서 남·북협상파와 임정 계열 일부 출마자를 지원하던 중 남조선의 경찰에 체포되고 말아 더 이상의 역할을 할 수 없었다. 하지만 성시백 동지에 의한 '민족 공작'의 모범은 결코 사라지지 않았다.

남조선에 우리 공화국에 맞서는 단정이 수립되고 전쟁을 거치는 동안 북과 남 사이에는 이념과 체제의 적대적 대립이 완연한 모습을 띠게 되었다. 그러나 그런 상황에서도 남조선의 저변에는 미제의 식민지배에 저항하고 우리 공화국과의 통일을 바라는 민족적 열망이 죽지 않고 있었다. 이 열망은 기회만 주어지면 언제든 "반제·민족·통일"을 외치며 터져 나오곤 했다. 4·19 직후에도 그랬지만 6·3 사태 당시에도 마찬가지였다.

4·19 직후 '민자통'과 혁신계가 그러했듯이 6·3 사태 당시에도 '민족주의비교연구회' 같은 조직이 활약을 했다. 그 활약이 더 거세게 전개되지 못하고 박정희 패당에 의해 좌절된 것은 참으로 안타까운 일이었다.

제5부
닉슨 독트린과 1971년 대선

제1장
미군 철수라는 혁명적인 상황

닉슨은 1969년 7월 25일 괌에서 그의 새로운 아시아정책인 '닉슨 독트린'을 발표하고, 1970년 2월 의회에 보낸 외교교서를 통하여 '닉슨 독트린'을 세계에 선포했다. 내용은 다음과 같다.

① 미국은 앞으로 베트남전쟁과 같은 군사 개입을 피한다.

② 미국은 아시아 제국(諸國)과의 조약상 약속을 지키지만, 강대국의 핵에 의한 위협의 경우를 제외하고는 내란이나 침략에 대하여 아시아 각국이 스스로 협력하여 그에 대처하여야 할 것이다.

③ 미국은 '태평양 국가'로서 그 지역에서 중요한 역할을

계속하지만 직접적·군사적인 또는 정치적인 과잉개입은 하지 않으며 자조(自助)의 의사를 가진 아시아 제국의 자주적 행동을 측면 지원한다.

④ 아시아 제국에 대한 원조는 경제중심으로 바꾸며 다수국간 방식을 강화하여 미국의 과중한 부담을 피한다.

⑤ 아시아 제국이 5~10년의 장래에는 상호안전보장을 위한 군사기구를 만들기를 기대한다.

'닉슨 독트린'에 따라 남조선에 대해서도 '한국 안보의 한국화'가 추진되었으며, 미군 철수 및 감축안이 현실로 부상했다. 1970년 3월 20일 키신저는 주한미군 2만 명을 1971년 말까지 철수시키는 문제에 대해 박정희에게 직접 전달할 것을 국무부에 지시했다. 이 같은 상황은 우리 공화국의 입장에선 절호의 기회나 다름없었다. 당시 남조선은 단독으로 우리 공화국의 무력에 맞설 힘이 없었기 때문이다.

예비군은 폐지하고 안보는 4대국에 맡기자는 김대중

닉슨 독트린이 처음 발표된 얼마 뒤인 1969년 10월 21일 박정희는 3선개헌을 했다. 그리고 이에 따라 1971년 초 제7대 대통령 선거가 치러졌다. 3선개헌을 하여 출마한 박정희와 야당의 김대중이 대선에서 맞붙게 되었다. 당시 남조선 대선의 주요 쟁점은 '독재와 장기집권'이었다. 야당의 김대중은 "이번 선거에서 박정희가 당선되면 총통제가 실시될 것이다"라며 박정희를 공격했다.

'닉슨 독트린'이라는 새로운 국제적 조건에 처한 상황에서 치러지는 선거였지만 남조선 독자의 안보태세 강화문제는 쟁점 현안이 되지 못했다. 야당 후보 김대중의 활약 덕분이었다. 김대중의 공세는 남조선의 안보태세 강화와는 반대방향으로 나갔다. 그는 '4대국 안전보장'론을 내세웠다. 북·남은 긴장완화와 북남교류를 통한 평화지향으로 나아가고 미·일·중·소가 한반도의 안전보장을 한다는 것이었다. 파격적 제안이었고 반향을 일으켰다. 이것은 우리 공화국의 입장에선 매우 고무적인 일이었다.

당시 우리 공화국은 남조선보다 국력이 여전히 우위에 있었다. 그런 만큼 긴장완화와 교류확대를 내세우며 남조선이 우리에게 스스로 문을 열어주는 것은 더없이 좋은 기회가 될 수 있었다. '4대국 안전보장'은 미국이 남조선에서 발을 빼려는 참인데 소련과 중국의 남조선에 대한 간섭과 영향력 확대를 자청해주는 것과 다름없었다. 우리 사회주의 진영 입장에선 쌍수를 들어 환영할 일이었다.

그런데 김대중은 이에 더해 예비군 폐지까지 들고나와주었다. 1971년 당시 김대중이 들고 나왔던 '남북교류 긴장완화'라는 구상의 의의는 나중에 1998년 그가 결국 대통령에 당선된 뒤 확인되었다. 햇볕정책이라는 새로운 이름을 갖게 된 그 정책은 우리 공화국이 핵무장을 갖추게 될 기회를 제공해주었던 것이다.

한편 당시 김대중은 '대중경제론'을 들고나왔다. 이것은 남조선의 기왕의 내포적 공업화론의 연장으로 우리의 자주적 경제노선과 맥을 같이하는 것이었다. 『민족경제론』이 소년 빨치산 출신 박현채가 저자였던 만큼 자연스러운 일이었다.

따라서 우리는 당연히 당시 남조선 대선에서 김대중이 당선되기를 바랐다. 하지만 김대중은 당선되지 못했다. 김대중이 선풍을 일으키긴 했지만 기왕의 권력을 총동원한 박정희의 벽을 넘기는 어려웠던 것이다.

그러나 김대중이라는 인물을 발견한 것은 우리 공화국의 입장에선 큰 소득이었다. 우리는 김대중을 주목하고 앞으로 그를 어떻게 활용한 것인지를 남조선에 대한 정치공작에서 주요 과업의 하나로 삼게 되었다.

제2장
김대중과 한민통

1972년 10월 11일 일본정계 순방을 이유로 일본으로 건너간 김대중은 며칠 뒤인 17일 비상계엄령과 동시에 '10월유신'이 선포되자 미국으로 망명했다. 이후 김대중은 일본과 미국을 오가며 외신을 통해 유신체제를 공격하고 1973년 7월 6일 미국 워싱턴에서 '한국민주회복통일촉진국민회의(한민통)'라는 단체를 조직하여 초대의장으로 취임해 교포사회를 중심으로 반정부 투쟁을 벌이기 시작했다.

한민통의 표면적 명분은 반(反)유신 민주화투쟁이었다. 그러나 그 본질은 결코 단순한 민주화운동 단체가 아니었다. 한민통의 주축은 이른바 '재일민주세력'이었다. 김대중은 이 재일민주세력을 기반으로 이들과 함께 한민통을 결성했다. 그런데 이 재일민주세력이란 우리 공화국과 조총련이 전개한 재일거류민단에 대한 공작의 결과로 형성된 것이었다. 이렇게 하여 우리의 직접적 영향력 아래에 있던 재일민주세력이 반(反)박정희 반(反)유신을 표방한 김대중과 손을 잡고 결성한 조직이 한민통이었다.

남조선 정보당국의 김대중 강제송환 조치

당연히 남조선 공안당국은 김대중의 한민통 의장 취임을 심각한 사태로 받아들였다. 김대중은 어떻든 대선에서 박정희에 맞서 수많은 표를 획득한 바 있는 남조선의 대표적인 야당 지도자의 위상을 갖고 있는 인물이었다. 이런 인물이 우리 공화국의 직접적 영향 아래에 있는 조직의 수장을 맡게 된다는 것은 남조선의 입장에선 분명 대내외적으로 심대한 정치적 위신의 손상을 가져올 일이었다.

남조선 정보당국은 결국 1973년 8월 8일 일본에 있던 '김대중 강제송환 조치'를 단행했다. 며칠 뒤인 8월 13일 김대중의 한민통 의장 취임을 저지하기 위한 비상조치였다. 그런데 이 조치는 '김대중 납치사건'이 돼버리고 말았다. 일본의 실정법과 외교관계를 무시하고 일을 벌인 탓이었다. 일본 정부는 엄중 항의를 하고 일본 언론은 야만적 납치행위로 규정짓고 남조선 박정희 정권을 비난했다. 이 덕분에 김대중은 야만적 독재정권에 탄압받는 민주인사의 이미지를 획득하게 되고 박정희 정권은 국제적 비난에 직면하게 되었다.

김대중은 한국으로 '납치'되었지만 한민통은 이후로도 명맥을 유지하며 활동을 이어갔다. 남조선의 공안당국은 한민통과 그 활동을 '친북'으로 규정짓고 공안 차원의 대응을 했다. 그러나 그 의장이었던 김대중은 그 같은 공안적 단속 대상이 되지는 않았다. 김대중은 1976년 명동성당 3·1 민주구국선언 사건으로 긴급조치 9호 위반으로 구속되었다가 2년 뒤인 1978년 가석방되었다. 그러나 김대중은 단지 유신에 저항하는 비타협적 민주인사로 다루어졌다.

한민통은 당시의 그 사건 이후로도 현재까지도 활동을 이어오고 있다. 한민통은 '한국민주회복통일촉진국민회의'에서 1989년 '재일한국민주통일연합(한통련)'으로 이름을 바꾸고 현재까지도 활동을 계속하고 있으며 기관지로 「민족시보」를 발행하고 있다.

한민통의 후신인 한통련은 '한통련 결성의 경과와 30년의 발자취'에서 다음과 같이 정리하고 있다.

–1983년부터 1993년까지

"한통련은 박정희 독재정권과의 치열한 투쟁과 광주시민을 대학살하고 등장한 전두환 군부집단과의 10년 동안의 활동을 총괄했다. 한민통은 제12차 중앙위원회에서 미국의 지배와 간섭을 배제하지 않는 한 진정한 민주화도 남북통일도 있을 수 없다는 관점에서 새로운 5대강령 ①외세의 지배와 간섭 배제, 민족자주권 회복. ②파쇼독재 타도, 민주연합정부 수립. ③분단고착화 반대, 외세의 간섭 없이 (연방제에 의한) 자주적 평화통일 실현. ④반전반핵운동 추진, 한반도 비핵지대화. ⑤재일동포의 민족적 권익 옹호를 채택하고 반외세 민족자주를 구국운동의 기본노선으로 정립했다."

"반외세 민족자주를 과제의 첫째에 둠으로써 '제2선언'은 그후 민중운동의 이념이 되는 '자주·민주·통일'을 가장 먼저 도입한 것을 의미했다."

"한통련은 ①외세를 반대하고 민족의 자주권을 쟁취한다. ②군부독재를 청산하고 진정한 민주화를 향해 활동한다. ③자주적 평화통일을 실현한다. ④반전·반핵운동을 추진하여 한반도를 비핵지대화한다. ⑤재일동포의 민족적 권리를 옹호한다. ⑥국제연대운동을 강화한다는 6대강령을 발표했다."

"팀스피리트 한미합동군사훈련 반대운동은 10년간 긴장된 투쟁이었다. 팀스피리트는 83년에는 19만 명, 84년부터는 20만 명의 규모로 증강해 원자력항모·패트리어트 미사일을 투입하는 등, 매년 한국 전 지역에서 훈련을 거듭해 군사긴장을 높였다. 이에 대해 한민통은 단독 집회와 시위, 한일연대 집회 등을 조직해 강력히 반대했다."

–1993년부터 2008년까지

이 기간에 매우 중요한 문제의 하나로 북·미관계가 있다. 94년 미국은 대북압박정책을 강화하고 "제2의 한국전쟁도 불사하겠다"고 위협, 전쟁발발의 위기를 조성함으로써 그 호전성의 본성을 전 세계에 남김없이 드러냈다.

북·미는 그해 제네바기본합의를 이루어 △2003년까지 200만 킬로와트의 경수로 발전소를 건설한다. △이 동안 매년 50만 톤의 중유를 공급한다. △미국은 북에 대해 핵무기를 사용하지 않으며 위협하지도 않는다는 등을 약속했다. 북·미관계는 관계정상화를 향해 크게 전진했다.

그러나 그 후에 등장한 부시 정권은 북을 '악의 축'으로 규정하는 등 긴장을 격화시켜 핵선제 공격을 불사한다면서 긴장을 극도로 높이고 제네바기본합의를 파기했다. 2003년 8월,

북·미는 핵문제와 관련하여 한국·중국·러시아·일본이 참가하는 6자회담을 갖지만 북미 관계의 근본적 해결은 불가침조약을 체결하는 문제이다.

이 기간 민족자주를 요구하는 한국민중은 한국전쟁시의 주민학살, 미군사격장의 피해, 미군범죄 등 갖은 범죄를 폭로 규탄하는 투쟁을 전개하며 운동을 크게 전진시켰다.

또 주한미군에 의한 여중생살인사건에 대해 재판권의 이양, 부시 대통령의 공개사죄, 소파(SOFA) 전면개정, 전시작전 지휘권 반환 등을 요구하여 전 국민적인 반미 촛불시위를 전개했다. 한통련 등 해외 민주세력도 반미투쟁에 합세했다.

한편 2003년 한통련 의장 곽동의 동지는 한민통 결성 30돌 기념식 연설에서 다음과 같이 말하고 있다.

"오죽하면 광주시민들이 '전두환을 찢어 죽이자'라는 구호를 외쳤겠습니까. 이 만행을 뒤에서 부추기고 승인한 자는 그때까지 해방군의 가면을 쓰고 자신의 정체를 감추고 있었던 미국이었습니다. 한국 민주화투쟁 역사의 큰 줄기인 반미자주화 투쟁의 시대는 바로 이러한 광주민중항쟁을 계기로 시작된 것입니다. 이렇게 볼 때, 80년대는 바로 70년대에서부터 이어온 민주화투쟁이 반미투쟁과 밀접하게 결합되어 질적인 발전을 이룩한, 빛나는 투쟁의 연대라고 말할 수 있습니다."

"지난해 본국 민중들의 반미 자주화투쟁은 전례 없이 격렬하게 전개되었습니다. 지난해 년초부터 부시 대통령의 방문을 반대하는 투쟁이 강력히 전개되었으며 6월부터는 두 여중생 참살 사건을 쟁점으로 한 반미투쟁이 줄기차게 전개되어 한국 땅 전체가 반미의 촛불로 뒤덮여졌습니다. 미국의 전쟁위협에 반대하는 반전 평화운동도 들불처럼 번져나갔습니다."

"한국 민중의 자주·민주·통일 위업은 크게 진전하였으나, 아직도 갈 길은 멀다고 봅니다. 더욱이 오늘날 한반도에 조성된 엄중한 정세는 누구나 한시도 방심하지 말고 대오각성하여 민족의 안녕과 통일·번영의 미래를 열어나가는 데 적극 이바지할 것을 요구하고 있습니다. 오늘날 한반도에 조성된 정세에서 가장 엄중하고 위험한 것은 바로 미국에 의한 전쟁위험입니다."

"6·15 남북 공동선언을 이행하는 것은 민족의 자주적 평화통일을 이루어 내기 위한, 유일하게 올바른 길입니다. 공동선언을 이행하는 데서 중요한 것은 '우리 민족끼리'의 이념을 정확히 구현하여 정치·경제·문화 등의 모든 분야에서 민족공조를 실현하는 것입니다.

외세는 어디까지나 외세일 뿐, 우리 민족의 영원한 동반자가 될 수 없습니다. 그러나 동족은 이념과 사상·제도가 다르더라도 같이 살아가야 하는 영원한 동반자이자 운명공동체입니다. 민족의 안전과 화합·평화통일을 바라는 사람이라면 누구나 민족 공조의 길로 나아가야 할 것입니다."

곽동의 동지는 6·15 공동선언실천공동위원회 해외측위원장을 맡고 있다가 2017년 6월 10일 86세로 사망했다. 당시 남조선의 진보 인사들과 매체들은 곽동의 동지를 '민주·통일운동의 큰 별'로 칭하며 일제히 추모의 변을 내놓았다.

1973년 김대중을 한민통 의장으로 추대했던 인물은 바로 곽동의 동지였다. 한민통이 반국가단체로 규정됨에 따라 곽동의 동지는 남조선 입국이 오랫동안 불허되었다. 그러다가 노무현 정부 당시 2004년 10월 한통련 고국방문단이라는 특별 조치로 남조선을 방문할 수 있었다. 이때 곽동의 동지는 예전에 자신이 한민통 의장으로 추대했었던 김대중 전 대통령을 만났다.

제3장
'10월유신'과
남조선 변혁운동의 피 어린 발자취

'10월유신'과 중화학공업화

제7대 대선 이듬해인 1972년 10월 17일 '10월유신'이 단행되었다. 남조선에선 박정희의 경제적 업적을 인정한다 해도 유신만큼은 아니라고 하는 주장이 압도적이다. 그러나 남조선의 중화학공업의 기초는 바로 유신시대에 형성되었음은 부인할 수 없는 사실이다.

박정희는 1971년 신년사에서 다음과 같이 말했다.

"우리는 지난 십 년 성장의 경험과 성과를 토대로… 우리 경제의 국제경쟁력을 강화하여 수출을 계속 증대시키고, 중화학공업의 육성으로 산업구조를 빠른 속도로 고도화시켜나갈 것입니다."

이 구상은 '10월유신'과 함께 본격화되었다. 유신 이듬해인 1973년 1월 31일 박정희 주재 확대국무회의, 오원철 당시 경제수석이 기조 발제를 했다. '중화학공업 발전안과 방위산업 육성안'이었다. 오 수석이 제시한 필요 재원의 규모는 100억 달러, 1970년대 들어 겨우 수출 규모가 10억 달러를 넘어선 정도에 비추면 천문학적이다. 2011년 남조선의 수출총액은 5,565억 달러, 이를 기준으로 보면 5조 달러 이상을 퍼붓자는 얘기였다.

중화학공업 육성은 그러나 기어이 시작되었다. 그리고 유신시대 그렇게 진행된 행진은 머리칼을 모아 가발을 만들어서라도 수출하던 나라를 초대형 유조선과 자동차를 수출하는 나라로 만들었다.

남조선 변혁운동의 피 어린 발자취,
인혁·통혁·해전·남민전

그러나 그 같은 경제건설은 정치적 측면에선 순탄하게 이루어진 것이 아니었다. 1972년 10월 17일 '10월유신'이 단행되던 때부터 1979년 10월 26일 박정희 사망 전까지 7년의 기간은 한편으로는 중화학공업 건설 기간이었지만 다른 한편으로는 반(反)유신투쟁의 기간이기도 했다.

남조선의 재야 민주세력은 그 기간 내내 박정희에 강력하게 맞섰다. 남조선의 이들 민주세력이 그렇게 집요하게 맞설 수 있었던 것은 그 이면에 부르주아 정치세력의 한계를 넘어선 세력이 존재했던 덕분이었다. 물론 당시 이들 혁명적 세력이 절대적 주류나 다수를 구성한 것은 아니었다. 그러나 굴하지 않는 혁명적 세력이 없었으면 반(反)유신투쟁이 그렇게 끈기 있게 전개될 수는 없었을 것이다.

이 점에 대해선 지금 남조선의 집권세력이 되어 남조선을 강력히 이끌고 있는 학생운동권 출신들이 잘 알고 있다. 이들은 박정희 시대의 대표적인 공안사건인 인혁당·통혁당·해방전략당·남민전 등이 모두 남조선 변혁운동의 피 어린 발자취임을 익히 알고 있었다.

만약 당시의 운동권 출신이라면서 이를 부인한다면 그가 속한 집단이 중요한 서클이 아니었든가 그 자신이 별로 중요하지 않은 주변적인 존재였을 것이다.

한편 그와 관련한 1970년대의 상황에 대해선 김일성 수령께서도 밝힌 바 있다.

"남조선 '통혁당' 조직원 3,000명입니다."

1975년 토도르 지프코프 불가리아 총리를 만난 자리에서도 밝혔다.

김일성 수령께서는 제2차 인혁당(인민혁명당) 사건 발생 1년 뒤인 1975년 6월 초 불가리아를 방문했다. 당시 수령님께서는 토도르 지프코프 불가리아 총리와 나눈 비공개 대화에서 우리 공화국의 지령으로 남조선 내에 조직된 통혁당(1968년 8월 검거)의 직접적인 인원수를 아래와 같이 밝혔다.

"남조선의 맑스당(黨)인 통혁당의 인원수는 많지 않다. 약 3,000명가량 된다. 통혁당은 각지에 중앙조직이 구성되어 있다. 통혁당원들은 몇 개 공장에 대표를 두고 있지만, 불법화됐으며, 활동이 약화됐다. 통혁당원들이 (남조선의) 노동자-농민들 속에서 활동케 하고, 공개적인 반(反)박정희 활동을 하게 한 결과 지도부가 와해됐다. 이 때문에 우리는 통혁당원들로 하여금 남조선의 합법정당에 참여할 것과 노동자 농민들에 대한 영향력을 증대시킬 것을 지시했다. 남조선의 민주화와 통일을 위해 투쟁하는 주요세력은 학생들이다. 이들은 대규모 반(反)박정희 데모를 조직화하고 있다. 이들 모두가 활발한 투쟁을 벌이고 있다."

제4장
서독의 '방어적 민주주의' 체제와 남조선의 유신체제

방만하고 허약했던 독일의 바이마르 체제는 그 시대 내내 좌우의 격돌로 점철되었다. 그리고 히틀러로 귀결되었다가 결국 주변에 참혹한 피해를 끼친 뒤 독일 스스로도 처참히 몰락했다.

제2차 대전이 끝난 뒤 독일은 동서독으로 분단되고 서독에는 소위 자유민주주의 체제가 자리를 잡았다. 그런데 서독에 자리 잡은 그 체제는 여타 서구국가의 그것과는 좀 달랐다. 서독의 자유민주주의 체제는 '방어적 민주주의' 체제였다.

서독은 바이마르 체제 실패의 경험을 교훈으로 삼아 민주주의를 방어하기 위한 적극적인 법적 제도적 장치를 마련했다. 우선 '연방헌법재판소'를 만들었다. 서독 기본법(제21조

제2항)은 '정당의 자유를 헌법상의 권리로 보장'하면서도 "그 목적이나 추종자가 자유민주주의 기본질서를 침해 또는 폐지하려 하거나 독일연방공화국의 존립을 위태롭게 하려하는 정당은 위헌"이라고 규정하고 '위헌 여부를 판단하여 조치'하는 권한을 '연방헌법재판소'에 부여했다. '연방헌법재판소'는 소정의 절차에 따라 특정 정당의 '위헌' 여부를 판단하고 그렇게 판단할 경우에는 해당 정당은 '해산'되며 '대체정당'의 설립은 허용될 수 없었다.

서독은 이 기본법에 의거하여 1952년 나치의 부활을 꿈꾸는 '사회주의제국당'을 그리고 1956년에는 '서독공산당'을 해산시켰다.

한편 서독은 '민주주의를 방어'할 목적으로 '헌법보호청'이라는 이름의 정보기관을 운영했다. 이 정보기관의 임무는 "자유민주주의 기본질서에 반하는 단체나 개인의 활동에 대한 자료를 수집"하는 것이었다.

남조선의 '국가정보원'과 유사한 아니 그보다 더 강력했던 예전의 '안기부'에 가까운 기능의 '헌법보호청'은 "개인, 단체, 정당의 위헌행위를 적발하여 연방 및 주 정부의 내무부장관들과 '연방헌법재판소'에 조치를 의뢰"할 뿐만 아니라 "독일내의 모든 공직자와 공공기관 종사자 임용 때 신원조사를 실시"하는 임무를 부여받았다.

'헌법보호청'은 업무의 중점을 '조기경보'에 두고 있어서 "정치적 극단주의(좌우를 막론하고)에 대해서는 형법에 저촉되는 행위가 발생하기 전에 이에 대한 사찰(查察) 실시가 허용"되었다.

서독은 "형법을 위반하거나 헌법질서와 국제적 합의에 반하는 결사를 금지"한 '기본법'의 결사금지 조항(제9조 제2항)에 기초하여 제정된 '결사법'에 의거, 연방과 주 정부의 내무부 장관들에게 '단체 해산 명령권'을 부여했다.

이에 따라 1964년 '결사법'이 공표 시행된 이후 서독에서는 1993년까지 모두 971개의 단체가 '반국가 위헌 단체' 혐의로 해산되었다.

뿐만 아니었다. 동방정책을 추진했던 빌리 브란트의 사민당 정부는 1972년 1월 28일 '급진주의자 처리에 대한 훈령'을 공포하여 시행했다. 이 훈령은 지위 고하를 막론하고 모든 공직 희망자들에게 '기본법'에 명시된 자유민주주의 기본질서에 대한 충성 서약을 의무화했다.

이를 통해 모든 공직자와 공공기관 종사자에게 "담당 직무와 무관하게 자유민주주의 수호를 위해 적극적으로 노력하겠다"는 약속을 요구하는 것이었다.

이 '훈령'에 대해서는 서독에서도 당연히 진보적 지식인과 정치세력으로부터 거센 '위헌' 시비가 제기되었다. 그러나 '연방헌법재판소'는 1975년 5월 22일 슐레스비히-홀슈타인 주 정부가 이 '훈령'에 의거하여 취한 한 조치에 대하여 제기된 무효화 소송에 대하여 "주 정부의 조치가 정당하다"는 합헌(合憲) 판결을 내렸다.

이 '훈령'에 따라 1983년까지 약 350만여 명의 공공부문 취업 희망자에 대한 자격심사가 실시되었고 주로 '공산당'과 '공산계열 조직'이나 '극우 조직' 구성원으로 드러난 2,250여 명의 공직 임용이 거부되었다. 이 '훈령'은 1991년 독일 통일 후에도 여전히 시행되고 있다.

유신시대를 '야만적 폭압의 시대'라 하지만 서독의 방어적 민주주의 체제가 유신체제보다 민주적인 것도 아니었다. 나중에 동서독 통일 뒤 밝혀진 바에 따르면 서독이 그토록 강력한 '방어체제'를 가동했음에도 서독 도처 심지어 브란트의 주변에 이르기까지 동독의 공작원이 포진하고 있었다.

그럼에도 서독의 방어적 민주주의 체제와 달리 남조선의 유신체제가 정치적으로 야만과 폭압의 인상을 면치 못하는 것은 무엇보다도 선전선동이 주효한 덕분이었다. 거기에는 우리 공화국의 집요한 공작도 있었으며 남조선 변혁세력의 끈질긴 투쟁이 무엇보다도 큰 역할을 했다.

우리 공화국의 입장에서 박정희의 유신체제가 그처럼 여전히 정치적 악의 대명사처럼 인식되고 있는 것은 매우 다행스럽다 하지 않을 수 없다.

박정희 시대, 우리 공화국은 실로 난관의 시대였다!

남조선 등장 당시 우리는 남조선이 오랫동안 명맥을 이어갈 수 있으리라는 생각은 하지 않았다. 미제의 후견이 있기는 하지만 결국은 나락에서 헤어나지 못하고 허물어질 것으로 예상했다.

6·25 민족해방전쟁에서 최종 승리를 거두지는 못했지만 오래지 않아 남조선은 내부에서부터 허물어질 것으로 보았다. 그래서 4·19가 일어났을 때 기다리던 기회가 마침내 찾아왔다고 판단했다. 4·19 직후 남조선에서 "가자 북으로, 오라 남으로"의 외침이 터져 나올 때 드디어 때가 왔다고 판단했다. 그러나 그 기회가 박정희의 5·16으로 인해 물거품이 되면서 실로 예상치 못한 난관의 시대가 조성되었다.

우리는 박정희의 통치가 그렇게 오래 지탱되면서 성과 또한 크게 거두게 될 것임은 전혀 예상하지 못했다. 초기에 혼선을 보이고 또 6·3 사태 등으로 위기를 맞을 때는 역시 한계를 드러낸다는 희망적 예단을 하기도 했다.

그러나 박정희는 우리의 예상을 훨씬 넘어서는 엄청난 성공을 거두며 드디어 우리 공화국을 국력에서 완전히 앞지르고 말았다. 그 결과 우리 공화국은 전혀 예상치 못한 도전과 맞서는 상황이 되었다.

남조선에서 박정희에 대한 정치적 저항이 크게 확산되고 있었지만 물질적 측면에서는 우리 공화국 주도의 남조선 해방은 점점 멀어지는 상황이 되었다. 그런 점에서 박정희 시대는 우리 공화국에는 실로 난관의 시대였다.

지금 우리는 오랜만에 크나큰 호기를 맞이했다. 하지만 박정희가 없었더라면 지금과 같은 기회를 오래전에 이미 가질 수 있었을 것이다. 이 점에 대해 남조선 인민들이 제대로 자각하지 못하고 있음은 우리 공화국의 입장에선 참으로 다행스러운 일이라 하겠다. 특히 남조선의 나름 내로라하지만 사실은 별것도 없이 행세를 하는 많은 지식분자들이 그런 한계에서 머물고 있음은 더욱이 그러하다.

남조선 력사 제6부

(1980년~2016년까지)

필자의 말

5·18과 80년대, 대한민국을 좌익으로 물들이기 시작한 본격적인 국가 반역의 출발

이동호(캠페인전략연구원 원장)

대한민국의 마지막 기득권 세력이 될 오늘의 보수주의자들에게 80년대란 '86아시안게임'과 '88올림픽'이라는 화려한 제전의 기억이 있을 것이다. 그러나 이들을 몰아내고 국가를 좌익으로 물들이는 데 성공해가는 오늘의 정치 주도세력은 저 80년대를 피로 칠갑된 영광의 탄생기로 기억한다.

'5·18 광주'를 빌미로 운동권세력들은 급속히 무식해져갈 수 있었다. 원서로 『자본론(*Das Kapital*)』을 읽어내야만 지하조직의 실세노릇을 할 수 있었던 엘리트주의자도 몰아냈고, 자유주의 사조에 물든 감상적 부르주아 세력도 몰아낼 수 있던 때였다. 그들이 물러간 자리는 지성이나 지능이 아니라 오직 한글 독해능력과 지도자 수령에게 맹종할 수 있는 자질의 소유자들이 차지했던 때다. 지성과 지능은 오히려 주체사상을 체화하는 데 장애가 될 뿐이었다.

한술 더 떠 신군부의 얄팍한 역사의식도 한몫을 했던 시절이었다. 그들 손으로 대학가의 학도호국단을 폐지시키고 전대협의 씨앗인 총학생회를 제도화시켜주었으며 운동가들의 일용할 양식이던 금지 서적들을 죄다 풀어주었다. 게다가 일제 때 좌익운동가들의 행적을 모두 천안의 독립기념관으로 모셔다 국민의 영웅으로 세탁해주었다. 이에 힘입어 국사학계는 반일·반미·친북사상을 한 방에 엮어 민족주의 사관으로 무장했다. 쌍화탕 광고카피 "우리 것이 제일이여~!"는 보너스였다. 경제는 날로 성장해갔지만 국민들은 날로 무식해져가던 시대가 열린 것이다.

주체의 혁명이론으로 무장하게 된 학생들은 자라면서 이런 환경을 조성해준 선배들에게 보답했다. 그것이 87년 '6월 투쟁'이었고, 91년 '미선이 효순이 투쟁'과 2008년 '광우병 투쟁'이었다.

대남공작을 주관해온 북쪽의 김일성과 김정일은 이런 말을 하지 않았을까 싶다.

"남조선 대중들은 미제가 해방자가 아니라 식민지 지배자이자 약탈자라는 사실을 이제야 분명히 알게 되었다. 대중들의 의식이 여기에 이르도록 헌신한 남조선 청년학생 운동가를 비롯한 주체형 운동가들에게 영광이 있으라!"

제6부
정권획득을 위한
남조선혁명가들의 노력과
공화국의 지원

제1장
피의 기록, 광주 무장봉기

남조선을 실질적으로 지배하던 미제의 주구 박정희와 그 패당은 강력한 유신파쇼를 동원하여 남조선 인민의 민주적 요구를 철저히 억압했다. 그러나 이들의 파쇼통치는 이미 곳곳에서 균열이 가고 있었다.

유신파쇼독재를 타도하기 위한 투쟁은 1976년 3월 1일에 발표된 '민주구국선언'을 계기로 새로운 단계로 진입했다. 1976년 3월 1일 남조선의 정계·종교계·학계·법조계를 비롯한 각계인사 700여 명이 명동성당에서 기습적인 시위를 전개했다.

남조선의 박정희 패당에 반대하는 민주인사 12명은 연명으로 '민주구국선언-박정희퇴진선언'을 발표했다. 이들 12명은 윤보선·김대중·정일형 등 야당 정치인과 함석헌·문익환·함세웅·이문영·서남동 등 재야와 종교계·학계 인사다.

선언은 박정희정권의 파쇼적 폭압정책과 매국매족 행위를 폭로 규탄했다. 그리고 남조선사회의 민주화와 박정희정권의 퇴진을 주장하였으며 "민족통일은 오늘 이 겨레가 걸머진 지상의 과업"이라는 것을 엄숙히 천명했다.

3·1 구국선언을 계기로 남조선의 반파쇼 민주화운동은 연합투쟁조직을 건설하는 단계로 나아갔다. 1978년 7월에 와서는 각계각층 반파쇼 민주단체들과 '민주구국선언' 관계자들을 비롯한 정계·학계·문화언론계·법조계·청년학생 등 수많은 반정부 민주인사로 폭넓은 반파쇼 연합전선조직인 '민주주의국민연합'이 조직되었다.

그리고 1979년 3월에 이르러서는 이 조직을 모체로 하여 더 많은 민주화투쟁 단체를 망라한 '민주주의와 민족통일을 위한 국민연합'이 조직되었다. 폭넓은 반파쇼 연합전선체들이 결성되고 투쟁대오가 조직화되어감에 따라 남조선 인민의 반파쇼 민주화투쟁은 더욱 힘 있게 벌어졌다.

남조선 인민의 투쟁에 박정희 파쇼패당은 무자비한 탄압으로 대응했다. 1979년 4월 'YH무역'의 여공들이 생존권을 요구하며 야당 당사에 농성을 벌였다. 그러나 박정희 패당은 야당 당사에 난입하여 무자비하게 검거했다. 이어서 야당의 당수마저 저들에게 협조적인 인사로 교체하려고 시도했다.

인민들에 대한 무자비한 탄압과 야당 당수에 대한 제명에 항의하여 부산과 마산의 청년학생들을 중심으로 '10월민주항쟁'이 일어났다. 10월 16일 부산대학교 학생들의 시위로 시작된 반파쇼투쟁은 18일 마산으로 급속히 번져나갔다. 이들의 투쟁과 발맞추어 박정희유신파쇼도당에 반대하는 남조선 인민들의 투쟁은 서울과 대구·전주·청주·울산·진주 등지로 확산되었다.

부산과 마산을 중심으로 일어난 '10월민주항쟁'에 의하여 박정희 유신독재체제는 일찍이 경험하지 못한 심대한 타격을 받았다. 총 파산의 위기에 빠지게 되었다. 박정희 패당 내부가 심각한 위기감에 휩싸였다.

박정희 패당의 상전인 미국도 더 이상 박정희를 가지고 위기를 수습하기 어렵다고 판단하기에 이르렀다. 마침내 박정희는 자신의 심복에 의하여 최후를 마치게 되었다. 기나긴 유신파쇼독재가 그 종말을 고한 것이다.

광주무장봉기의 전야

1979년 '10월 민주항쟁' 이후 남조선의 전반적 정세는 반파쇼민주화투쟁에 유리하게 전개됐다. 남조선 학생과 인민의 민주화에 대한 지향과 요구는 급속히 높아지고 민주세력을 결속하기 위한 민주인사의 정치활동도 더욱 활발하여졌다. 반면에 유신잔당은 위축되었다. 유신통치체제는 혼란과 마비상태에 빠졌으며 박정희 이후 권력 향배를 둘러싸고 권력층 안에서 모순과 대립이 그 어느 때보다 격화되었다.

통치체제 위기에 직면한 미제와 유신잔당들은 계엄령을 선포하여 군부를 파쇼통치체제 전면에 내세웠다. 전두환 군부 파쇼 일당은 한편으로는 인민을 회유 기만하기 위하여 이른바 '정치발전 일정'이란 것을 내걸었으며 다른 한편으로는 인민에 대한 폭압을 멈추지 않았다. 그리고 새로운 군사파쇼정권을 조직하려는 음모에 돌입했다.

미제는 박정희 후임으로 유신잔당의 두목 전두환을 내세웠다. 전두환 일당은 12·12 정변을 통해 정권을 장악하는 한편, 파쇼통치에 반대하는 세력을 제거하는 작전을 하나하나 빈틈없이 전개해나갔다. 그들은 파쇼통치에 저항하는 인민들을 가차 없이 검거 투옥하는 등 탄압을 멈추지 않았다.

사태추이를 주시하던 남조선 청년학생과 인민은 유신체제와 그 잔당을 청산하고 사회의 민주화를 실현하기 위한 투쟁을 다시 떨쳐나갔다. 청년학생들은 80년 3월부터 학원을 민주화하기 위한 투쟁을 벌여나갔다. 이들은 이 과정에서 학원이 민주화되기 위해서는 유신파쇼 세력을 퇴진시켜야 한다는 중요한 교훈을 깨달았다. 인민은 투쟁을 통해서 혁명적 필요성을 인식하는 것이다. 5월에 들어서 남조선 청년학생들의 투쟁은 전두환을 두목으로 하는 유신파쇼 세력을 청산하는 투쟁으로 급속히 전개되었다.

계엄령해제·유신잔당 퇴진·전두환 퇴진 등의 구호를 들고 5월 1일부터 시작된 청년학생들의 투쟁은 5월 중순에 이르러 절정을 이루었다. 5월 1일부터 17일까지 계속된 반파쇼민주화 투쟁에는 서울과 지방의 76개 대학에서 14만 4,000여 명의 학생들이 참가했다. 특히 서울역을 중심으로 서울지역 청년학생들은 격렬히 유신잔당에 대항했다.

80년 5월 서울역을 중심으로 전개된 청년학생들의 반파쇼 투쟁에 당황한 미제와 전두환 일당은 마침내 자신들의 파쇼적 정체를 드러낸다. 전두환은 80년 5월 18일 0시를 기해 비상계엄을 전국으로 확대했다. 비상계엄 확대에 따라 모든 정치활동을 금지되었으며 신문 등 출판물에 대해 엄격한 사전

검열이 실시되었다. 전두환 파쇼잔당은 남조선 인민의 민주적인 요구에 불응하기로 결정한 것이다. 각 대학에는 휴교령이 내려졌다.

5월 18일 광주의 청년학생은 이에 격렬히 저항했다. 청년학생들로 시작된 봉기는 삽시간에 광주 전역으로 확대되었다. 청년학생이 중심이 된 광주인민들의 봉기에 전두환정권은 무장한 공수부대를 보내 무자비한 진압작전을 전개했다.

이에 대항하여 광주인민들은 스스로 무장하여 전두환 파쇼정권에 저항했다. 봉기한 군중들은, 도청·시청·경찰국을 비롯한 통치기관들을 장악하고, 무기고를 습격하여 무기를 획득하여 스스로 무장하여 계엄군의 무자비한 탄압에 격렬히 저항했다. 5월 21일 봉기군중은 광주시내에서 계엄군을 몰아내고 지방통치기관들을 장악하여 광주시를 완전히 자기들의 통제 밑에 넣었다.

광주의 봉기군중은 자치조직인 '시민위원회'와 '민중투쟁위원회'를 내걸고 자위적인 무장조직인 시민군·특별경계부대·돌격대를 만들어 기세를 올렸으며 직승기(헬리콥터)·탱크·장갑차들을 앞세우고 달려드는 계엄군에 대항하여 결사적으로 싸웠다.

봉기군중은 방대한 군 병력이 사방으로 겹겹이 포위하고

있는 가운데서도 10일 동안이나 계엄군의 공격으로부터 광주를 완강히 지켰다.

이에 당황한 미제는 남조선 주둔 미군사령관 위컴을 호출하여 광주인민봉기를 무력으로 진압하는 흉악한 살육작전을 입안했다. 미제의 작전계획에 따라 미국방부는 남조선군과 미국 연합군사령부에 직속된 군 2개 사단을 광주의 인민봉기에 대한 탄압작전에 내몰았다.

그러나 봉기군중은 엄혹한 시련 속에서도 투지를 굽히지 않고 적들이 광주를 유혈적으로 점령하는 순간까지 결사적으로 항거했다.

광주인민봉기는 발톱까지 무장한 폭압무력에 대항하여 고도의 조직성과 완강성을 발휘하여 굴함 없이 싸운 영용한 무장항전이었으며 낡은 유신파쇼통치를 청산하고 새로운 민주정치를 실현하기 위한 가장 높은 형태의 반파쇼 민주화투쟁이었다.

광주인민봉기는 미제와 남조선 군사파쇼도당에게 치명적 타격을 주고 이들의 파쇼통치기반을 크게 뒤흔들어놓았으며 원수들을 불안과 공포에 떨게 했다. 광주인민봉기는 남조선 인민의 반파쇼 민주화투쟁에 길이 빛날 자랑스러운 페이지를 남겨놓았으며 자주성을 지향하는 피압박 인민의 투쟁에서 특출한 의의를 가지는 역사적 사변이었다.

그러나 광주인민봉기는 식민지 인민의 투쟁에 있어서 몇 가지 과제를 남겨놓았다.

첫째, 광주인민들의 영웅적 투쟁에도 불구하고 투쟁을 지도할 지도핵심이 부재했다는 것.

둘째, 광주인민봉기가 나아가야 할 확실한 방향을 제시하는 과학적 사상과 이념이 부재했다는 점.

셋째, 한 도시에서의 고립적 봉기는 미제와 파쇼도당의 압도적 물리력을 감안할 경우 필히 패한다는 점이다.

식민지 인민의 혁명이 성공하려면 과학적 사상과 이념, 투쟁을 지도할 지도핵심들로 구성된 지하 전위당, 수많은 도시의 동시 무장봉기를 통해서만 가능하다는 것을 광주인민봉기는 피로써 일깨운 것이다.

제2장
광주무장봉기 이후 한국 인민의 투쟁

80년대 초기 청년학생들의 투쟁(이론 준비기)

광주무장봉기가 전두환 파쇼패당의 무차별 진압으로 실패로 돌아가자 학생운동 내부에서는 광주무장봉기의 실패를 놓고 치열한 내부 사상투쟁이 벌어졌다. 80년 초 남조선의 청년학생운동은 공산주의사상과 혁명이론의 도입을 본격화했다. 그러나 아직 청년학생운동이 남조선의 주체적 조건에 입각한 사상과 혁명이론, 혁명의 지도부에 대한 본격적인 도입은 시기 상조였다.

70년대 이후 파쇼정권의 무자비한 탄압을 피해 공산주의 지하서클의 형태로 존재하던 일단의 청년학생은 광주무장봉기의 실패에 대해 평가하고 원인을 분석했다.

80년 12월 11일 서울대 시위 당시 뿌려진 '반제반파쇼투쟁 선언'이라는 유인물에서 기존의 투쟁이 '낭만적이고, 과학적 사회주의를 전면적으로 도입하고 있지 못하다'는 데 실패의 원인이 있다고 분석하고, 광주의 무장봉기는 혁명의 주력계급인 노동자계급이 혁명의 전면에 나서지 못하는 한계에 기인한다고 평가했다.

따라서 당면 과제는 혁명의 주력계급인 노동자계급을 조직화하는 사업에 전력을 기울여야 한다고 주장했다. 이들을 파쇼공안당국은 '무림'이라고 불렀다.

일단의 학생운동그룹은 '무림' 진영의 입장을 반박했다. 이들은 80년 5월 광주무장봉기의 실패는 전체혁명운동을 지도할 전위조직이 결여되었기 때문이라고 분석했다. 이들은 전체운동의 조직화에 나섰다. 이들은 이 입장에 따라 전국적인 학생운동과 노동운동의 지도부 건설에 나섰다.

그러나 이들 조직은 남조선 공안당국의 수사망에 포착되어 상당한 피해를 입는다. 이른바 '전민학련'과 '전민노련' 사건이다. 이들 그룹을 파쇼공안당국은 '학림'이라고 불렀다. 이들은 학생운동이 선도적 투쟁으로서 남조선의 혁명을 이끌어야 한다는 입장이었다. 이들 그룹의 주장이 한동안 남조선의 청년학생운동을 이끌었다.

82년도 들어서서 남조선의 학생운동은 본격적인 맑스-레닌주의 도입에 따른 방법론을 가지고 노선투쟁에 돌입했다.

무림그룹은 이후 지속적으로 혁명의 주력군인 노동운동의 발전을 위해 학생운동 핵심활동가들이 노동운동으로 직접 뛰어들어 노동운동의 활성화에 주력해야 한다고 주장했다.

그리고 이 그룹은 현재 혁명운동은 혁명의 준비기이기 때문에 무리한 투쟁으로 혁명인자를 소모하기보다는 역량을 보존해야 한다고 주장했다. 이들은 이 주장에 따라 학생운동 출신의 핵심활동가들이 노동운동으로 대거 자신들의 존재를 이전했다.

반면 학림그룹은 80년 5월의 광주무장봉기를 통하여 한국의 혁명가능성이 검증되었다고 주장했다. 이들에 따르면 한국의 혁명투쟁은 학생들의 선도적 투쟁→인민들의 합세→민중봉기→연속적 도시봉기 순서로 진행된다는 것이었다. 따라서 남조선의 학생운동은 남조선의 혁명운동에서 '선도적 투쟁체'로서 역할을 부여받고 있다고 주장했다.

그러나 이들의 주장은 남조선혁명의 복잡성과 강고성을 보지 못하였다는 점에서 본질적인 한계가 있는 주장이었다. 이들의 주장의 한계는 남조선혁명에 대하여 주체적 입장에서 사상과 혁명이론과 방법론을 본격적으로 도입하고 이에 입각한 혁명 운동가들이 탄생하여 비로소 극복하게 되었다.

80년대 중기 이후 학생운동 발전과 초기 혁명론(이론 발전기)

전두환 파쇼정부는 83년 말, 이전의 시위로 구속되었던 학생들을 석방하고, 반정부인사에 대한 사면과 복권을 단행했다. 곧이어 84년 2월에는 정치활동 피규제자에 대한 제2차 해금과 학원에서 상주하던 경찰병력을 철수하고, 학생회의 부활을 허용하는 이른바 '학원자율화' 조치를 단행했다. 계속되는 전두환 파쇼정권의 야만적인 탄압에 대하여 남조선 인민은 극도의 반감을 가지고 저항했다. 따라서 이들은 인민의 반감을 누그러뜨리는 기만전술이 필요했던 것이다.

MT-MC논쟁

84년 상반기부터 소위 '민주화추진위원회' 사건이 정부당국에 의해 발표되는 85년 상반기까지 남조선 학생운동권 내부에서는 정부당국의 기만적인 '학원자율화' 조치에 대한 학생운동의 방향성을 둘러싸고 치열한 논쟁이 지속되는데 이를 지칭하여 '깃발-반깃발논쟁' 혹은 'MT-MC논쟁'이라고 불렀다. 이런 명칭은 83년 12월 '학원자율화' 조치 이후 석방되어 다시 학교로 돌아온 복학생을 중심으로 일단의 무리들이 「깃발」이라는 팸플릿을 통하여 당시 학생운동을 주도하고 있던 그룹에 대하여 문제를 제기하면서부터 연유한다. 이 논쟁은 85년 상반기 정치투쟁조직의 건설문제를 놓고 이론적 대립을 계속하면서 MT-MC논쟁으로 이어갔다. MT란 민주화투쟁위원회의 머리글자를 지칭하며, MC란 Main Current, 즉 현재 주도세력이라는 뜻이다.

'학원자율화'조치 초기인 84년 초 당시 학생운동의 주도그룹은 곧바로 반정부 투쟁으로 나설 것이 아니라 이러한 전두환 정부 조치의 허용공간을 최대한 활용하여, 먼저 학내에 학원자율화추진위원회를 구성하여 학원자율화투쟁을 이끈다는 것이다. 이러한 투쟁의 성과를 바탕으로 단계적으로 전두환 정부에 대한 정치투쟁으로 발전시켜야 한다는 입장이었다. 이는 이전의 단계적 투쟁론인 이른바 '무림'의 입장을 계승한 것이다.

반면 깃발 혹은 MT그룹은 학생운동의 선도적 투쟁과 이를 통해 광주투쟁에서 보여지듯이 전인민적 투쟁으로 발전시켜야 한다는 '학림'의 입장을 계승하여 사상과 이념을 보다 분명히 하는 투쟁위원회가 학생회를 이끌어야 한다는 입장이다. 이 시기 NDR이념을 수용한 이 그룹은 지하의 '중앙투쟁위원회' 산하에 반(半)공개 투쟁조직인 '삼민투(민중민주화와 민족자주통일을 위한 투쟁위원회)'의 건설을 시도했다.

이에 대하여 MC그룹은 절충안을 내놓아 85년 5월 7일 서울대에서 양 진영 연합으로 '삼민투'가 결성되었다. 곧이어 연대·고대·성대·서강대 등에서도 결성이 이루어졌다. 이후 '삼민투'는 5월 23일 서울대·연세대·고려대·성균관대·서강대 등 5개 대학 73명으로 미문화원점거농성을 감행했다.

85년 여름 '민주화추진위원회'사건으로 MT그룹 지도부가 대거 검거된 후 MT그룹의 잔여세력과 MC그룹이 통합을 추진하여 소위 '깃발-반깃발' 논쟁은 일단락된다.

C-N-P 논쟁

84년 겨울에서 85년 봄에 걸친 기간에 남조선의 재야운동과 학생운동 내에서는 정부의 자율화조치에 대한 정세인식과 맑스·레닌주의 이론에 입각한 한국사회의 성격과 발전단계, 모순구조와 혁명의 대상, 혁명주요동력의 설정과 역량편성 등을 놓고 소위 C-N-P논쟁을 벌이게 된다. C-N-P는 CDR(Civil Democratic Revolution: 시민민주혁명론), NDR(National Democratic Revolution: 민족민주혁명론), PDR(People's Democratic Revolution: 민중민주혁명론)의 머리글자에서 따온 용어다.

당시에는 현 단계 한국변혁이론으로 NDR론이 주류를 이루면서 CDR론은 우익기회주의이론으로, PDR론은 좌익급진주의이론으로 이해하는 경향이 우세했다.

이 시기 진행된 남조선 학생운동의 논의과정은 한국의 학생운동이 사회주의 사상과 이론이 수입과 모색기를 거쳐 본격적으로 한국사회혁명운동의 이론으로 적용되고 있음을 보여주고 있다. 당시 좌파 학계에서 진행되던 사회구성체 논쟁과 맞물리면서 초기의 초보적인 수준에서 벗어나 한층 발전된 형태로 진행되었다.

주체사상 도입과 '자민투'-'민민투'에서 건대사태까지

85년 말부터 88년까지 진행된 이 시기 남조선의 학생운동은 이전까지 학생운동과는 전혀 다른 새로운 양상으로 전개된다. 가장 특징적인 것으로는 운동의 지도사상으로 위대한 수령 김일성 동지께서 창시하신 주체사상과 그에 입각한 주체혁명론을 수용하고, 그 혁명노선을 학생운동에 적용하기 시작한 것이다.

85년까지 학생운동은 자생적 사회주의 혁명론자들이었으나, 이 시기부터 학생운동은 주체사상과 주체의 혁명이론으로 무장한 소위 '주사파'가 장악하여 학생운동의 대세를 형성하게 된다.

주체사상의 학생운동내의 수용과정은 83년에 학원가에 유포되었던 『예속과 함성』이 그 시작이었다. 85년 9월 남조선의 공안파쇼 당국에 의해 구미간첩단 사건의 주범으로 밝혀진 김성만, 양동화 등이 북한의 혁명론을 남조선의 학생운동에 소개한 것이다.

이들은 책자에서 한국은 1945년 이래로 미국의 식민지이며, 한국의 군부독재 정권은 미국에 의해 양성되고 조종되는 '괴뢰정권'이라고 주장했다. 이 책자는 당시 남조선의 학생운동에 큰 충격이었다. 그러나 아직 이러한 주장은 학생운동 내에서 본격적으로 수용되지는 않았다.

주체사상의 본격적인 수용은 『강철서신』으로 알려진 김영환의 '단재사상연구회'로부터 시작되었다. 이 시기 김영환은 단파 라디오로 북한의 구국의 소리방송을 집중적으로 청취하는 한편 남조선 혁명의 전위당인 '한국민족민주전선(한민전)'이 제기하는 남조선혁명론을 토대로 민족해방민중민주주의혁명론(NLPDR: National Liberation People's Democracy Revolution)을 본격적으로 제기했다.

이는 60년대의 통혁당, 70년대의 남민전 이후 최초의 조직적 형태를 띤 반(反)제국주의세력의 등장이며, 학생운동을 모태로 출발하는 것으로는 최초였다.

김영환 그룹은 당시 학생운동의 주류였던 삼민투 NDR론과 치열한 사상투쟁을 전개하여 그 세력과 영역을 넓혀나갔다. 이들은 「반제민중 민주화 운동의 횃불을 들고 민족해방의 기수로 부활하자(일명 「해방서시」)라는 소책자를 학생운동에 광범위하게 전파했다.

이 소책자에서 그들은 "19세기 말부터 지금까지의 한반도 근대사 100년은 제국주의의 침략의 역사요, 제국주의에 대한 인민의 투쟁의 역사다. 한국사회는 미제국주의와 그 앞잡이가 파쇼적으로 지배하는 식민지사회다"라고 주장했다.

이들의 주장은 그간의 남조선학생운동이 미제국주의의 침략적 본성과 남조선 인민의 민족해방에 대한 열망을 제대로 주시하지 못한 데에 반성을 촉구한 것이다. 이러한 주장은 남조선 학생운동 내부에 커다란 충격과 파급을 가져왔다.

이제까지 학생운동은 주요한 운동의 대상, 즉 주적이 독재 정권과 그들의 물적 토대인 독점자본이라고 보았으나, 이들은 우리 사회를 관통하는 가장 큰 주적은 미국, 다시 말해 미국의 제국주의적 침략에 있다고 본 것이다.

이러한 주체사상과 주체혁명론에 입각한 남조선 사회에 대한 인식은 오늘날 남조선 사회에서 반미운동의 뿌리를 형성하고 있고, 30여 년이 지난 현재까지 남조선의 학생운동 출신들이 가지는 남조선 사회에 대한 인식의 주요한 기조를 이루고 있다.

주체사상으로 무장한 김영환 그룹의 '주사NL파'는 치열한 사상투쟁으로 학생운동의 대세를 장악하는 한편 서울대를 필두로 지하지도부를 건설했다. 86년 3월 29일 서울대에서 비합법 지도부인 '구국학생연맹(구학련)'을 결성하고, 그 산하에 반(半)합법투쟁기구인 '반미자주화 반파쇼민주화투쟁위원회(일명: 자민투)'를 86년 4월에 발족시켰다.

그리고 그 산하에 '반전반핵투쟁위원회' 등 5개 투쟁위원회를 두었다. 구학련의 투쟁기구인 자민투는 86년 4월 반전반핵투위를 중심으로 반전반핵투쟁과 전방 군부대 입소 반대투쟁을 격렬히 전개했다. 이 과정에서 열혈청년인 김세진, 이재호 등이 온몸을 불사르는 분신투쟁을 감행한 바 있다.

86년 4월에 본격적으로 등장한 자민투의 선도적인 구호와 투쟁은 당시 남조선의 학생운동에 커다란 충격을 주었고, 이를 토대로 자민투는 학생운동의 주도권을 급속히 장악했다. '주사NL파'는 기관지로 「해방선언」을 발행해 주체사상에 입각한 주체 혁명론을 전체 학생운동에 널리 확산시켜나갔다.

85년 하반기 NDR론 하에 '삼민혁명론'으로 통일되었던 학생운동은, 86년 초에 주체의 혁명이론인 NLPDR론으로 무장한 자민투가 반제국주의 직접투쟁과 반전반핵 투쟁을 선언하자, 기왕의 MT계열은 NDR론을 기본골간으로 계승하면서 반제반파쇼투쟁을 선언하는 '반제반파쇼 민족민주 투쟁위원회(일명 민민투)'를 조직하고 기관지로서 「민족민주선언」을 발행했다. 이로써 학생운동은 86년 상반기 이후 주체의 혁명이론으로 무장한 '자민투'와 남조선사회 자생적 공산주의 혁명이론으로 무장한 '민민투'로 양분되었으며, 각자의 기관지를 통해 본격적인 논쟁에 돌입하게 된다.

86년 상반기 투쟁을 통하여 남조선 학생운동의 주도권을 장악한 주사NL진영은 서울대 '구학련'을 필두로 연세대의 '구국학생동맹', 고려대의 '애국학생회' 등을 결성하고 이를 바탕으로 86년 10월 28일 건국대에서 공개적인 학생운동의 투쟁연합기구인 '전국 반외세반독재 애국학생투쟁연합'의 결성식을 감행한다. 그러나 건국대투쟁으로 주사NL진영은 큰 타격을 받게 된다. 당시 내걸었던 구호가 아직 남조선 인민들의 정서와 매우 동떨어진 것이었다.

이들은 남조선 인민들의 정서와 수준을 고려하지 않고 무분별하게 전략적 구호와 슬로건을 남발했다. 이들은 모험적인 구호와 투쟁으로 남조선 인민의 지지를 받는 데 실패했다. 그 후 남조선 파쇼 수사당국의 대규모 검거선풍으로 당시의 지도부가 대부분 구속되고 수배를 받았다. '건대 사태'로 구속된 학생만 1,290명에 이르고, 각 대학의 학생운동은 3, 4학년 실질주도 그룹이 대거 구속됨으로써 이후 남조선의 학생운동을 전개함에 있어서 심각한 차질을 빚는다.

건대투쟁을 지도했던 구학련·애국학생회·구학동 등의 혁명적 대중조직들도, 구성원이 건대투쟁 이후 대부분 검거됨으로써 와해 지경에 이른다.

주사NL진영은 건대투쟁을 통해서 두 가지의 결론에 이른다. 하나는 투쟁노선에서 좌편향의 문제이고 다른 하나는 조직노선상의 좌편향의 문제다. 이러한 노선은 그동안 문제로 제기 되었던 MT그룹이 주장했던 선도투쟁론의 재판이라는 것이다.

그러나 주사NL진영은 이러한 투쟁에서 좌편향성과 조급

성이라는 편향에도 불구하고 "수령님이 제기하신 주체사상이라는 올바른 사상관점과 혁명이론이 이를 계기로 제기되고 확산되었다"는 데 그 의의를 높이 평가하고 있다.

86년 4월 서울대를 중심으로 전개된 전방입소거부 투쟁과 반전반핵 투쟁, 10월 건대투쟁에서 제기된 반공이데올로기분쇄 투쟁 등 청년학생의 투쟁은 수령님이 제기하신 주체사상과 주체의 혁명론에 입각한 투쟁이었다는 점에서 이전의 청년학생 투쟁과는 그 질적인 면에서 확실한 진전을 이룩한 것이었다.

비로소 남조선혁명에서 청년학생을 위시한 혁명의 전사들은 남조선 혁명의 올바른 무기를 가지게 되었으며, 이들은 시시각각 평양의 조선로동당과 남조선의 혁명전위대인 '민족민주전선'의 올바른 지도와 결합하게 되었다. 혁명의 진전은 지도사상과 이론, 지도의 전위대와 혁명을 위한 활동가, 대중들의 결합이라는 점에서 남조선혁명은 본격적이고도 올바른 방향으로 진전을 이룩하기 시작한 것이다.

제3장 북한의 혁명적 군중노선에 따른 전투적 총학생회론과 전대협 건설

86년 건대투쟁과 구학련 등 지도조직의 붕괴는 학생운동으로 하여금 '대중과 함께'라는 과제를 안겨주었다. 수령님이 제기하신 혁명론에 입각한 '혁명적 군중노선'에 비추어볼 때 86년 투쟁은 대중을 혁명투쟁의 주체로 세우지 못한 분명한 오류였다는 것이다. 이런 평가를 바탕으로 남조선의 청년학생운동 지도부는 대중노선의 불철저함에 심각한 자기 반성을 하게 되었다.

공산주의 혁명 전략의 핵심은 수많은 대중을 어떻게 혁명의 대오로 이끌어내느냐 하는 데 항상 초점이 맞추어져 있다. 대중을 혁명의 대오로 이끌어내기 위해서는 선전과 선동 등 수많은 방법이 동원되어야 한다. 뿐만 아니라 계기와 대중의 준비정도에 맞는 투쟁 구호와 전술이 마련되어야 대중은 스스로 투쟁의 대오에 나서게 된다. 이러한 관점에서 볼 때 대중에게 생소한 단어의 사용은 금물이며 대중이 이해할 만한 어휘로 해야 한다는 것이다. 남조선을 실질적으로 지배하고 있는 미제국주의에 대한 폭로는 분명히 옳은 것이기는 하나 방법이 세련되지 못했다는 것이다.

미국을 제국주의자이며 침략의 원흉이라는 구호는 사회혁명의 전략적 구호인 만큼 무모하게 남발될 것이 아니라 미제국주의 앞잡이인 군부독재정권 즉 전두환정부에 대한 폭로를 통해 투쟁해나가야 한다는 것이다. 이러한 대중노선이 관철될 때 대중은 독재에 대한 투쟁에 나서고 이 투쟁을 미제에 대한 혁명투쟁으로 이끌어야 한다는 것이다.

수령님이 제기하신 혁명적 군중노선의 제기는 조직 노선상에는 대중조직의 강화로, 투쟁노선에는 선도적 투쟁을 지양하고 대중투쟁을 창출하는 문제로 집약되었다. 이 시기 남조선의 청년학생운동의 지도부는 파쇼공안당국의 철저한 파괴에도 상대적으로 역량손실이 덜한 학교가 고려대와 연세대였다. 86년 말부터 이들 학교를 중심으로 수령님의 혁명적 군중노선을 실천하기 위한 내부 사상투쟁이 시작된다.

혁명적 군중노선의 구현 문제는 먼저 조직노선상의 학생회 강화로부터 출발했다. 이들에 따르면 그동안 학생회는 학생들의 자주적 조직으로 그 지위와 역할을 하지 못하고, 비합법 지도조직 혹은 투쟁기구의 외피로만 인식되어, 학생회를 중심으로 학생대중을 결집시키고 이들을 투쟁의 중심으로 세우지 못했다는 것이다. 이 과정에서 선진적인 자들만의 선도적 투쟁으로 학생대중과 점점 유리되었다는 것이다.

혁명적 군중노선에 따라 각 대학의 학생회가 유력한 대중활동공간으로 재평가되면서 주체사상으로 무장한 청년학생 활동가들이 학생회로 집결하게 되었다.

학생회 강화라는 조직노선이 가장 먼저 진행된 곳은 고려대였다. 고려대에서는 87년 초 기존의 지하지도부인 '애국학생회'를 해체하고 '총학생회활성화추진위(활추위)'를 결성하여 그곳에서 활동하던 활동가들을 학생회로 활동공간 이전을 준비했다. '활추위'는 총학생회와 각 단과대, 과학생회에서 활동할 간부를 발굴 육성하여 각급 단위의 학생회로 전진 배치했다. 이상의 과정을 통하여 학생회가 학생운동 활동가의 수중에 완전히 장악된다.

선거를 통해 학생회를 완전히 장악한 이후에는 '활추위'가 비밀학생회·학생회의 비서체계 등으로 자기변화를 거듭하면서 존속하다가, 체계의 학생회와의 중복성·비효율성의 문제가 제기되어 87년 하반기에는 완전히 해체되고, 대중조직인 학생회와 소수의 전위조직인 '반미청년회'만 남게 된다.

고려대 이외의 나머지 대학도 비슷한 경로를 거치면서 총학생회 강화사업을 진행시켜나갔다. 학생회선거가 마무리되는 87년 봄에는 거의 모든 수도권 대학에서 총학생회가 기존의 투쟁위원회의 하부체계가 아니라 하부 조직원을 지닌 명실상부한 조직으로 자리 잡게 되었다. 87년의 투쟁은 이러한 총학생회를 중심으로 진행된다.

각 대학 총학생회가 활동가에 의해 장악된 조건에서 대학 사이 연합조직도 새롭게 구축되었다. 애학투 같은 투쟁위원회의 연합체가 아니라 각 대학 총학생회의 대표자 간의 협의체적인 조직이 이 시기에 주요 대학 사이 연대조직으로 등장한다. 87년 5월 6일 연세대에서 결성된 '서울지역대학생대표자협의회(서대협)'가 그것이다. 총학생회 강화노선의 총화로 탄생된 서대협은 87년 6월 항쟁 당시 수많은 학생대중을 투쟁으로 나서게 하면서 학생들의 실질적인 연대조직으로 자리 잡게 된다.

총학생회의 전투화, 서대협의 건설로 나타난 87년 상반기 학생운동 조직노선의 전환은 중요한 의의를 지닌다. 학생운동 내부의 활동가를 끊임없이 선도투쟁의 장으로 내몰았던 기존의 조직노선을 극복하고 활동가들의 제일 임무를 대중조직 속에서의 대중과의 대중사업으로 규정한 것이다. 이 시기 각급 학생회 단위에서 이들 활동가를 중심으로 학생대중의 참여를 유발시키는 문화사업·교육사업·정치토론들이 대중적으로 행해졌고 학생운동은 급속히 학생들 속으로 침투하게 되었다.

이러한 사업의 위력은 87년 6월 투쟁에서 확인된다. 기존 학생운동의 정치집회는 많아야 수백 명의 단위를 넘지 못했다. 그러나 전두환 파쇼도당에 반대하는 87년 6월 항쟁의 과정에서 각 대학에서 집회에 참석하는 학생 수가 수천 명을 넘어서는 가히 폭발적인 증가를 보였던 것이다. 각 학생회에 소속되어있는 활동가를 중심으로 전체 학생이 참석하는 토론회를 개최하고 이 결과로 학생회 단위로 총학생회가 마련한 집회에 참석하게 되었다. 소수가 비밀리 집회를 계획하던 방식에서 학생회 중심으로 집회를 계획하고 학생들의 참여를 유도하는 방식으로 전환한 것은, 그간 학생운동에 거리를 두고 보았던 학생대중의 참석을 실질적으로 가능케 했다. 그리고 이 투쟁의 과정에서 단련된 남조선의 학생대중들은 87년 6월 비로소 전두환 파쇼도당의 파쇼적 통치를 끝장내기 위한 반파쇼민주화투쟁의 선봉에 나서게 되었던 것이다.

총학생회 강화론은 이후 '전투적 총학생회론'으로 정식화되어 87년 남조선학생운동의 주된 흐름으로 자리 잡았다. '전투적 총학생회론'은 87년 5월 서대협을 출범시키는 성과를 만들어내었다. 뿐만 아니라 87년 6월 투쟁의 결과는 전국 대학으로 확산되어 87년 8월 19일 충남대에서 '전국대학생대표자협의회(전대협)'를 발족하여 남조선에서 주체사상과 주체의 혁명론으로 무장한 해방 후 최대의 학생조직이 그 모습을 드러내게 된다.

남조선혁명을 진전시키고자하는 청년학생들의 노력

주체사상과 주체혁명론으로 무장한 청년학생들은 남조선의 혁명운동이 청년학생운동에 머물러서는 안 된다는 사실을 확실히 깨닫고 있었다. 이들은 혁명운동의 확산을 위해 각계 운동으로 진출했다. 그리고 이들이 진출한 각 부문에서 혁명운동의 진전을 위하여 진지를 구성하고 혁명의 결정적 시기를 위하여 노력했다. 이러한 남조선 청년학생들의 노력은 친애하는 김일성 동지의 교시를 몸소 실천하고자 하는 주체형 혁명가로서 모범적인 것이었다.

친애하는 김일성 동지는 1985년 남조선의 청년학생들이 너무 노동운동 등 기층운동에만 진출할 것이 아니라 머리가 좋은 사람은 머리를 활용하여 법조계·공무원·언론계 등 남조선사회의 상층부에 진출하여 혁명의 결정적 시기를 준비하여야 한다고 교시하시었다.

남조선의 청년학생들이 과거와 달리 남조선 사회 각계각층에 진출하기로 한 것은 이런 수령님의 교시를 충실하게 수행하기 위한 것이었다. 이 시기에 들어서서 수령님의 사상과 혁명론과 교시를 공부하는 열풍이 남조선 사회를 휩쓸었다. 그리고 이 과정을 통하여 남조선의 혁명운동은 미제국주의자를 몰아내고, 우리 민족끼리 주체혁명을 이루려는 올바른 과정으로 나아가게 된 것이다.

시민운동으로 진출

80년대 중반 주체사상으로 무장한 주사파와 이들의 대중조직인 전대협의 등장 이후 학생운동을 졸업한 운동권의 사회진출은 이전 학생운동 출신이 대부분 노동운동으로 진출한 것과는 다른 양상을 보인다. 과거 학생운동의 지도부였던 정의당의 심상정과 노회찬 등이 노동운동 출신이다. 전대협 이전 시기 학생운동 출신은 공산주의 혁명운동의 주력으로 평가되었던 노동운동을 활성화시키기 위해 대거 노동운동으로 투신했다.

그러나 전대협 이후 학생운동은 학생운동을 통해서 단련된 혁명적 일꾼들의 투신의 다양성을 도모하기 위해, 전대협 산하에 비밀리에 '투신위원회'를 조직하여 조직적인 투신을 시도했다. 그 결과 학생운동 출신들이 노동운동과 농민운동 등 기층운동을 포함하여 그간의 운동이 중요시하지 않았던 소위 프티부르주아 운동인 교사운동·시민운동·지역운동·여성운동·문화운동 등 다양한 형태로 진출하게 되었다. 이들이 현재 전교조·좌익시민운동·생협운동 등의 토대가 되었다.

특히 80년대 후반부터 우후죽순처럼 등장한 시민운동 단체들은 김대중·노무현 정부를 경과하면서 조직적·재정적으로 안정기에 진입하여 대한민국을 움직이는 가장 영향력 있는 세력으로 자리 잡게 되었다. 이들 시민운동 세력과 좌익운동권은 이명박 정부 당시 광우병투쟁을 주도함으로써 그 위력을 만천하에 과시했다.

남조선의 좌익진영은 인적·이념적 동질성을 바탕으로 거대한 협력적 네트워트를 구축했다. 좌익시민단체와 구성원은

전대협 출신이 진출한 주요 시민운동단체 유형

유형	주요단체
아젠다형	참여연대, 환경운동연합, 환경재단, 환경정의시민단체, 녹색연합, 여성민우회, 여성단체연합, 여성의 전화, 아름다운 재단, 환경재단, 인권재단 사람, 함께하는 시민행동, 교육개혁시민운동연대, 참교육을위한전국부모회, 범교육연대, 생태지평, 한국진보연대 등
전문가 단체형	민주화전국교수협의회, 천주교정의구현사제단, 학술단체협의회, 보건의료단체연합, 민변, 우리법연구회, 전국언론노동조합, 기자협회, PD협회, 방송기술인협회 등
연구소형	민족문제연구소, 역사문제연구소, 한국역사연구회, 역사학연구소, 전국역사교사모임, 역사정의실천연대, 복지국가소사이어티, 새로운사회를여는연구원, 사회디자인연구소, 한국노동사회연구소, 노동이론정책연구소, 시민환경연구소, 진보교육연구소, 헌국농어촌사회연구소, 한국노동안전보건연구소 등
기념단체형	5·18재단, 민주화기념사업재단, 제주 4·3평화재단, 전태일재단, 리영희재단 등
사회적 경제형	한살림, 행복중심, iCOOP 등

연대를 중요한 가치로 내면화했다. 이는 좌익혁명운동의 통일전선전략에 따른 것이다. 이들은 개별단체들이 과제별·부문별·지역별 연대조직을 구성하고 이를 전국적 연대조직으로 확대하여 중층적 연대 네트워크를 구성하는 것이다. 또한 좌익진영은 사안별로 연대투쟁기구를 만들어 투쟁의 동력으

로 삼고 이와 병행하여 상설적 협의기구를 구성하여 운영하고 있다. 예를 들어 '시민사회단체연대회의' 등이 그것이다.

'주사NL파' 출신이라는 공통점과 주체사상과 주체의 혁명론에 입각해 있다는 공통점, 전대협 출신이라는 공통점 등이 이들이 남조선의 시민사회운동에서 연합전선을 형성하는 토대가 되었다. 이들은 개별로 존재하다 특정 사안이 발생하면 함께 투쟁하는 전통을 만들어냈다.

지역시민단체의 주력이 된 생활협동조합

주사파 전대협 출신들은 지역운동에도 주목했다. 혁명의 주요 동력인 노동자, 농민뿐만 아니라 전국동시 혁명을 위해서는 각 지역 내 주민 속에 깊이 뿌리박은 지역의 활동거점이 필요했다. 이를 위해서 전대협 출신 학생 운동가들은 각 지역운동으로 투신했다. 처음에는 87년 국민운동본부의 각 지역본부에서 일하는 것에서 시작했다. 그리고 각 지역의 특성에 맞는 시민운동을 벌여나갔다. 도시빈민의 자녀를 위한 공부방 운영 등 지역적 특성에 맞는 운동을 다양하게 전개했다. 그러나 이들 지역운동은 운동가들의 헌신적인 노력에도 자체

조직력과 생활력을 담보하기 어려웠다.

지역운동 가운데 가장 성공적인 사업은 '생활협동조합운동(이하 생협)'으로 보인다. 이 운동을 통해서 지역의 튼튼한 거점을 마련함과 동시에 활동자금과 조직원을 확보하는 상당한 성과를 거두게 되었다. 생협운동이 성과를 올린 후 지역운동의 주력은 자연스럽게 이들 생협운동으로 옮겨갔다.

생협은 지난 광우병시위의 주력이었다. 광우병시위가 절정에 이르렀을 당시 아이를 태운 유모차시위를 기억할 것이다. 이 유모차시위의 주역이 바로 생협이었다. '광우병 파동' 이후 매년 두 자리 수 이상의 성장을 거듭하던 생협은 2008년 들어 무려 2,000퍼센트에 이르는 폭발적인 성장을 하게 된다.

2012년 현재 생협연합회는 한살림, iCOOP(구 21세기생협연대), 여성민우회생협, 두레(구 수도권사업연합), 한국대학생협, 한국의료생협 등 6개가 있다. 2012년을 기준으로 인가된 지역생협은 480개(의료분야 298, 유통분야 182)가 있으며 조합원은 총 63만 명, 총 공급액은 약 6,500억 원(2010년 말 기준)에 이르고 있다. 이중 특히 iCOOP는 생협 가운데 사업규모가 가장 크며 회원생협은 75개, 조합원은 17만 명, 총 공급액은 3,500억 원으로, 최근 빠르게 성장하고 있다.

제4장
남조선혁명을 위한 공화국의 노력

(남조선혁명을 지도할 지하당 건설을 위한 노력)

남조선혁명의 특징은 남조선을 통치하는 미제국주의와 한국인민 사이의 모순과 남조선 사회 내부의 자본가와 피착취 인민 사이의 모순 등 민족모순과 계급모순이 중첩되어 있다. 이러한 모순의 중첩은 남조선혁명이 '복잡성'을 띠고 있다는 것을 말하고 있다. 또한 남조선혁명은 남조선을 지배하는 세력의 우두머리가 현재 전 세계를 패권적으로 지배하고 있는 미제국주의자라고 하는 것에서 남조선혁명은 '강고성'을 띠고 있다고 할 것이다.

'복잡성'과 '강고성'을 특징으로 하는 남조선혁명은 남조선 단독으로 이루어지기는 애초부터 어려운 일이다. 남조선혁명을 성공시키기 위해서는 남조선 자신의 역량만이 아니라 남조선혁명을 지원하는 북조선 공화국의 능력이 더해져야 성공적인 혁명이 가능하다. 따라서 남조선혁명은 남조선 단독만을 사고해서는 안 된다. 한반도 전체를 단위로 사고하는 전국적 단위에서 혁명을 사고해야 한다.

남조선혁명을 지원하기 위해 우리 공화국은 지속적인 노력을 기울여왔다. 특히 남조선혁명을 지원하고 지도할 전위 지하정당을 건설하기 위하여 전력을 기울였다. 남조선 혁명은 혁명을 지도하는 전위정당의 지도와 이를 따르는 남조선 인민이 결합해야 혁명이 진전을 이룰 수 있었다.

이런 측면에서 남조선혁명의 전위당을 내오기 위한 공화국의 노력은 정당한 것이었다. 전위당을 조직하기 위한 남조선 동지들의 노력은 통일혁명당의 건설과 남조선혁명의 지도부인 반제민전을 그 시작으로 한다.

김일성 동지는 1961년 9월 11일 개최된 제4차 조선로동당 대회에서 남조선에 '4·19'라는 혁명적 정세가 조성되었는데도 이를 남조선혁명으로 유도하지 못한 근본요인이 남조선 내 혁명을 지도할 '혁명적 당'이 없었기 때문이라고 지적하고 남조선 내 혁명당(지하당) 구축을 강조하는 교시를 하달하시었다.

김일성 동지의 교시를 하달 받은 북조선공화국의 대남공작

지도부는 남파간첩 김수상을 통해 대구 출신 김종태를 포섭한다. 김종태는 1964년 3월 남파간첩 김수상의 안내를 받아 임자도를 통해 북한에 들어가 조선로동당에 입당하고, 이후 평양 교외의 초대소에 머물면서 공산주의 사상·지하당 공작 방법·난수표 해독법 등을 교육받았다. 또한 김종태는 "남조선 혁명기운 조성을 위해 주변 인물을 포섭하고 지하당을 건설할 것, 합법적인 출판물을 발간하여 청년학생과 지식인층에게 반미·반국가사상을 고취할 것" 등 김일성 동지께서 내리신 교시를 전달받았다.

김종태는 남조선으로 귀환하여 1964년 6월 중순경 조카 김질락, 김질락의 서울대 동문 김진환, 이문규 등을 포섭하여 월간지 「청맥」을 창간하여 운영하는 등의 활동을 하다가 1965년 11월에 김질락, 이문규 등과 함께 '통일혁명당(통혁당)'을 창당한다.

통혁당과 김종태 동지

통혁당은 당시의 정세를 '장차 무력투쟁을 위한 역량축적 단계'로 규정하고 전 남로당계 조직을 부활시키는 방향으로 조직을 확대하는 한편, 좌파 지식인과 청년학생을 대상으로 조직 확대사업을 전개했다. 통혁당은 창당 후 위원장 김종태, '민족해방전선' 책임비서 김질락, '조국해방전선' 책임비서 이문규로 조직체계를 구성하여 조직의 확대사업에 착수했다.

김질락은 통혁당 창당 이후에 후배인 이진영과 신영복을 포섭, 사회주의혁명의 불가피성과 혁명의 목적 등을 교양했다. 그리고 이들과 함께 민족해방전선 지도부를 구성하였는데 민족해방전선은 산하에 새문화연구회·청년문학가협회·불교청년회·민족주의연구회·경우회·동학회·기독청년경제복지회·청맥회 등 8개 대중단체를 조직해 대중적 기반 확보를 위한 사업을 추진하는 한편, 각 동아리를 주도하는 책임자를 중심으로 핵심인자를 선발해 통혁당 소조를 조직했다.

해방 이후 최대의 남조선혁명의 지하지도부였던 통일혁명당은 아쉽게도 1968년 남조선 공안당국의 첩보망에 걸려 일망타진되었다.

공화국은 통혁당 재건사업에 주력하는 한편 통혁당의 주모자인 김종태가 남조선 당국에 의해 처형(1969년 7월 10일)당한 직후인 1969년 8월 25일에 평양에서 '남조선해방 민주민족연맹방송'을 통해 통일혁명당의 창당선언문과 강령을 발표했다. 그리고 남조선에서 운영되는 「통혁당 목소리방송」을 평양에서 송출하기 시작했다. 이후 이 방송은 약 20여 년간 남조선의 혁명운동을 지하에서 이끌게 된다.

1985년 8월 8일 「통혁당 목소리방송」은 통혁당 중앙위가 1985년 7월 27일 서울에서 전원회의를 개최하여 당의 명칭을 '한국민족민주전선(한민전)'으로 개칭하였음을 보도했다. 또한 1985년 8월 8일자로 그동안 운영해오던 대남 지하방송인 「통혁당 목소리방송」을 「구국의 소리방송」으로 개칭하였음을 보도했다.

이로써 그간 남조선혁명의 지도부로 활동하던 통일혁명당은 해체되고 새로운 남조선혁명의 전위조직인 '한국민족민주전선'이 공식 출범했다. 이후 한민전은 남조선 내 주체사상과 주체의 혁명론을 무장한 주사파를 탄생시키는 일에 결정적 역할을 수행한다. 한민전은 이후 2005년 3월 23일 '반제민전'으로 개칭했다.

'한민전'과 이후 명칭을 바꾼 '반제민전'은 출범 이후 남조선혁명의 지도부 역할을 충실히 수행했다. 남조선의 혁명가들은 '한민전'의 강령과 규약을 학습하고, '한민전'에서 지령하는 매 시기 투쟁방침과 투쟁구호를 성실히 남조선혁명 투쟁에 적용했다.

80년 중반 이후 남조선혁명은 한민전의 지도 없이는 결코

한 걸음도 앞으로 나아갈 수 없었다. 남조선혁명의 진전에 남조선혁명의 지하지도부인 '한민전'의 결정적 역할이 있었다는 것을 수많은 사례들이 증명하고 있다.

민족민주혁명당

공화국은 1989년 7월 남조선에서 주체사상과 주체의 혁명론을 학생운동에 도입한 김영환을 접촉했다. 1988년 12월 형집행정지로 석방된 김영환은 학생운동 당시 고전연구회 활동을 같이 했던 하영옥을 만나 함께 '반제청년동맹'이라는 주사파 청년혁명조직을 만들고 있었다.

1989년 7월 초 한겨레사회연구소 연구원 '김철수'라고 자신을 소개한 중년 남성(공화국에서 파견한 공작원 윤택림)에게서 만나자는 전화를 받았다. 김영환을 만난 윤택림은 대뜸 자신은 북에서 파견된 공작원이라고 신분을 밝혔다. 그의 신분은 다음 날 평양방송이 확인시켜주었다.

김영환은 윤택림에 의해서 조선로동당에 현지에서 입당한다. 입당식은 관악산에서 진행되었다. 현지 입당식에서는 조선로동당기나 김일성 동지의 초상화는 걸지 않고 진행되었는데 이는 남조선 당국의 추적을 피하기 위해서였다. 이때 김영환이 받은 대호는 '관악산 1호'다.

김영환은 1991년 5월 초 자신과 서울대에서 주사파 활동을 같이 하던 조유식을 대동하고 강화군 양도면 건평리 해안에서 북한안내원 2명을 접선했다. 안내원의 안내를 받아 반잠수정에 승선하여 다음 날 5월 17일 새벽 4시 30분께 황해도 해주기지에 도착하여 미리 대기 중이던 대남공작담당 부과장 윤택림 등의 영접을 받았다. 조유식은 5월 17일 김영환과 함께 평양근교 소재 모란봉초대소에 수용되어 15일간에 걸쳐 무전기 사용법·지령문 해독법 등을 교육받았다.

1991년 5월 하순 초대소에서 김영환과 조유식은 사회문화부 부장, 부부장, 과장, 지도원 등이 참석한 가운데 윤택림의 사회로 거행된 조선로동당 입당식에서 정식으로 로동당에 입당했다. 김영환은 1991년 5월 24일~25일 아침에 대남공작기구인 사회문화부 부장(당시 이창선)과 함께 승용차를 타고 묘향산 별장에 가서 김일성 동지를 두 차례 면담했다.

김영환은 북에서 돌아온 후인 1992년 3월 16일 서울대 구내에서 '민족민주혁명당(민혁당)'을 정식으로 창당한다. 김영환이 중앙위원장을 맡고 하영옥 등을 포함 3인으로 중앙위원회를 구성했다. 산하에 경기남부위원회·영남위원회·전북위원회 등 지역별 위원회를 구성하고, 각 위원회 아래 성남·울산·부산·마산·창원·전주 지역별위원회와 산하 시 단위 지부를 결성했다.

그리고 학생·노동·재야·통일·청년·여성운동 등 부문별 사업부를 운영하고, 중앙단위의 부문별 사업지도부로 청년운동·통일운동·시민단체운동·학생운동·고등학생운동, 수도남부 사업부 등으로 조직 체계를 갖추었다.

김영환은 1995년경 「말」지에 실린 '반미, 북한 그리고 1990년대에 대한 나의 생각'이란 인터뷰에서 "엄밀하게 이론적으로 보면 우리나라가 미국의 식민지는 아니다"라고 주장하고, 북한에서는 당 이론을 자유롭게 연구하고 비판하는 풍토가 되어 있지 못하다고 지적하면서 "북한 동포에 대해서는 진실한 애정을 가져야 하지만, 북한 추종주의에 빠지면 안 된다"는 입장을 공개적으로 밝힌다.

이에 대해 공화국은 남조선 지하당의 총책이 입장의 변화를 보이자 '총책의 진의, 연락원 통해 보고 바람'이라는 지령을 내려 김영환의 진의를 파악하고자 했다. 김영환이 후일 밝힌 자신의 입장 변화는 북한에 다녀온 직후 형성되기 시작했다고 고백했다. 김영환은 1997년 7월 중앙위원회를 열어 2 대 1의 찬성으로 민혁당을 해산할 것을 결의했다.

중앙위원 중 한 명이었던 하영옥은 김영환의 조직해산 결의에 반발하여 독자적으로 영남위원회와 경기남부위원회를 독자적으로 관리했다. 민혁당 총책 김영환의 변심을 확인한 공화국 당국은 남파공작원 원진우로 하여금 하영옥과 따로 접선했다. 하영옥은 남파공작원 원진우로 하여금 '광명성'이라는 대호를 부여받고 민혁당 총책에 임명되었다.

하영옥에 의해 독자적으로 운영되던 민혁당은 남파공작원 원진우를 싣고 공화국으로 귀환하던 공화국의 반잠수정이 남조선 해군에 의해 격침되는 사건이 1998년 12월 18일 여수 앞바다에서 발생했다. 공화국의 반잠수정은 다음 해 3월 17일 남조선 해군에 의해서 인양되었다.

이 반잠수정에서 노트북·디스켓·사진 필름·주민등록증·전화번호 기재 수첩 등 다수 유류품이 발견되었다. 남조선 공안당국은 이 유류품을 분석하여 민혁당의 존재와 관련인물을 확인한 뒤 하영옥 등을 밀착 감시하여 민혁당은 남조선 당국에 의해 일망타진되었다.

공화국 당국의 남조선혁명을 진전시키고자 하는 노력은 남조선 인텔리겐챠 출신 김영환의 변심으로 심대한 타격을 받게 되었다. 이를 수습하고자 이 시기 남조선에 파견되었던 공작원과 반잠수정이 남조선 해군에 의해 피격되고, 인양됨으로써 민혁당의 잔존세력이 남조선 당국에 의해 심대한 타격을 받을 수밖에 없는 상황에 이르렀다.

거물급 공작원 이선실과 조선로동당 중부지역당

'중부지역당'을 기획하고 구축한 공화국 권력서열 22위의 조선로동당 정치국 후보위원인 거물급 공작원 이선실은 제주 출신으로 서울에서 이화여전을 졸업하고 남로당에 가입하여 활동하다 6·25 당시 월북한 사람으로 본명은 이화선이다.

이선실은 1966년 이후 세 차례에 걸쳐 남조선에 들어가 공작활동을 벌였다. 남조선 영주 허가를 받아 1980년부터 1990년 까지 약 10년 동안 서울에 장기 거주하였으며 주민등록 신고까지 마쳐 합법신분을 획득하여 남조선 재야단체 인사를 접촉하는 한편, 거물 북한공작원을 직접 지휘하면서 남조선 내부에 북조선 공작지도부 구축을 시도했다.

이선실은 이미 1988년 북경에서 공화국 공작원에게 포섭되어 활동 중이던 김낙중을 접촉했다. 이선실은 1990년 2월 김낙중에게 남조선 내 합법적인 북한 전위정당을 건설할 것을 지령하고, 10월 민중당 창당에 참여할 것을 지시했다. 민중당에 입당하여 합법정당 활동을 통해 혁명과업을 추진하고, 학자·변호사 등 지식인과 노동계 등의 유력인사를 포섭할 것을 지시한 것이다. 이선실은 김낙중에게 민중당에 직접 참여해 핵심인물 포섭, 당 주도권을 틀어쥘 것을 지시했다.

김낙중은 민중당에 입당하여 당 공동대표를 하게 되었다. 이선실은 제14대 총선 때 민중당 핵심인사가 원내에 진출할 수 있도록 당선 가능한 인사를 선정, 집중 지원할 것을 지시하여 김낙중은 총 18명에게 선거자금으로 7,900만 원을 지원했다.

이선실은 '조선로동당 중부지역당' 건설을 위하여 강원도 정선 사북탄광을 무대로 활동하던 황인오를 포섭, 황인오에게 중부지역당 건설의 책임을 부여했다.

황인오는 1990년 10월 이선실을 따라 공화국에 들어왔다. 그는 조선로동당에 가입하였고 공화국에서 남조선 혁명에 필요한 공작원 교육을 받았다. 또 공작금으로 일화 500만 엔과 권총 1정·실탄 30발·무전기·난수표·조선로동당 강령을 받고 남조선에 돌아와 본격적인 활동을 개시했다.

황인오는 노동운동을 하는 과정에서 알게 된 최호경, 동생 황인욱 등과 최호경이 남조선에 주사파 활동가를 포섭하여 활동하던 '1995년 위원회'의 핵심적 활동가 10여 명을 포섭하여 1991년 7월 말 중부지역당을 결성한다. 중부지역당은 산하에 강원·충북·충남 등 3개의 도급 당 조직을 두어 활동했다.

강원도당 책임자였던 최호경은 '중부지역당'의 행동대장 역할을 한 인물로 1990년 학원과 노동계에서 활동하고 있던 주사파 운동가 241명을 묶어 '1995년 위원회'를 결성, 공화국과 연계를 시도하고 있던 중이었다. 그는 1991년 6월 황인오에게 포섭된 후 '1995년 위원회'를 '애국동맹'이라는 조직으로 개편하고, 이를 '중부지역당' 강원도당 산하 조직으로 흡수시켜 강원도당 책임지로 임명되었다.

김낙중과 '중부지역당'은 남조선의 공안당국의 검거망을 피하지는 못했다. 우선 김낙중의 활동이 남조선의 공안당국에 포착되었다. 그리고 김낙중 수사과정에서 황인오의 활동이 포착되었다. 남조선 당국은 황인오에 대한 내사에 들어갔다. 내사 결과 황인오가 1980년 사북탄광 노동자 투쟁을 주동한 경력이 있고, 출소 후에는 막노동과 서적외판원 등으로 전전하면서도 '민중당' 선거자금을 지원한 사실을 확인했다. 그의 집에 공화국 원전과 단파라디오 등을 비치하고 좌파활동을 하던 사람들과 수시로 접촉하였다는 사실이 포착되었다. 즉시 수사에 착수하여 황인오를 검거, '중부지역당'의 전모가 밝혀졌다.

이후 남조선 혁명을 위한 지하당 결성 작업은 일심회, 왕재산 등을 거쳐 꾸준히 시도되었으며 결국 이석기를 국회에 입성시키는 데까지 성공한다. 그러나 남조선 당국의 집요한 수사와 탄압으로 통합진보당이 해산되는 아픔을 겪게 되지만 혁명 역량의 내부적 강화는 계속해서 이루어졌고 공화국의 자금지원 없이도 자생할 수 있는 수준까지 도달했다.

남조선 내에 자생한 주사파 출신들은 공화국 공작당국의 포섭에 전혀 거부감을 가지지 않았으며 왕재산의 경우처럼 스스로 공화국과 연계를 맺고자 찾아오는 경우가 많았다. 따라서 이들 주사파 운동권 출신들은 공화국 공작당국의 입장에서 보면 남조선 혁명을 위한 남조선 내부의 정말 소중하고 귀중한 혁명 역량이 아닐 수 없는 것이다.

평가

남조선 혁명은 앞에서 본 바와 같이 '복잡성'과 '강고성'을 그 특징으로 한다. 미제국주의자들은 일본제국주의자 축출을 구실로 한반도 남쪽에 진입하여 남조선을 강점했다. 미제국주의자는 우선 군사적으로 남조선을 지배했다. 주한미군을 남조선에 배치하고, 남조선 괴뢰정부를 압박하여 군사작전권을 강제로 이양받았다.

남조선을 강제로 군사적으로 강점한 미제국주의자들은 남조선을 영원히 지배하기 위하여 정치적 지배도구를 구축했다. 미대사관은 사실상 미제국주의자의 남조선 지배를 위한 총독부로 운영되었다. 뿐만 아니라 미제국주의자는 자신들의 정치적 이해를 대변하는 괴뢰정부를 남조선에 구축했다.

남조선 괴뢰정부는 남조선 민중의 이해요구에는 아랑곳하지 않고 오로지 미제국주의자들의 이해를 대변하여 남조선 인민을 파쇼적으로 억압했다. 미제국주의자는 남조선에 자신들의 경제적 수탈을 대신하는 매국적 자본가 그룹을 양성하여 이를 내세워 남조선 인민을 경제적으로 수탈했다. 뿐만 아니라 미문화원을 내세워 남조선 인민들의 민족 자주의식을 말살하는 문화정책을 시행했다. 남조선은 미제국주의자에 의해 군사·정치·경제·문화적으로 총체적 지배를 당하는 식민지였다.

따라서 남조선혁명은 그 성격상 민족해방운동이며 한편으로 계급해방운동이라는 두 측면을 가지게 되었다. 이 가운데 주된 것은 당연히 한반도에서 미제국주의자를 몰아내는 민족해방운동이다. 세계 최강의 미제국주의자와 이들과 결탁한 반동 관료배, 매국자본가를 상대하는 혁명이니 만큼 세계 어느 나라 혁명보다 복잡하고 어려운 혁명이 남조선혁명인 것이다.

남조선혁명은 미제국주의자들과 그에 결탁한 반동 관료배와 매국자본가를 몰아내고 남조선 인민의 자주성을 실현하는 사회주의혁명이다. 이 혁명에서 주력은 노동자·농민·청년학생·진보적 지식인이다. 보조동력은 중소상공인·애국적 종교인·민족자본가·애국적 군인 등 광범위한 남조선 인민이다. 남조선혁명은 주력군과 보조동력과 그에 깊게 뿌리박은 전위정당의 지도와 공화국의 지원 아래 한반도 전역에서 이루어지는 혁명이다.

중요한 것은 남조선 인민에 깊이 뿌리박은 전위정당의 존재다. 남조선 혁명에서 광주무장봉기가 좌절된 것도, 4·19 혁명이 미완성에 이른 것도 남조선 혁명을 시종일관 이끌어나갈 전위정당이 없었다는 사정과 무관하지 않다. 1980년 이래 남조선에서 이루어진 혁명투쟁은 미제국주의자들의 제국주의적 지배를 깨닫고, 남조선혁명의 특성과 임무를 깨닫는 과정이었다.

뿐만 아니라 남조선 혁명을 위해서는 올바른 사상과 혁명론에 서있을 때 비로소 혁명의 앞길이 열린다는 사실을 청년학생들과 남조선 운동가들이 투쟁을 통해서 실제로 경험하는 과정이었다. 남조선 청년학생들로 시작된 김일성 동지의 주체사상과 혁명론을 학습하는 열풍은 노도의 불길처럼 번져 남조선 혁명가들의 가슴속 깊이 뿌리내려 그 생명력을 전 세계 인민에게 과시하는 계기가 되었다.

1980년 이래 30여 년이 지난 현재 남조선에서 주체사상의 생명력은 유례없이 관철되고 있다. '사람중심의 세계관이며 인민대중의 자주성을 실현하기 위한 혁명사상'인 주체사상은 현재 남조선에서 모든 것에 우선하는 사상으로 자리 잡았다. '사람이 먼저다' '사람중심 경제' 등이 남조선에서 열풍을 불러일으키는 것이 이를 증명하고 있다. 이런 사실은 앞서 살펴본 바와 같이 실천투쟁을 하는 과정에서 올바른 사상과 지도의 필요성을 인식한 남조선 혁명가들의 노력과, 이들을 올바른 혁명노선과 전략·전술·방법론으로 무장시키려는 공화국 공작당국의 피눈물 나는 노력이 결합하여 남조선에서 혁명의 획기적 진전이 이룩된 것이다.

남조선 력사 제7부

(2016년~2018년까지)

필자의 말

남한을 이해하기 위해서는 북측의 시선으로 보아야

김철수(사회평론가)

탄핵사태로 인한 정권의 교체는 그것을 지지하든, 지지하지 않든 한국사회를 요동치게 만들었다. 대한민국 내에서는 여전히 이 문제를 가지고 사실관계·적법성·정치적 타당성 및 역사적 맥락에 대해서 치열한 갑론을박이 벌어지고 있지만, 어디까지나 이는 대한민국이란 울타리 내에서 바라보는 시각이다.

어찌 되었든 이 과정을 북한이 싫어했을 리가 없다. 그렇다면 가장 담백한 적대성을 가진 자의 시각을 상상해보는 것은 어떨까. 그것을 통해 더 냉정하게 판단할 수도 있다. 스포츠 경기든 전쟁이든, 나의 약점은 상대방이 잘 안다. 탄핵사태에 대해 가장 분명한 입장을 가진 집단의 시각으로 볼 때 오히려 사안의 맥락을 관통하는 시각을 가질 수도 있다,

물론 이러한 상상마저도 대한민국 안에서 보는 관점이란 본질적 한계를 가질 수밖에 없다. 그러나 이런 상상을 해보는 시도 그 자체가 의미 있지 않을까.

제7부
박근혜 탄핵,
드디어 적의 숨통을 끊다

제1장
공화국 적대에 안달이 난 박씨 일가

남조선의 박근혜 패당의 공화국을 향한 적대정책에 우리 조선민주주의 인민공화국은 고사 직전까지 몰렸다. 조국해방을 이루어내기는커녕, 오히려 우리가 남조선 보수패당에 의해 흡수통일을 당할 위기에 있었다.

공화국의 경제사정이 좋지 않아 배급이 끊긴 지는 오래됐고 인민들은 장 마당에서 자기들의 먹거리를 스스로 해결하고 있었다. 자본주의의 영향은 막강하여 일부 인민은 배급받을 당시보다 훨씬 배불리 먹고 있었고 우리의 주체역량은 자본주의에 의해 흔들리고 있었다.

우리가 공화국을 지키기 위해 그동안 인민들을 굶겨가며 만들어온 것이 핵미사일이었다. 핵무기만 완성되고 공화국이 핵무장국가로 인정만 받는다면, 그 어떠한 것도 우리를 막을 수 없기 때문이다. 그러나 경제가 망가질 대로 망가진 상황에서 자본주의의 독소가 공화국을 지배하기 전에 우리 목표를 달성하긴 힘들다.

최고존엄께서 핵-경제 병진 노선을 발표하셨지만, 실제로는 시간과의 싸움의 시작이었다. 경제가 자본주의에 굴복하기 전에 핵미사일을 완성해야 했다. 그러나 시간은 우리 편이 아니었다. 미제와 남조선 박근혜의 전방위적 공격에 핵미사일 완성은 우리 역량만으로는 시간이 부족했다.

그런데 뜻밖의 일이 벌어졌다. 최후의 위기에서 남조선에서 발생한 마지막 한 방의 총소리가 우리를 살렸다. 김일성 수령님이 김정은 장군님에게 남겨주신 '한 자루의 총'이 괴뢰 박근혜의 숨통을 끊은 것이다. 다음은 이 승리의 역사기록이다.

공화국의 위기

남조선 괴뢰도당이 배출한 보수패당의 역적 박근혜는 우리 공화국에게 있어서는 골치 중의 골칫거리였다. 쥐새끼라는 별명으로 더 유명한 리명박이 남조선 대통령을 하겠다고 나설 때까지만 해도 충분한 대비책이 있었다. 공화국의 변호인 노무현에게 충분히 힘을 실어주지 못하고 단물만 빨아먹었던 것은 돌이켜보면 인정하기 싫은 실책이었으나 알아본 바에 따르면 리명박이는 본시 심정이 굳세지 못하고 공화국 전사들과 남조선 내 우리 역량의 뒷공작이 잘 먹힐 수 있다는 판단이 있었기 때문이다.

초장에 2008년 광우병 사태로 군기를 좀 잡았지만, 그럼에도 리명박이 어설픈 미제 앞잡이 흉내를 대놓고 계속해대는 바람에, 남조선 해군 천안함을 아작내고 연평도에 불똥을 퍼부어주었다. 리명박이는 남조선 내 우리 역량들이 즐겨 불렀던 「아침이슬」을 불렀다면서 사실상 공화국에게 휴전을 요청했지만 뒤로는 협잡질을 하는 쥐새끼 같은 존재였다. 그러나 쥐새끼다운 우유부단함은 익히 알고 있었기 때문에 겁먹은 리명박을 상대로 우리는 강성대국을 향한 핵개발 시간은 충분히 벌 수 있었다.

그러나 박근혜는 좀 이상했다. 남조선의 공화국 역량들이 아무리 패대기를 쳐도 남조선 인민들은 괴뢰도당 새누리당의 박근혜를 선택했다. 박근혜는 미친 개 박정희의 딸이라 당초 우리 공화국을 향해 전쟁을 도발하지 않을까 하는 우려가 팽배했다. 중국의 시진핑 주석이 좋아하질 않나 미제 수괴 오바마가 그리도 좋아하는 걸 보면 공화국으로서는 영 불편했다. 남조선 내 우리 역량들이 광화문에서 시도 때도 없이 시위로 깽판을 쳤다. 그리고 「KBS」의 중상모략을 동원하여 반주체 사상으로 가득 차 있는 예수귀신 들린 문창극도 도려냈지만 박근혜는 숨통이 끊어지지 않았다.

오히려 2015년 8월 4일 목함지뢰를 통해 간을 떠봤는데, 공화국을 향해 무슨 짓을 할지도 모른다는 자세로 나왔다. 역적도당 박근혜는 의외로 허풍이 심해서 우리 공화국을 향해 달랑 확성기만을 설치했지만, 리명박과는 달리 안심이 안 됐다. 무슨 꿍꿍이가 있을지 몰랐다. 박근혜는 부관참시를 해도 시원찮을 공화국 최대의 역적 박정희의 딸이다. 우리 지도자 동지가 수령님의 피를 이어받은 것과 마찬가지로 저 박가의 피 속에 숨어 있는 반동인자를 간과할 수는 없는 것이었다.

정찰총국 35호실의 당시 정세분석에 따르면 노무현의 청지기로 불릴 만한 문재인이 다음 대선에서 다시 공화국의 변호인이 될 가능성이 높긴 하지만, 워낙 남조선 인민들이 미제국주의의 자유풍에 쩔어 있어 기왕의 남조선 자체 역량만으로는 낙관하기 힘들다는 보고였다. 문제는 공화국의 경제사정이 몹시 좋지 않다는 것이다. 그에 비해 남조선의 경제발전은 우리의 예상을 뛰어넘었다. 위대하신 인민의 어버이 김일성 수령께서 30년이 넘게 그리고 김정일 장군님께서 대를 이어 남조선 교양사업을 해왔다. 또 수령의 장학생들을 남조선 곳곳에 박아 주체사상을 남조선 인민에게 주입했다. 그러나 박정희 패당이 오염시켜놓은 자유민주주의와 시장경제라는 반주체·반인민적 찌꺼기를 제거하는 데는 실패했다.

주체강성대국을 완성하고 조국해방전을 통해 남조선의 인민을 우리의 지배 아래 두게 하려면 다음 남조선정부는 공화국의 확실한 괴뢰정부여야 했다. 미군장갑차 사건·김대업 사건·BBK사건·광화문 민주항쟁 등은 남조선 역량들이 힘을 모아 일으킨 쾌거이긴 하나, 리회창과 달리 리명박과 박근혜 패당의 등장을 막지는 못했다는 것은 다시금 되새겨야 할 부분이다.

사실 우리의 혁명역량에도 불구하고 괴뢰수괴 박근혜의 공화국에 대한 공격은 처음부터 극에 달했다. 박근혜는 권좌에 앉자마자 2013년 11월 5일 우리의 대남 전진기지인 통합진보당을 박살내기 위해 황교안이라는 법기술자를 고용했다. 그리고 불법적으로 남조선 헌법재판소에 해산청구를 감행함으로 인해 대남교양사업에 결정타를 안겼다.

사실 그전에 리석기 동무가 남조선 국정원에게 꼬리를 밟힌 것부터 잘못이었다. 그러나 이는 박근혜 도당의 망동을 막고 공화국을 지키기 위해 열심히 노력하다 벌인 일이었고 미제의 막강한 뒷배를 갖고 있는 남조선에 대한 혁명역량사업이 쉽지는 않다는 점을 고려한다면 스스로 자위할 여지는 있다. 문제는 박근혜 도당의 치밀함이었다.

우리 입장에서 해석해보면 남조선해방이란 목적에 있어 리석기 동무의 혁명사업이 단기전을 의미한다면 전교조와 민노총이 추구하는 사업은 장기전이었다. 전교조는 남조선 어린 인민들에게 치밀하면서도 때로는 과감하게 혁명교양사업을 다져왔고 공화국의 충실한 조력자 김대중·노무현의 지원 아래 이제는 완성단계에 접어들기 일보직전이었다.

그런데 박근혜는 남조선 인민이 눈치채지 못하게 전교조를 와해시키고 있었다. 2013년 10월에 박근혜는 김대중·노무현이 남조선 내에 합법적으로 정착시킨 전교조를 법외노조라 하여 불법단체로 낙인을 찍었다.

우리 공화국의 혁명노선을 깊이 이해하는 남조선 일부 변호사들이 이를 막아보려 노력했지만, 남조선 괴뢰법원은 기어이 전교조를 법외노조로 만들었다. 물론 끝난 것은 아니다. 남조선 사법체계는 정당성을 합리화하기 위해 같은 사건을 세 번이나 재판하고 있기 때문에 혁명노선으로 이를 바꿀 여지는 아직 남아 있다고 할 것이다. 그러나 미친 박근혜가 전교조의 돈줄을 계속해서 끊는다면 이들에게 심대한 타격이다.

우리의 혁명 자금줄이었던 개성공단마저도 2016년 2월경에 괴뢰수괴 박근혜가 폐쇄했기 때문이다. 남조선 내 각 지하 혁명기지에 이를 막으라고 총동원령을 내렸지만, 소기의 성과를 거두지는 못했다. 제대로 일을 못한 쭉정이들에게는 박헌영과 같은 말로가 기다리고 있을 것이라고 했지만, 예전만 못하다.

남조선 내에서 너무 오랫동안 활동하는 우리 혁명전사 중 일부는 자본주의에 찌들어 표면적으로만 공화국에 복종한다. 공화국에 요구하는 것은 활동자금뿐이다. 공화국으로서도 매번 반역자 리한영같이 독침으로 다스릴 수도 없다. 자본주의를 아는 요원을 길러내기는 공화국으로서도 비용이 드는 문제이기 때문이다.

한편 공화국의 모든 전사들은 긴장하고 있었다. 지도자 동지에게 역심을 품었다 고사포로 발기발기 찢긴 간신 장성택 꼴을 언제 당할지 모르기 때문이었다. 남조선 혁명역량 강화와 박근혜 패당의 숨골을 끊지 못한다면 역심을 품은 것과 같이 취급당할 수도 있었다. 우리로서는 절박한 상황이 이어지고 있었다.

제2장
세월호로 얻은 성공

박근혜 패당을 패대기치는 작업을 계속해서 수행하는 와중에 남조선에서 사고가 일어났다. 2014년 4월 16일 인천항을 떠나 제주도로 향하던 세월호라는 배가 침몰했다. 이 배에는 수학여행을 떠나는 남조선의 안산에 있는 단원고 학생들이 타고 있었는데, 무슨 이유에서인지 옆으로 눕기 시작했고 그 광경을 남조선 TV에서 중계하고 있었다.

공화국 대남정보팀과 남조선 당국발표를 종합해서 나중에 안 사실이지만, 이는 세월호라는 배를 운영하는 회사, 청해진해운의 무리한 과적과 안전관리 위반에 그 원인이 있었다. 과적을 위해 배의 균형을 지탱하는 평형수를 제대로 넣지 않은 상황에서 연속해서 방향키를 틀다가 배가 넘어졌다는 것은 남조선의 어떤 소속 없는 기자가 나중에 밝혀냈지만, 당시에 남조선 언론들은 학생들을 구조해야 한다는 것에 정신이 팔려 계속 구조 얘기만 했다.

사실 이것은 우리에게는 매우 좋은 공격 지점이었다. 세월호라는 배 구조나 당시 바닷물의 온도 등을 고려했을 때 안에 타고 있는 승객이 하루는커녕 한 시간도 살아 있을 확률은 없었다. 그럼에도 남조선 언론들은 계속해서 구조가능성이 있다고 떠들었다.

이참에 한몫 챙겨보자고 뛰어드는 장사치들도 튀쳐나왔다. 말도 안 되는 구조장비를 들고 와서 자기가 구조할 수 있다고 거짓말을 한다거나, 방송에서 나와 구할 수 있는데도 남조선 당국이 구하지 않는다고 거짓말을 하는 젊은 애미나이조차 남조선 언론들은 여과 없이 보도를 했다.

이 사건을 어떻게 박근혜 패당의 몰락으로 만들 수 없을까 우리는 고민했다. 비록 결과적으로는 실패했지만 리명박 집권 때 우리 남조선 역량들은 광우병 거짓말로 결정타를 먹일 뻔한 적이 있다. 반미반제를 직접적으로 외치는 것은 효과가 없고 다른 주제를 가지고 이어가야 한다는 것은 꽤 오래된 방침이었지만, 그것을 구체적으로 실현한다는 것은 여간 어려운 것이 아니었다.

그러나 당시 우리와 정서적·리념적으로 깊은 공유를 했던 것으로 보이는 「MBC」 PD수첩이 사실관계를 살짝 비틀어 남조선 인민에게 주입을 하자 이에 부화뇌동한 남조선 인민들이 벌떼같이 일어섰다. 비록 남조선 인텔리·과학자 들과 당국자들의 발악에 의해 우리가 원했던 리명박 정권의 몰락으로 이어지진 않았지만 우리는 광우병 사태에서 많은 것을 배울 수 있었다.

남조선이 미제의 식민지로 물질적으로는 잘살게 되었지만, 우리 공화국과 달리 교양사업은 매우 허술했다. 물론 이것은 지난 수십 년간 공화국 노력의 산물이기도 했지만, 미제국주의의 다른 식민지에 비추어보면 그 견고함이 우리 예상보다 많이 덜했다.

우리가 볼 때 특히 공화국과 달리, 여성동무들의 발언권이 커진 남조선에서 이들을 핵심역량으로 키워야 함을 발견한 것은 매우 중요한 성과다. 젊을수록 여성동무들은 언론보도에 쉽사리 넘어갔고 감정적으로 자극을 하면 이성이 마비되는 현상이 나타났다. 광우병 사태 때 이런 젊은 여성동무들의 활약이 없었다면 그마저도 성과를 내기 어려웠을 것이다. 나라가 망하든 말든 내 자식부터 구해야 한다는 이기적이고 자본주의적인 썩은 본성을 우리 주체공화국에서는 항시 경계해왔다.

세월호 사고는 이런 점에서 매우 효과적인 소재였다. 아니나 다를까. 남조선의 우리 혁명언론역량들은 곧바로 괴뢰수괴 박근혜를 겨냥하기 시작했다. '세월호 사고발생 후 7시간 동안 박근혜는 무엇을 했나'라는 정치공세는 매우 적절한 이름짓기였다. 거대한 추상적 명분은 반드시 구체적인 단어를 동원해야 선동이 먹히기 때문이다. 이것을 가지고 박근혜에게 남조선식 법적책임을 지울 수 있을지 남조선 내 암약하는 남조선 법 전문가에게 보고를 올리라고 했는데, 아쉽게도 불가능하다는 보고서를 받은 바 있다.

하긴 남조선 법이 아니라 우리 공화국 법에 의해서도 공화국 내에서 일어난 사고는 지도자 동지 때문이 아니다. 그것은 지도자 동지의 충실한 가르침을 수행하지 못한 인민에게 책임이 있을 뿐이다. 어떤 경우든 당중앙은 오류가 없다.

어찌 되었든 이 보고서가 공화국으로서는 실망이었다. 그러나 2014년 5월 19일 박근혜가 돌연 해경해체를 선언했다. 우리는 믿기 어려운 박근혜의 결정에 귀를 의심했다. 이는 공화국으로서도 면밀히 검토를 해야 하는 사건이었다. 남조선 해경은 주로 중국을 견제하는 역할을 하는데, 공화국 어업의 구조상 남조선 해경이 해체되면 남조선 바다에 가서 몰래 고

기잡이를 하는 우리 인민들이 중국과 경쟁을 해야 하는 상황이 벌어질 수도 있기 때문이다. 대남정치분석 담당부서가 바빠지기 시작했다. 어쨌든 경제적인 것은 공화국에서는 부차적인 일이다. 남조선 혁명에 어떤 영향이 있는지 분석을 해야 했다.

우리 측 담당부서의 결론은 박근혜의 자충수가 될 것이라 전망했다. 우리의 남조선 언론역량들의 총공세에 의해 남조선 여론이 나빠지자 일시적이나마 그것을 회피하고자 잔머리를 굴리며 꼼수를 동원했을 뿐, 그 꼼수치고는 엉뚱한 짓을 했다는 분석이다. 세월호 침몰은 공화국에서도 있을 수 있는 사고이고, 그것은 지도자 동지가 책임질 일은 아니라는 것을 밝힌 바 있다.

다만 미국 같은 나라는 이러한 사고를 오히려 제국주의 사상의 강화에 이용한다. 영웅을 만들고 희생자를 추모하면서 인민들의 뜻을 모은다. 미제 식민지인 남조선 당국도 당연히 이러한 절차를 따를 줄 알고 공화국은 오히려 걱정을 하고 있었던 참이었다.

세월호 사건 당시 제일 먼저 달려가 학생들 100여 명을 구했던 해경이 있었는데 만일 이 사람을 영웅으로 만들었다면, 그리고 남조선 당국이 구조적 문제를 개혁하겠다고 덤벼들고 세월호 사건의 주범이라고 할 수 있는 유병언을 잡아낸다면 괴뢰 박근혜가 오히려 영웅이 될 여지도 있었다.

그런데 박근혜는 돌연 해경을 해체한다고 밝혔다. 우리 당국의 분석에 따르면 이 같은 발표는 세월호 사건의 피해가 안전관리와 회사의 과실이 아니라 구조의 실패라는 것으로 호도되는 결과를 가져온다고 했다. 다시 말하면 박근혜 스스로 남의 잘못을 자기 잘못으로 뒤집어쓰는 꼴이 될 것이라는 전망이었다. 남조선 속어에 총알을 피하려다 대포를 맞는다는 말이 있는데 박근혜의 행태는 딱 그 짝이었다.

우리는 남조선 역량들에게 총공세를 지시했다. 박근혜가 섶을 지고 불구덩이로 뛰어든다는데 공화국으로서는 마다할 이유가 없었다. 기름을 부으라고 했다. 사실 지시를 내릴 필요도 없었다. 더불어민주당과 남조선 언론은 이미 그러한 구도를 알아채고 박근혜에 대한 총공격을 감행했다.

그러나 세월호 사건으로 끝까지 밀고 가는 와중에 악재가 터졌다. 2014년 12월 19일 박근혜가 집권하자마자 저질렀던 우리 공화국의 남조선 정치선봉대 역할을 자임했던 통진당에 대한 해산청구에 대해서 남조선 괴뢰헌법재판소가 인용 결정을 내렸다. 일찍부터 공화국과의 평화를 깊이 공감해왔던 김이수 재판관만이 외로이 버텼으나 나머지 헌법재판관 8명의 막무가내 패악질로 통진당은 해산되었다. 박근혜가 김이수를 고사포로 처단하지 않을지 염려되었으나, 남조선 내 많은 인민들이 우리를 동조하고 있어 보수패당의 처단은 요원하다는 보고를 받고 이내 안심은 되었다.

하지만 그 와중에 세월호로 우리는 많은 것을 챙겼다. 무엇보다 남조선 인민들이 세월호는 박근혜에게 책임이 있다고 생각하게 되었다. 우리는 당초에 박근혜에게 남조선식 법으로는 책임을 지울 수 없다는 보고서를 받았지만, 중요한 것은 남조선 법기술자들의 얘기가 아니라 남조선 인민들의 생각이었다.

한편 5·18 광주혁명과 같이 두고두고 공화국의 입장에선 우호적인 여론으로 써먹을 수 있는 세력을 확보했다. 박근혜가 청와대를 떠나는 그날까지 광화문에서는 세월호 천막이 계속 있을 것이고 이것이 특별법으로 연결이 된다면 이권과 결부되는 측면에서도 알아서 돌아갈 것이다. 남조선 내 정치권·시민사회 내 우리 역량들은 이 부분에서 지금까지 충분한 활약을 하고 있다.

제3장
뜻밖의 낭보

위대하신 수령 김일성 동지의 은혜인가, 영광스런 영원한 당중앙 김정일 동지의 사랑인가, 남조선으로부터 낭보가 올라왔다. 2016년 10월 24일 남조선 언론 중 공화국에 가장 우호적인 「JTBC」가 박근혜 패당을 향해 광명성 3호보다도 위력이 더 큰 말대포를 쏘았다. 민족의 태양 김정은 동지를 비롯 주체혁명 동지들은 정찰총국이 가져온 영상파일을 입수해 주석궁에서 보기 시작했다. 영상 속에서 아나운서가 쏟아내는 내용은 박근혜가 그의 몸종인 최순실에게 그가 말할 연설문 내용을 손컴퓨터를 통해 미리 보여주었다는 것이었다.

그런데 이 장면을 보던 지도자 동지가 물었다. "저게 뭐이가 문젠가? 박근혜 몰래 최순실이가 훔쳐보았다면 살가죽을 벗겨 튀겨 죽여야 할 일이지만, 박근혜가 준 것이 뭐이가 어드레 잘못인데? 내가 보여주고 싶으면 보여주는 거지, 어떤 종간나 새끼가 그걸 잘못이라고 할 수 있나. 뭐 잘못 짚은 거 아이가?"

우리는 최고존엄의 말씀에 동의하지 않을 수 없었다. 물론 최고존엄의 말씀은 항상 옳다. 그것이 주체사상이요 공화국 인민의 뜻이니까. 그러나 이 질문은 정말 옳다. 최고존엄의 말에서는 하등의 논리적 하자를 발견할 수 없었다.

이 보고를 한 대남사업부 담당자는 등줄기에 식은땀이 흐르기 시작했다. 분명 「JTBC」가 뭔가를 꾸민 것 같긴 한데, 최고존엄 김정은 동지의 말이 떨어진 이상 최고존엄의 말에 아니라고 할 수도 없다. 그렇다고 최고존엄의 지적이 옳다고 얘기한다면 이런 보도가 의미가 없는 것이 된다. 그렇기에 그런 의미 없는 일을 보고한 자는 최고존엄을 기만한 것이 된다.

남조선이 인민의 여론에 의해 통치가 된다는 것은 최고존엄도 알고 있지만, 이 말폭탄이 어떻게 진행될지는 알 수 없었다. 남조선에 있는 대남전사들과 그에 부역하는 수많은 역량들이 뭔가 노력을 한 것 같은 느낌은 들었지만, 그 파장은 예측하기 힘들었다. 남조선 언론은 본시 안색하나 안 변하고 거짓말과 중상모략을 천연덕스럽게 하여 우리 교양사업부에서도 혀를 내두를 수준이긴 하나, 그동안 모두가 공화국에 유리하게 작용한 것은 아니었다. 어떤 경우에는, 남조선 인텔리들이 보기엔 그 수준이 일천하여 종종 그 거짓말이 들통 나기도 했기 때문이다.

그러나 정보보고에 따르면 그동안 오랫동안 공화국에 비적대적 아니 우호적인 노동조합 단체 등이 합세하여 일을 도모할 것이라고 했다. 하지만 걱정스러웠다. 광화문에서 난동피우는 것은 이제 남조선 인민들에게 별 반응이 없고 오히려 역효과를 불러일으킬 수도 있다. 우리 공화국 동조자들이 곳곳에 활약하고 있어 예전같이 다 키워놓은 공화국 역량들을 남조선 감옥에 썩힐 일은 많지 않았지만, 그래도 지금 상황에서 예전 같은 방식은 불안했다. 어쨌든 낭보다. 그러나 앞으로 어떻게 흘러갈지는 공화국 우호세력의 역량에 달려 있다.

제4장
총공세의 시작

다행스럽게도 「JTBC」의 말폭탄에 남조선 정국이 흔들리기 시작했다. 남조선 언론들이 일제히 이에 반응하기 시작했다. 이건 우리 정찰총국의 분석이 맞을 것이다. 공화국 동조자인 남조선 내 혁명역량들이 일제히 SNS를 통해 이 보도를 전달했고, 공화국에 전통적으로 우호적이었던 더불어민주당도 반응하기 시작했다.

올라온 정보보고에 따르면 과거 미군장갑차 사건·광우병 사건 때 활약했던 역량들이 다시금 깃발을 올리고 촛불을 준비하기 시작했다고 한다. 자금도 충분하다고 했다. 남조선 전국에서 인민들을 버스로 실어 나를 것이고 장사판도 벌일 것이라고 했다. 호남에서도 호응하기로 했다는 정보보고다. 무엇보다 광화문은 역시 공화국에 우호적인 입장인 박원순 서울시장이 손아귀에 쥐고 있는 한복판 아닌가.

이번에야말로 공화국의 목적이자 최고존엄의 숙원인 반미자주를 전 남조선 인민들에게 각인시킬 기회였다. 항상 그래왔듯이 어떤 사건이든 간에 우리의 목적인 미군철수를 관철시켜야 한다. 공화국의 방침은 항상 똑같다. 미군이 없는 남조선은 허수아비다. 미군만 없으면 언제든 위대한 인민군이 남조선을 해방시킬 수 있기 때문이다. 김대업 사건이든, 장갑차 사건이든, 남조선의 FTA협상이든, 소고기협상이든, 이번 언론의 말폭탄이든 소재는 중요하지 않다. 미제국주의 양키놈을 남조선에서 몰아내는 것으로 관철만 시킨다면 무엇이든 좋다.

2016년 10월 25일 언론의 말폭탄이 나온 하루 만에 괴뢰수괴 박근혜가 나왔다. 이럴 수가. 느려터진 박근혜가 똥 마려운 강아지마냥 튀어나온 것이다. 위대하신 김일성 수령께서 솔방울로 수류탄을 만들어 왜놈들의 심장에 박았다고 하는데 정말 김일성 수령님께서 힘을 실어주었을까.

남조선 인민에게 사과하는 박근혜는 당황한 것이 분명했다. 당초 우리는 박근혜가 다르게 나올 것으로 알았다. 박근혜에겐 「조선일보」와 「동아일보」라는 막강한 언론 괴뢰나팔수들이 있다. 국정원·남조선 군장교단·보수패당 새누리당이 있고, 박정희의 경제대국 환상에 미쳐 있는 보수인민 세력이 미제와 연합전선을 구축하고 있는데, 이렇게 하루 만에 나와서 납죽 머리를 숙이다니. 이것이야말로 막강한 군대를 뒤에 놔두고 장수가 홀로 뛰쳐나와 싸우는 꼴이 아닌가. 무슨 꿍꿍이가 있는지는 모르지만, 분명 박근혜 패당 및 동조세력의 발을 완전히 스스로 묶었다.

최순실에게 연설문을 보여줬다는 것이 무슨 의미인지는 남조선 체제에 대해서 전문적으로 담당하는 동무에게 분석을 맡겼고 곧 보고를 받을 예정이나 그것이 무슨 의미이든 간에 전술적인 면에서 박근혜는 큰 실수를 한 것이 분명했다. 우리 역량들이 이제 무슨 말을 지어내도 되는 전략적 기반이 갖춰졌기 때문이다.

제5장
반제반미세력의 총궐기와 세월호의 부활

공화국의 우호세력들이 드디어 첫발을 내디뎠다. 2016년 10월 29일 남조선 내 반미 친공화국 세력들이 광화문에 촛불을 들고 나타났다. 광장을 점령하는 것은 공화국 혁명역량 사업지침 중 핵심이다. 문제는 이것이 남조선 인민 일반의 여론으로 눈속임하고 남조선 인민들이 이에 속아 동조하고 나오는 것이 관건이었다. 리명박 집권 당시 광우병 때는 여기까지는 성공했다.

남조선 내 언론들이 총궐기를 시작했다. 「조선중앙통신」과 사실상 논조를 같이해온 「SBS」「한겨레신문」「경향신문」「오마이뉴스」는 말할 것도 없고 노무현 정부시절부터 우리에게 돌아선 「중앙일보」까지. 무엇보다 「JTBC」라는 방송의 활약은 눈이 부셔 앞을 못 볼 지경이었다. 괴뢰수괴 박근혜에게 우리조차 상상도 하지 못할 말폭탄을 매일, 아니 매초마다 퍼붓고 있었다. 박근혜의 몸종 최순실의 딸 정유라가 박근혜의 딸이라는 것은 우리도 황당한 일이었지만 남조선 인민들 사이에서 그럴 듯이 돌고 있었다.

비아그라를 먹고 호텔방을 전전했다는 말폭탄은 자칫 일을 그르칠 뻔했다. 거짓말이 너무 명백하면 대세를 그르칠 수 있었다. 그러나 한번 방송에서 세치 혀를 굴리면 모든 남조선 언론들이 그것을 합리화하고 뒷받침했다. 박근혜가 사교에 빠져 허우적거렸다는 말은 충분히 비아그라를 보완하고도 남았다.

대남사업의 기본원칙 중 하나는 거짓말을 할 경우엔 도저히 믿을 수 없는 거짓말을 하라는 것이다. 그러나 전쟁 상황과 같은 혼란기가 아니면 이 방침은 실현하기 힘들다.

하지만 남조선 언론이나 우리 역량, 심지어 보수패당 괴뢰언론조차 결과적으로 공화국의 대남교양사업에 충실히 기여하고 있었다.

짧은 시간이었지만 광화문에 모인 일부 세력을 남조선 언론이 촛불인민으로 묘사했다. 시위세력은 공화국에 우호적인 박원순 서울시장의 비호 아래 제1차 촛불궐기대회부터 매주 토요일 밤마다 난장판·굿판을 벌이기 시작했다. 러시아 정보 당국이 알아본 바에 따르면 박근혜 귀신을 쫓아내는 촛불굿판에 모인 인민의 숫자는 아무리 많아도 10만을 넘기 어려운데, 남조선 언론들은 100만이라고 연일 나발을 불었다.

2016년 11월 4일, 2016년 11월 29일 박근혜는 연거푸 얼굴을 들이밀며 사과를 하며 고개를 조아렸다. 고지가 눈앞에 다가왔다. 과거 해방정국 당시 절호의 시절에 남로당 동지들조차 해내지 못했던 남조선 적화의 서막이 올랐다.

제6장
보수괴뢰언론의 자멸

우리의 남조선 내 혁명역량이 아무리 강하다 할지라도 적화혁명이 쉽지 않았던 것이 현실이었다. 위대하신 김정일 지도자 동지는 남조선 김대중 정부로부터 수억 달러를 상납받았고(남조선에서는 이보다 축소해서 발표했을 텐데 우리도 그에 반대하지 않았다. 공식화되지 않은 돈이 많을수록 남조선 당국자나 우리나 서로 좋다), 이어 장갑차 사건이 반제반미로 엮이는 바람에 공화국 변호인 노무현이 남조선 최고 실권자로 등장했으나, 남조선 인민들은 리명박과 박근혜를 다시 괴뢰수괴로 만들었다. 그것은 바로 끈질기게 저항해온 보수괴뢰 언론세력과 괴뢰동조자들 때문이었다.

그런데 어찌 된 일인지 「동아일보」와 계열회사인 「채널A」,

「조선일보」와 그 계열인 「TV조선」도 가담했다. 이 괴뢰방송과 신문들이 무슨 이유인지 모르겠으나 다른 언론들에 뒤질세라 얼굴이 시뻘게져서 박근혜를 향해 돌팔매를 던지고 있었다. 심지어 남조선 언론 돌팔매 중의 최고 명장면이자 회심의 결정타는 우습게도 「동아일보」의 한 논설위원이 해주었다. 박근혜를 정신병자에 마약중독자로 만들었다. 그동안 남조선 교양사업의 결정적인 걸림돌이 괴뢰언론 「조선일보」와 「동아일보」였다. 주체사상과 공산주의라는 공화국 이념을 적대시하고 미제의 산물인 자유민주주의와 시장경제 그리고 박정희가 만든 허울뿐인 물질자본을 미화해왔다.

남조선 인민들에게 마약 같은 사상을 주입해온 도적놈들이 보수언론들이었다. 그런데 마약을 먹이던 놈들이 지들의 뿌리와 같은 괴뢰수괴에게 마약쟁이라고 형틀을 뒤집어씌우다니… 다른 반(反)박근혜 반파쇼 언론이 무색할 지경이었다. 노무현 시절 공화국에 우호 일변도였던 「KBS」는 그 후 요리 붙었다 조리 붙었다 하는 기회주의적 행태로 일관했으나 조만간 우리 역량으로 자리매김할 것이라 예측했다. 그동안 공화국이 워낙 많은 대남교양사업을 많이 해놓은데다가 「KBS」 내에는 공화국에 매우 우호적인 민주노총 산하 지부가 강력하게 투쟁을 하고 있기 때문이었다.

제7장
허수아비 된 국정원

보수괴뢰세력의 핵심거점은 그래도 국정원과 검찰이었다. 여기를 무너뜨리지 않고서는 일을 도모할 수가 없다. 여기서 먼저 국정원을 허수아비로 만든 일을 알아보자. 국정원은 중앙정보부-안기부가 그 전신으로 이곳은 공화국의 끊임없는 공략 대상이었다.

김대중 집권시절 당시 국정원 내 공화국 모략작업을 일삼아왔던 반동분자들이 대부분 숙청되기도 하였으나, 국정원은 워낙 공화국의 약점도 많이 알고 있었고, 남조선 내 우리 역량들에 대해서도 꽤 많은 정보를 가지고 있어서 쉽지 않은 조직이었다. 각자 비밀을 유지하면서 보수괴뢰패당이 정권을 잡기만 하면 언제 뒤통수를 칠지도 모르는 자료들을 두더지

마냥 숨겨두고 있었던 것이다.

공화국의 변호사를 자처했던 노무현 집권 때도 마찬가지였다. 국정원을 장악하려 하면 사사건건 미 CIA의 방해가 있었던 걸로 추정한다. 위대하신 김정일 장군님께서 아마 김대중·노무현의 알현을 받으실 때 국정원 내부의 반민족분자·미제 앞잡이·종파분자를 처단하라고 단단히 교시를 하셨을 것이다.

어쨌든 위대한 장군님께서는 그래도 김대중·노무현의 진정성을 인정하시었다. 공화국의 입장에선 김대중은 강성핵대국에 막대한 자금으로 사실상 일조했고, 노무현도 공화국 변호사를 자칭할 만큼 국제사회에서의 맹활약을 통해 공화국에게 숨 돌릴 시간을 벌어주었기 때문이다. 특히 일전에 공화국은 박정희의 중앙정보부와 CIA가 합세하여 오랫동안 우리 공화국 지휘부까지 심어놨던 미제 앞잡이와 공화국의 배신자들을 발본색원한 적이 있는데 이를 남한의 한 월간지가 의혹으로 보도한 바도 있다.

공화국은 리명박 패당이 남조선 정권을 잡으면서 국정원을 와해하는 작업이 쉽지 않아졌다. 원세훈 국정원장은 우리가 그동안 심었던 첩자들을 색출하기 위해 눈이 뒤집혀져 발광을 했다. 리명박 정권 초기만 해도 원세훈이 무슨 말을 해도 그가 무슨 말을 했는지 몇 시간 내에 주석궁에 보고서가 올라왔으나, 차츰 뜸해졌다. 대남혁명사업도 예전만 못해졌다. 하지만 다행스럽게도 역공을 당하지는 않았다. 그동안 꾸준히 문화 및 교양사업을 통해 지난 30여 년간 남조선 인민에게 국정원에 대한 중상모략을 해댄 결과 국정원이 대놓고 숙청작업은 할 수 없었던 것이다.

상황은 더 어려워졌다. 리명박에 이어 박근혜가 남조선 실권자로 들어섰다. 그러나 그렇다고 공화국이 손을 놓은 것은 아니었다. 역적 박근혜마저 남조선 정권을 잡은 마당에 우리까지 손을 놓는다면 국정원은 과거 박정희 시대의 중앙정보부처럼 공화국 적대의 선봉으로 환골탈태할 수 있었다. 국정원을 장악하지 못하면 무력화라도 시켜야 했다.

운이 좋게도 사건이 하나 발생했다. 남조선 언론에서는 이를 국정원 댓글사건이라 한다. 박근혜 정권 출범 즈음에 당시 공화국의 사이버 혁명사업에 방해공작으로 일관했던 국정원의 공작을 말하는데, 우리는 공화국에 대한 적대행위라기보다는 남조선 보수패당의 파쇼로 몰아갔다.

이 사업은 사실 간단했다. 우리 공화국은 지난 2012년 남조선 대선 당시, 남조선 인터넷 관문 사이트인 네이버와 다음 등에 댓글을 달아 끊임없이 박근혜를 모략했다. 국정원이 이에 대응한 바 있는데, 국정원이 단 댓글 중 일부를 민주통합당, 지금의 더불어민주당과 관련한 파쇼 행위, 즉 관권선거로 공격하는 것이 골자였다. 이 작전은 사실상 꽃놀이패였는데, 최소 국정원이 정치판에 휘둘려 공화국 적대역량이 약화될 것이고 잘하면 공화국에 우호적인 세력을 집권하게 만들 수 있는 회심의 카드였기 때문이다.

공화국의 대남혁명지침 중 하나는 사소한 것을 부각시켜 본질을 바꾸는 것이다. 이 댓글사건은 이에 딱 부합하는 사건이었다. 국정원이 공화국 사업에 대응하는 와중에 야당 지도자인 문재인을 비난하거나 새천년민주연합의 정책을 비판하는 글이 한 개라도 있으면 이것을 남조선의 민주주의를 파괴한 것이라고 남조선 인민에게 설파하는 것이다. 남조선엔 이미 이러한 선동을 받아먹기 위해 항상 준비되어 있는 역량들이 있다.

특히 남조선 젊은 층에서, 남녀를 막론하고 우리 역량들이 나발만 불면 하던 설거지를 때려치우고, 읽던 책을 던지고 광화문으로 뛰쳐나올 분위기가 갖춰져 있었다. 결국 이 작전은 절반의 성공을 얻었다. 박근혜 괴뢰가 비록 남조선 정권을 잡긴 했으나, 이 사건으로 남조선 보수패당의 핵심인 국정원은 사실상 무력화되었고 예전의 중앙정보부 같은 힘은 도저히 가질 수 없게 되었다.

뜻밖의 수확은 국정원과 더불어 남조선 보수패당의 핵심역량인 남조선 검찰의 이반이었다. 공화국의 입장에선 국정원이 가장 큰 걸림돌이었는데, 남조선 검찰이 국정원 댓글을 바로 불법이라고 규정하면서 예상외로 공화국에 동조하였던 것이다.

남조선 검찰이 이렇게 나온다면 이 사건까지 굳이 광화문 굿판을 벌일 이유가 없었다. 우리의 정세판단에 따르면 국정원 댓글이 괴뢰 박근혜의 대통령선거에 영향을 미쳤다고 보기 어려워 이를 지렛대로 박근혜를 무너뜨리긴 쉽지 않았다.

제8장
보수패당 새누리당의 적전분열과 공화국 검찰의 탄생

괴뢰 박근혜와 최순실이 작당하여 놀아났다, 라고 연일 우리 대남혁명전사들과 남조선 언론들이 공격을 해대자, 남조선 인민들이 부화뇌동하여 촛불 춤을 춘 것은 자랑스러운 성과다.

남조선 검찰은 이에 벌벌 떨며 2016년 9월 29일 최순실 등과 작당한 박근혜 주변의 똥파리들에 대해 수사에 들어갔다. 우리는 처음에는 박근혜가 얕은 잔꾀로 이번에도 공화국 대남사업을 용케도 피해가는 회심의 수를 둔 것으로 판단했다.

공화국에서는 괴뢰 중의 괴뢰인 박정희의 딸, 박근혜가 사실상 몸종이라고 불려도 무방한 최순실에게 놀아났다고는 판단하지 않았다. 박근혜가 공화국을 향해 해왔던 적대행위의 무모성을 보건대, 그런 결단과 과단성을 최순실의 얘기를 듣고 했을 리는 만무하기 때문이다. 분명 최순실이 문지기인가 문고리인가 3인방, 또는 박근혜의 아랫것들과 작당을 하여 한몫 챙긴 것이라고 추측할 수 있는데 남조선 괴뢰 핵심인 검찰이 조사를 통해 그 과정을 밝혀낼 것이 불을 보듯 뻔할 것이다. 이렇게 꼬리 자르기를 한다면, 박근혜는 그 특유의 비겁함을 보이며 도망갈 것이다.

우리의 예상을 의식했는지는 모르겠으나, 공화국에 줄곧 우호세력이던 남조선 정당 더불어민주당은 공화국의 정세판단보다 한발 앞서나가고 있었다. 검찰의 수사를 못 믿겠으니 특별검사의 수사를 받으라고 압박을 가하기 시작한 것이다. 그런데 우리가 봤을 때, 이건 다분히 정치적 공격에 불과해서 공화국의 입장에서 현실적 효과를 거두기 어려운 것이라 보았다.

남조선 괴뢰패당 새누리당이 과반수는 아니어도 죽자고 발악을 하면 특별검사 제도는 도입하기 어려웠고 남조선 법은 괴뢰수괴에게 법률안을 거부할 권한을 주고 있었기 때문이다. 따라서 박근혜가 이를 수용하지 않는다면, 이는 실현되기 어려운 상황이었다.

그런데 보수패당 새누리당이 겁을 먹기 시작했다. 위대한 공화국 혁명의 전위대라고 볼 수 있을 정도로 가열차게 투쟁하는 촛불인민들과 그를 부추기는 남조선언론, 거기다가 보수패당의 나팔수 역할을 했던 보수언론까지 나발을 불자 새누리당이 특별검사법안에 동의를 해주었던 것이다.

더군다나 그 특별검사 선정에 괴뢰패당 새누리당은 단 한 치도 개입할 수 없고 더불어민주당과 국민의당이 선정한다고 하니 이는 사실상 우리 공화국 검찰이 수사하는 것이나 마찬가지였다.

2016년 11월 20일 특별검사의 수사가 이루어지기 전에 남조선으로부터 연이은 두 번째 낭보가 날라 왔다. 박근혜가 수족으로 삼았다던 서울 중앙지검의 수뇌급 남조선 검사들이 대놓고 박근혜를 물었다.

이들은 남조선 인민들 앞에 나서서 박근혜가 최순실과 공모하여 놀아났다라고 대놓고 소리를 쳤다. 남조선 검찰이 드디어 무너졌다. 이제 공화국 인민검찰이라고 말할 수도 있는 특검이 박근혜의 숨통을 조일 것이다.

제9장
박근혜의 선택 그러나
위대한 남조선 해방의 첫 깃발, 탄핵소추

괴뢰 박근혜의 똥구멍까지 핥았던 남조선 검찰이 주인을 물자, 남조선 정국은 급속도로 우리에게 유리해졌다. 혁명을 바라는 촛불인민은 더 가열차게 뛰쳐나오기 시작했고 남조선 언론들은 이제는 브레이크 없는 기관차마냥 악질반동 박근혜를 처단하라면서 거품을 물기 시작했다. 한편 혁명전위세력 중 상당수가 중국의 공작이란 풍문도 들렸다. 맞다 하더라도 이런 내용은 중국이 공유하지 않는다.

정찰총국 대남사업부는 이제 우리가 할 것이 과연 남아 있는지 모르겠다며 회심의 미소를 짓기 시작했으나, 역시 최고존엄 김정은 위원장의 지시는 달랐다. 최고존엄 김정은 위원장은 괴뢰 박근혜의 숨통 끊는 작업에 일로매진을 할 것이며 남조선 보수패당과 떨거지들에게 힘을 실어주지 않기 위해 2016년 9월 9일에 마지막으로 했던 핵실험은 중단할 것이라 하시면서 그 안에 다음 핵실험이 완전히 성공할 수 있도록 만전을 기하라고 하셨다.

역시 백두혈통의 판단력은 남다르다.

남조선 정국은 이제 완전히 괴뢰 박근혜가 더 이상 정치적으로 환국할 가능성은 없어진 듯하다. 그동안 몇 번의 이상한 행동을 보고 박근혜의 숨겨진 꿍꿍이가 아닌가 하여 공화국의 전문가들이 괜스레 머리를 싸맸으나 박근혜의 멍청함 그 이상도 그 이하도 아니었다.

물론 공화국의 절박함을 인식한 대남혁명전선의 전사들과 남조선 내에서 우리와 수십 년 호흡을 맞춰왔던 남조선 혁명역량들의 역할이 컸다. 제아무리 박정희의 딸이라 하더라도 이러한 십자불구덩이포화를 맞고서 제대로 판단한다는 것은 불가능한 일이었다.

그러나 공화국에서도 남조선과 같이 혹시 모를 정변이 일어날 수 있기에 역적 박근혜의 몰락과정은 공화국으로서도 면밀히 분석해야 했다. 공화국은 그동안 알려지지 않은 몇 차례 위기가 있었다. 박근혜 괴뢰패당은 기회가 있을 때마다 공화국 인민들에게 최고존엄의 령도보다는 자유를 택하라고 악을 썼기 때문이다.

새누리당의 보수역적패당들은 지들이 살기 위해서 박근혜를 물어뜯는 데 동참하기로 한 듯하다. 늙다리 몇 명이 박근혜를 찾아가 하야, 즉 스스로 물러나라고 외쳤다. 2017년 4월까지 하야를 하고 조기대선을 받아들이라는 것이었다. 겉으로는 박근혜를 위한답시고 하는 모양새지만 이는 닭 잡아먹고 시치미를 떼는 꼴이었다.

우리가 볼 때 보수패당 늙다리들은 며느리가 할머니 될 때까지 권력의 욕심에 빠져 있는 족속이었고 실은 박근혜 혼자 똥물에 빠뜨리고 지는 언제 그랬냐는 듯이 털고 나서기 위함으로 보였다. 이들이 이렇게 마지막에 몰려 추한 모습을 보이게 된 것은 이미 한 번의 계략이 실패로 돌아갔기 때문이다.

어떻게든 식물인간인 상태나마 괴뢰정권을 이어가고자 야당인 더불어민주당 및 국민의당에게 총리임명권한을 줄 테니 한번만 살려달라고 구걸을 했다. 그 간악한 술책에 넘어갈 남조선 야당들이 아니었다. 눈속임으로 정권을 연명하려던 계략이 한순간에 물거품이 되자, 마지막 살길을 찾기 위해 이제 박근혜를 물어뜯기 시작한 것이다.

박근혜에게 이제 남은 것이라곤 하야냐 탄핵이냐의 두 가지 선택이었다. 남조선 법체계를 잘 모르는 인민을 위해 이에 대해 잠시 설명을 하자. 반공을 국시로 삼고 공화국에 패악질을 해대는 적대행위에 분을 참지 못하고 일어선 인민들의 요구를 박근혜가 받아들여 그 자리에 물러서는 것을 하야라고 한다.

남조선은 백두혈통과 같은 영도력을 인정하지 않는다. 그래서 백두혈통이 아닌 남조선 수괴는 공화국과 달리 언제든 물러날 수 있다. 공화국의 백두혈통은 하늘이 내린 자리이기에 최고존엄은 스스로 물러날 수 없다.

만일 박근혜가 스스로 물러나지 않는다면, 남조선의 법에 따르면 탄핵절차에 들어가게 된다. 즉 강제로 끌어내리는 방법인데, 이 방법은 여러 가지 절차가 남아있다. 일단 우리로 치면 최고인민회의에 해당하는 남조선 국회에서 국회의원들이 모여 200명 이상이 박근혜를 끌어내리라고 의결을 해야 한다. 이렇게 되면 박근혜는 즉각 수괴로서의 직무를 행사할 수 없게 되고 박근혜를 최종적으로 끌어내리느냐 여부는 남조선 인민헌법재판소에서 결정하게 된다.

역적을 끌어내리는 방법이 왜 이렇게 복잡한 것인가 의문이 있을 수도 있으나, 미제의 식민지 국가들은 인민의 봉기를 막으려 여러 가지 절차를 나누어 이러한 복잡한 제도를 설계했다. 그러나 이는 역으로 우리에게 불리한 것만은 아니다.

이러한 과정을 모두 거치고 끌어만 내린다면, 인민의 요구가 모두 정당하고 합법적인 것으로 강력하게 력사에 기록할 수 있다.

탄핵으로 간다면 문제는 리명박 도당이었다. 남조선 괴뢰 패당 새누리당은 기본적으로 박근혜 패당과 리명박 패당으로 나뉘어 싸움박질에 여념이 없었는데, 이 두 세력이 공화국에 대해서 적대적인 것은 도찐개찐이라, 우리의 혁명 사업을 리명박 도당이 방해할 수도 있기 때문이다. 만일 리명박 도당이 묵은 원한을 가슴에 묻고 또다시 우리 공화국의 대남혁명사업을 방해하려고 작정을 한다면, 합법적으로 박근혜를 몰아내는 방식은 불가능하다. 그렇게 되면 다음은 남조선 인민자체 혁명봉기를 할 수밖에 없다.

그러나 이미 우리는 조국해방전쟁 때 실패한 적이 있다. 인민봉기는 남조선 인민들의 나태함에 미루어볼 때 불가능하다는 것이 우리의 판단이다. 미제국주의자들에게 모든 걸 떠맡긴 남조선 인민들이 피를 보겠다고 스스로 일어나는 단계까지는 못 간다는 것이 공화국의 분석이다.

박근혜는 잔꾀를 부렸다. 박근혜 도당마저 한여름 여우비 맞은 고양이 새끼마냥 겁에 질려 하야를 요구했지만 박근혜는 차라리 탄핵을 하라고 악을 썼다. 이 소식을 접한 공화국은 순간 당황했다. 남조선 국회에서 탄핵이 통과될지는 리명박 도당이 핵심을 쥐고 있었기 때문이다.

우리는 더욱더 거세게 혁명역량들이 광화문에서 힘을 발휘하도록 지원키로 했다. 리명박 도당들이 겁을 집어먹고 스스로 제살 깎아먹는 행동을 하게 하려면 믿을 건, 촛불인민과 남조선언론들뿐이었다.

더불어민주당은 고민했던 것 같다. 남조선에서는 과거 2004년 역적보수패당 한나라당과 권력투쟁에 미쳐 정신이 나간 새천년민주당이 합세하여 공화국의 변호인을 자처했던 노무현을 탄핵했다가 탄핵에 실패한 역사가 있다. 물론 탄핵이 실패하는 바람에 두 당이 다음 남조선 국회의원 총선에서 쪽박을 찼는데, 더불어민주당의 고민이 거기에 있었다. 그러나 공화국의 정세판단은 달랐다. 2004년 노무현 탄핵은 노무현이 쌓아놨던 남조선 방송역량들의 지극한 노력 덕에 남조선 인민들은 대다수가 그에 반대를 하고 있었다.

그러나 지금은 상황이 다르다. 이미 방송·언론·검찰까지 공화국과 생각을 같이하고 있음을 선포했다. 만에 하나 의결이 실패한다면 그것은 리명박 도당에게 뒤집어씌우면 되는 것이고, 인민헌법재판소에서 노무현 때처럼 탄핵불인정 판결이 난다고 해도 그것을 또 다른 혁명역량으로 이어가면 될 것이다.

문제는 남조선 국회의 탄핵소추 의결이다. 남조선 인민헌법재판소는 여론 따라 재판하는 곳으로 이미 정평이 나 있다. 촛불인민이 보수괴뢰 인민들을 제압하는 상황에서 남조선 인민헌법재판소의 결과는 고려할 필요가 없다는 것이 우리 공화국의 판단이었다.

2016년 12월 9일 력사적인 탄핵소추를 향한 혁명의 깃발이 남조선 국회에서 닻을 올렸다. 결과는 299명이 표결에 참여해서 234명이 탄핵에 찬성했다. 박근혜의 수족이라 불리던 최경환은 남조선 국회회의장에 나타나지도 않고 자취를 감췄다고 하니 공화국의 염려는 기우에 불과했다. 234명은 놀라운 숫자였다. 당초 남조선에서 암약 중인 우리 정보원들에 따르자면, 200명을 간신히 넘길 수 있을지, 아니 부결도 가능성이 있다고 했다. 보수괴뢰패당들은 언제나 뒤통수를 칠 수 있었기 때문이다.

공화국에선 만세를 불렀다. 아마 원조괴뢰 리승만을 끌어낸 1960년 4월 19일 혁명 이래 북남 인민이 호상 간에 같이 만세를 불렀던 것은 이번이 처음이리라. 적화혁명의 불길, 남로당의 숙원이 드디어 이루어지는 것 같았다.

무엇보다 리명박 도당들이 항복을 했다는 점에서 우리 역량들의 노고가 컸다. 본시 박근혜 패당이나 리명박 도당들은 의리와 신조보다는 지 살길만 보고 미국의 개 노릇에 여념이 없던 족속이다. 강력한 인민의 의지로 겁박하면 벌벌 떠는 족속들이라는 것은 알려져 있지만, 박근혜 패당마저 지 수괴를 처단하는 것에 동참하긴 쉽지 않기에 이는 놀라운 일이었다.

남조선에서 쥐새끼 무리라는 칭호를 받는 리명박 도당들이 과연 순전히 인민들에게 항복선언을 한 것인가에 대해서는 또 다른 대남분석이 있긴 하다.

불구대천 원수처럼 싸웠던 박근혜 패당을 끌어내리고 기름 바른 뱀장어란 별명을 가진 반기문 전 UN사무총장을 옹립하기 위한 것이라는 소문이 있었다. 그러나 이게 사실이라도 박근혜를 끌어내리고 남조선 인민검찰이 우리 입맛대로 박근혜를 옭아맨다면 그 어떤 미제의 앞잡이가 온다 해도 무서울 것은 없었다.

제10장
마지막 관문을 뚫다.
남조선 인민헌법재판소의 박근혜 심판

공화국 대남전문가가 본 탄핵심판 전의 남조선 정세

박근혜는 남조선에서 식물 대통령이 되었다. 남조선 인민국회가 박근혜를 끌어내리자며 탄핵소추를 가결하면서 수괴 박근혜는 모든 팔다리가 잘렸다. 남조선 헌법은 남조선 인민헌법재판소가 판단을 내릴 때까지 남조선 대통령의 모든 권한행위를 정지시킨다. 이제 박근혜가 할 수 있는 것은 아무것도 없었다.

그러나 박근혜가 탄핵소추되긴 하였으나 박근혜를 따르던 늙다리 패거리가 오줌을 지려가며 제안했던 하야 제안을 박근혜가 거부하였던 걸 보면 이는 분명히 또 다른 잔꾀일 수도 있었다. 만일 남조선 인민헌법재판소에서 탄핵이 불발로 그친다면 어떤 사태가 전개될 것이고 공화국은 어떤 상황을 맞이하게 될까. 공화국은 냉정히 분석을 해야 했다.

탄핵이 불발로 그친다면 괴뢰수괴 박근혜가 기사회생하면서 남조선 정국을 장악할 수도 있다. 박근혜가 임기를 제대로 마친다는 것인데 그렇다면 앞으로 1년 정도 남은 기간 동안 박근혜가 무슨 짓을 할지 모른다.

리명박 때, 광우병으로 리명박을 중상모략했고 폭파하고 연평도를 불바다로 만들었으나, 리명박이 권좌에 멀쩡히 앉아 있다보니 그 이상은 어떻게 해볼 수가 없었다. 더군다나 리명박은 돈을 버는 데는 귀재라 미국에서 리먼브라더스인가 뭔가 하는 자본주의 최악의 망국사태가 벌어졌을 때 그 유탄을 교묘히 피해갔다.

공화국은 1998년에 남조선에서 발생했던 IMF사태가 다시 일어날 것으로 예측하고 이번에야말로 남조선 경제의 파국을 트집 잡아 리명박을 끌어내리려고 만반의 준비를 하고 있었다. 그러나 미국 놈들 스스로가 제 발등을 찍었던 리먼브라더스 사태로 인해 전 세계의 미제식민지들이 경제난국으로 허덕이고 있을 때 리명박은 남조선 경제를 성장시키는 괴이한 힘을 발휘했다.

공화국으로서는 천재일우의 기회를 놓친 꼴이었다. 결국 리명박을 끌어내리지 못한 채 다음 권좌는 박근혜로 이어졌다. 이 력사로 비추어보자면 박근혜를 권좌에서 끌어내리지 못한다면 박근혜 다음에 또다시 괴뢰패당이 정권을 이어갈 수도 있는 것이었다.

남조선 언론들은 눈치채지 못하고 있지만, 탄핵이 불발되면 박근혜 정권이 공고해질 수 있는 또 다른 요인이 있었다. 탄핵심판까지 가게 된 이유였던 최순실과의 추문은 결국 박근혜 주변의 그렇고 그런 모리배들과 정상배들이 스스로 자승자박한 꼴이다.

만일 이 건에서 박근혜가 살아남는다면 그 주변의 날건달들이 제거되고 박근혜를 기사회생시킨 새로운 공신들이 대거 전면에 나설 여지가 있다. 이렇게 전개되면 우리로서는 예측할 수 없는 상황이 될 수도 있다.

남조선 보수패당의 패악질은 공화국에 대한 적대행위와는 별론으로 남조선 인민들에게 타도의 대상이나 그들이 타도되고 나서 또 다른 공화국 새 적대세력이 들어온다는 것은 공화국의 입장에서 결코 바람직하다고 할 수 없다.

남조선 인민헌법재판소가 박근혜를 탄핵시킨다면 남조선 정국은 어떻게 돌아가든 공화국의 입장에선 대환영이다. 보고에 따르면, 남조선 보수괴뢰세력에겐 박근혜를 이을 영도력 있는 지도자가 없다. 그에 비해서 공화국에 우호적인 아니 공화국을 절대적으로 신뢰하는 남조선 인민민주세력의 정치 지도자가 많다.

특히 노무현의 충신이었던 문재인이 대통령이 된다면 공화국에서 얻을 수 있는 것은 헤아릴 수 없이 많다. 일단 공화국에겐 끔찍했던 고난의 행군 시절, 즉 1990년대 중반에 공화국 인민들 수십만이 굶어죽는 바람에 공화국이 미제의 식민지가 될 뻔했다. 하지만 김대중 동무가 공화국에게 단비 같은 미화를 보내줌으로 인해 공화국은 위기를 극복할 수 있었다. 아니 위기를 극복하는 걸 넘어 강성대국으로 나아가는 기틀을 마련할 수 있었다. 이어 노무현의 각고의 노력에 의해 우리의 핵개발을 집요하게 방해하는 미국 놈들로부터 시간을 벌 수 있었다.

지금 공화국은 핵개발의 마지막 단계에 와 있다. 공화국 인민에게 배급을 하지 못한 상황은 오래되었지만, 문재인이 실권을 잡게 된다면 어떻게든 시간을 벌어 전 세계를 향해 공화국이 핵보유국임을 선언할 그 시기까지 시간을 벌어줄 수 있다. 비록 미제의 방해로 김대중 동무처럼 공화국에게 경제적 지원을 할 수 있을진 모르겠으나, 우리가 계속 요구한다면 급한 대로 다소 얼마간이라도 돈을 보내 오는 것은 가능하지 않을까 하는 것도 우리의 분석이다.

한편 대남적화혁명의 완수를 현실로 맞이할 수도 있다. 미국이 한반도에 대한 야욕을 포기하지 않는 한 1950년 6월 25일에 우리가 벌였던 조국해방전쟁과 같은 방식으로 남조선을 적화할 수는 없다. 그래서 공화국이 생각해낸 것이 북·남련방제를 통해 남조선 인민들이 스스로 자주적이고 민족적으로 공화국에 복속하는 방식이었다.

이는 공화국에 충성하는 남조선혁명역량들뿐 아니라 보수패당 세력이 아닌 남조선 인민들에게 효과적으로 먹힐 수 있는 현실적인 방식이다.

김대중 정권이 들어서면서 이미 기초가 닦였고, 문재인이 대통령이 된다면 이를 추진하는 일만 남았다. 물론 최종적인 대남혁명과업을 완수하는 데까지는 많은 시간이 걸릴 것이고 미국의 앞잡이로 살아왔던 남조선 인민들의 거센 저항도 있을 것이라 본다.

그러나 문재인이 대통령이 되고 남조선 경제를 미국이 아니라 중국에 예속시키는 작업을 가열차게 한다면 남조선 인민들의 저항은 약해질 것이라 본다. 공화국은 수많은 계획을 갖고 있으나 어찌 되었든 박근혜를 끌어내리지 않으면 할 수 없다.

남조선 인민헌법재판소의 심판관들

공화국의 대남전문가들은 남조선 인민헌법재판소를 무조건 믿을 수만은 없다는 보고를 올렸다. 지금 남조선 인민헌법재판소의 헌법재판관들은 모두 남조선혁명전위대였던 통합진보당을 해산시킨 주역들이었고 오로지 믿을 수 있는 재판관은 호남출신 김이수 재판관뿐이라는 거였다.

박한철 인민헌법재판소장은 리명박 도당이 임명한 재판소장이지만, 임기가 2017년 1월 31일까지라 사실상 이 심판결정에 참여하지는 못한다고 했다. 일단은 남조선 인민헌법재판관이란 자리가 인민여론에 팔랑귀들이고 여론에 민감할 뿐 소신은 없는 자들이 하는 것이 남조선의 관례라곤 한다. 그러나 박근혜의 숨통을 완전히 끊고 남조선 인민들이 공화국에 진정으로 충성하고 미제 식민지에서 벗어날 전기를 마련하는 이 역사적 결정이 이런 팔랑귀 인민재판관에 의해 결정된다고 하니 그들의 배경을 알아보지 않을 수 없었다.

남조선 해방의 역사를 움켜쥐고 있는 9명의 재판관을 보자.

박한철은 리명박이 임명하였으나 곧 나갈 사람이고, 여자인 이정미는 노무현이 집권하던 시기에 역시 공화국으로서는 친근감을 느낄 수밖에 없는 이용훈 대법원장에 의해 재판관이 되었다. 김이수는 통합진보당 해산에서도 끝까지 저항했으니 더 이상 말할 필요도 없다. 이진성과 김창종은 리명박이 임명한 남조선 대법원장 양승태에 의해 재판관이 되었고, 강일원 재판관은 리명박 시절 남조선 국회에서 합의로 재판관이 되었다. 안창호는 보수패당 새누리당에 의해 재판관이 되었고 서기석, 조용호는 박근혜가 임명한 재판관들이다.

이렇게 보면 보수패당이 임명한 재판관은 박한철, 이진성, 김창종, 안창호, 서기석, 조용호 총 6명인데, 박근혜 탄핵심판이 박한철이 나간 뒤 즉 2017년 1월 31일 이후에 이루어진다면 이들 중 3명이 반대했을 경우 박근혜의 숨통은 끊을 수 없다. 표면적으로 보면 우리의 과업이 불리하다고 보여진다.

그러나 국회에서 리명박 역도들이 이번 박근혜 탄핵소추에 가담했다. 괴뢰수괴였던 리명박은 이윽고 2016년 12월 18일 남조선 기자들이 박근혜 탄핵소추에 대해서 입장을 밝혀달라고 하자, "국민 뜻에 따라야 한다"라고 했다. 이는 분명히 리명박 역도들이 탄핵소추한 것을 추인하는 것과 동시에 남조선 인민들과 남조선 인민헌법재판소에 분명한 뜻을 전달한 것으로 해석하는 데 무리가 없다.

그렇다면 보수패당세력 중에 리명박 세력은 공화국과 뜻을 같이한다는 것이고 박근혜가 임명한 두 명의 재판관이 아무리 발악을 한다고 해도 결과는 공화국의 의지와 같을 것임이 분명했다.

그러나 방심은 금물이다. 남조선에 공화국에 충성하거나 우호적인 세력들을 키워왔고 대남혁명역량이 그동안 눈부시게 성과를 거두었으나, 자칫 방심하는 통에 전세가 뒤집힌 적이 한두 번이 아니었다. 모든 사항이 유리할 때 더더욱 가열차게 몰아붙여야 하는 것이다.

박근혜의 죄목

먼저 박근혜의 죄상부터 살펴보자. 더불어민주당과 국민의당이 일일이 써낸 박근혜의 죄상은 수십 쪽에 달하나 요약을 하면 다음과 같다.

1. 박근혜는 각종 정책·인사 문건을 최순실에게 전달하여 국가정책·공직인사를 최순실 등의 사익을 위해 행사했다.

2. 청와대 간부, 문화체육부 장차관 등을 최순실로부터 추천받아 임명하고 맘에 안 드는 관료는 좌천하거나 내쫓았다.

3. 남조선 기업에 대해 K재단, 미르재단에 재산을 출연하도록 강요하고 남조선 기업의 인사에 간섭했다.

4. 언론사 사장을 해임 지시했다.

5. 세월호 참사는 박근혜 때문이다.

6. 최순실과 가까운 사람이나 기업에 이권이 돌아가도록 다른 기업에게 계약을 강요하거나 취업을 시켰다.

공화국 인민들이 착각하지 말아야 할 것은 위대하신 민족의 지도자이고 최고존엄인 김정은 동지와 혹여 비교하면 안 된다는 것이다. 서론에서 밝혔듯이 최고존엄께서는 그 판단이 서시면 누구에게라도 상의할 수 있으며 그 상의를 받는 자는 누구라도 가능하다. 이는 인민이 최고존엄 앞에서는 모두가 평등하기 때문에 최고존엄이 선택만 하신다면 누구라도 최고존엄과 얘기할 수 있다.

남조선의 불평등한 제도와 공화국의 입장은 근본적으로 다르다. 최고존엄은 반동분자·미제스파이·종파분자들을 언제든 내치어왔다. 그리고 공화국의 내외에 있는 무역회사, 협동조합 등에서 나태하거나 인민에 대한 의무를 다하지 않는 사람에 대해서도 가차 없는 벌을 내리시었다. 심지어 최고존엄의 고모부인 장성택도 고사포로 즉결처분하는 정의로움을 행하는 분이시다. 공화국에서 벌어지는 모든 사건은 조사 결과 인민들이 최고존엄의 당부와 말씀을 따르지 않은 것으로 말미암아 생긴 것이고 이에 대한 책임은 인민들이 통감할 일이다. 또한 공화국에서 최고존엄이 하사하시거나 중책에 임명하는 것은 위대한 혁명을 완수함에 있어 그 노고를 치하하는 것이지 한 치도 사사로운 감정이 없다는 것은 우리 인민이 잘 알고 있는 사실이기도 하다.

남조선에서 박근혜에게 이와 같이 책임을 묻는 이유는 박근혜가 공화국의 최고존엄과 같은 영도력을 발휘하지 못함에 그 이유가 있음을 명심해야 한다. 따라서 공화국의 사고체계로 남조선 탄핵을 바라봐서는 안 될 것이고, 이는 과거 조선로동당원 송두율 동무가 남조선 인민들에게 분석의 틀을 제시한 바가 있다.

이를 우리 인민의 시각으로 해석해보면, 남조선을 적화혁명하려면 주체사상은 심장에 있으되, 혁명과업을 완수할 때까지는 남조선의 입장에서 즉 내재적 접근방식으로 남조선을 이해하고 무너뜨려야 한다. 이어지는 탄핵심판 과정의 분석은 일부 송두율 동무의 내재적 접근방식에 의한 이해방식을 차용하였다는 것을 인민들은 명심하고 내용을 이해하여야 할 것이다.

대남 법전문가의 해석

우리는 대남 법전문가들에게 인민헌법재판소의 탄핵심판에 있어서 남조선의 법 논리에 대해 자세히 분석하도록 지시를 했다.

남조선 내 혁혁한 우군세력인 인민민주변호사들의 주장을 잘 살펴보는 것이 일차적 이해이긴 하겠으나, 남조선 내 보수세력의 법 논리를 더 자세히 분석하도록 했다. 그래야 공화국의 역량강화에 방향성을 정할 수 있었기 때문이다.

남조선 내 보수 세력의 법 논리에 따르더라도 박근혜를 끌어낼 수 있다면, 그 이후의 전개과정에 우리 역량을 준비해야 할 것이다. 또 만일 보수 세력의 논리가 만만치 않아 남조선 인민헌법재판소가 또다시 공화국을 배신할 여지가 있다면 모든 역량을 집중해 정치적으로 몰아붙여야 하기 때문이다. 남조선 법전문가들이 분석한 남조선 법의 해석은 다음과 같다.

⑴ 박근혜가 최순실에게 각종 정책 및 문건을 넘겨준 것에 대하여 이제 공화국 검찰이 된 남조선 검찰은 공무상 비밀누설의 혐의를 박근혜에게 씌웠다. 여기서 따져보아야 할 것은 최순실에게 넘겨준 내용이 과연 공무상 비밀에 해당하는 것인지 여부와 박근혜가 남조선 대통령이라는 특수한 지위에 있다는 거였다. 그 어떠한 공화국 혁명전사보다도 큰일을 해낸 남조선 언론 「JTBC」는 최순실로부터 입수했다는 태블릿 PC에서 발견한 것이 독일에서 박근혜가 망발했던 연설문이라고 했다.

이는 어차피 남조선 인민들에게 발표된 내용이라는 점에서, 그리고 박근혜가 단지 몸종이라고 불릴 수도 있는 자에게 자구 여부를 물어봤다는 점에서 과연 비밀에 해당할 수 있는지 반박이 있을 거라고 했다.

만일 이것이 공무상 비밀이라고 하더라도 박근혜가 남조선 최고위자라는 점이 또 걸림돌이었다. 남조선 헌법에 따르면 박근혜가 결국 최종 결정권한을 갖고 있어서 비밀인지 여부를 최종 판단하는 것은 대통령이 결정한다는 논리가 가능하다는 거였다. 이러한 논리는 문건의 최종책임자가 박근혜라고 볼 수 있기 때문에 간단치 않은 논리였다.

⑵ 청와대 간부, 공직자 등을 최순실로부터 추천받아 임명

하는 것에 대해서는 인민들이 최순실을 증오하는 것 외에는 별다른 위법사항이 없다는 분석이 나왔다. 남조선 내 역대 대통령들이 공무원을 임명할 때 지 혼자 모든 인사를 할 수는 없다는 점에 비춰보면 결국 누구의 말을 들었냐는 것은 쉽게 불법이라고 할 수는 없다는 것이었다.

공화국의 입장에서도 이 부분은 녹록지 않았다. 최고 존엄이 누구의 말을 들었건 그건 최고 존엄의 권한이었다. 최고 존엄이 맘에 안 드는 간부들을 내쫓은 것은 공화국에선 얼마든지 가능하다. 다만 최고 존엄은 인민의 뜻에 어긋나는 인사들을 내치시었을 뿐 한 번도 자의적으로 내치신 적은 없었다.

아마 남조선 법체계로는 내쫓는 이 부분을 문제 삼을 수 있을 것 같다. 그러나 대남 법전문가들은 이 부분도 쉽지는 않다고 했다. 남조선은 중앙의 국가기관 중 고위직은 신분보장이 되지 않기 때문에 언제든 대통령이 쫓아낼 수 있다고 했다. 인민의 뜻과 상관없는 남조선 최고위 대통령의 고유한 몫이라 했다.

하긴 김대중 동무나 노무현 동무도 정권을 잡자마자 고위직에 있는 보수세력 동조 인사부터 무차별 내치었고 그것에 대해 남조선 보수패당조차도 악만 썼을 뿐 별다른 이의를 제기하지 않았다. 대남 법전문가들은 그러면서도 불리하게만 생각할 필요도 없다고 했다. 예전 「KBS」 정연주 사례처럼 남조선 인민법원은 공화국에 친하면 무죄, 남조선에 친하면 유죄라는 공화국 법리를 받아들이고 있기 때문이다.

(3) K재단·미르재단을 만들고 박근혜가 거기에 남조선 기업들로 하여금 돈을 내게 했다는 부분이 남조선법 위반이라는 사실에 우리는 크게 놀랐다. K재단·미르재단은 박근혜가 조·중동맹을 와해시키려고 공작을 했던 부분이었기 때문이다. 중국의 시진핑을 만나서 박근혜가 무슨 교태를 부렸는지 중국과 남조선이 문화교류를 통해 남조선 대기업을 대거 중국에 뿌리를 박으려는 모략극이었음을 우리는 사전에 파악하고 있었다.

정보에 따르면 중국 공산당 간부들이 알게 모르게 권력질을 많이 하는데, 거기에 출혈이 심한 남조선 기업들 입장에서는 시진핑이 박근혜와 합의한 중-한 문화재단을 살짝 끼워넣으면 중국 각 지방의 권력질을 피해갈 수 있다는 것이다. 그러함에도 이것이 탄핵사유로서 가장 핵심이라고 하니 우리로서는 쾌재라고 할 수 있었다.

그러나 대남전문가들에 따르면 이것도 쉽지는 않다고 했다. 박근혜가 위 두 재단을 만들라고 시켰지만, 위 재단이 박근혜 것이 아니라는 거다. 더군다나 박근혜가 남조선 기업들로부터 받은 돈을 자기 호주머니에 챙겼다는 정보가 없었다. 재단의 이 부분을 엮기 위해서 남조선 공화국 검찰이 필사적으로 덤볐지만 찾지 못했다.

박영수가 이끄는 특검은 없으면 만들라는 자세로 박근혜를 털고 있다고 정세분석이 올라왔는데 여기에 기대를 걸어야 한다고 했다. 다른 기업에 일자리를 알선한 것도 따져보면 쉽지 않다고 했다. 남조선의 법체계는 기본적으로 공직자를 처벌하기 위해서는 사익을 취해야 하는데, 최순실의 사익을 박근혜의 사익으로 둔갑시키는 것은 고도의 공작이 필요하다고 했다.

(4) 언론사 사장을 해임 지시했다는 부분은 대남 법전문가들에게 물어볼 필요도 없었다. 이 부분은 남조선 해당언론사의 과잉반응이었다는 것을 우리는 벌써 파악하고 있었고, 어차피 그 정황은 드러날 것이다. 아무튼 남조선 인민을 선동하기엔 좋은 거리임은 분명하다.

(5) 세월호 참사가 발생했을 때 공화국은 이 사건을 어떻게 하면 박근혜를 무너뜨리는 동력으로 삼을지 고민했었고, 남조선 혁명역량들은 이때다 하여 들불같이 일어났다. 광우병 사건보다 더한 중상모략으로 박근혜를 몰고 갔다.

사실 광우병 사건은 그 뼈대가 약했다. 「MBC」의 반(反)리명박 역량들이 잘 포장했긴 했지만, 시간을 끌면 끌수록 불리했다. 그러나 세월호는 남조선 인민들이 사고를 직접 보았기에 훨씬 파괴력이 크다. 사실에 약간의 평가만을 더하면 혁명을 만들 수 있다는 것은 공화국의 혁명세부지침의 기본 중의 기본이다.

더군다나 박근혜는 당시 스스로 자살골을 수도 없이 넣었다. 세월호 사고는 책임을 져도 유병언이 져야 하는데, 해경이 잘못했다고 자기 부하들에게 책임을 떠넘기려다 자기가 독박을 썼다. 물론 유병언이 시체로 발견되어 그렇게 상황이 돌아간 측면도 있으나, 유병언이 그때 죽어서 박근혜가 독박을 쓰는 역사로 흘러간 것은 지금도 의아하다.

박근혜는 세월호로 막대한 타격을 입었다. 그러나 끝장을 보진 못했다. 못내 아쉬웠지만, 최순실 사태로 불길이 일어나자 세월호는 다시 기름이 되었다. 남조선 법전문가는 세월호로 박근혜에게 법적 책임을 묻는 것은 어렵다고 했다. 남조선 수괴가 사고가 날 때마다 법적 책임을 졌다면 김대중 동무도, 노무현도 무사하지 못했을 것이다.

⑹ 최순실과 가까운 사람이나 기업에 이권이 돌아가도록 다른 기업에게 계약을 강요하거나 취업을 시킨 것은 조사만 잘 한다면 남조선 법에 따라서도 위법을 밝혀낼 수 있다고 했

다. 그러나 특검이 이 잡듯이 잡고 있으나 박근혜 호주머니에 들어간 돈을 밝히지 못하면 과연 이걸 이유로 남조선헌법재판관들이 박근혜의 숨통을 끊을지는 미지수라고 했다.

남조선 인민들 자체가 대통령 하나 만들어서 거기에 다 붙어먹고 사는 습관이 오래 박혀 있는지라 이 부분을 따지고 들면 누구도 자유롭지 못하기 때문이다.

최고존엄도 경계하는 일이긴 하나 공화국의 인민들도 하급 당간부만 알아도 이를 팔아 제 잇속을 챙기는 일이 허다하기 때문이다. 정작 남조선의 법해석으로 가장 큰 걸림돌은 노무현 탄핵 기각의 선례였다.

(7) 2004년 노무현이 역적패당의 중상모략에 의해 탄핵소추를 당하여 남조선 인민헌법재판소까지 간 적이 있다. 결국 인민들의 끈질긴 요구에 의해 기사회생한 바 있는데, 그때 남조선 인민헌법재판소가 내세웠던 논리가 중대한 위법이 있어야만 대통령을 파면할 수 있다는 논리였다. 당시 공화국은 남조선 괴뢰패당에 붙어먹었던 가소로운 법 먹물들이 막상 인민의 위대함을 마주한 상황에서 어떻게 굴복할 것인지 자못 궁금했었다.

비록 남조선 헌법재판소가 공화국의 변호사인 노무현을 구해내긴 했으나 당시 그 논리를 들었을 때 참으로 남조선 부르주아의 골수답다고 혀를 내둘렀다. 말을 꾸며대는 것은 남조선 판사들보다 더한 직역(職域)은 없을 것이다. 그런데 이게 박근혜를 끌어내리는 데 최대의 걸림돌이라는 것이다.

남조선 법조계를 장악하기 위해서 공화국은 끊임없이 노력해왔고 괄목할 만한 성과도 거두었다. 남조선을 부정하고 공화국에 우호적인 어떠한 행동을 해도 남조선 인민법원은 감옥에 보내지 않았다. 오히려 면죄부도 주었다.

리명박의 숨통을 끊기 위해 중상모략으로 사태를 몰고 간 「MBC」 역량들에 대해서도 남조선 인민법원은 무죄를 선고했다. 남조선 인민법원의 노력으로 고비 때마다 맥이 끊길 뻔한 혁명의 불길은 그래서 계속해서 이어갈 수 있었다.

그러나 여전히 남조선 법조계는 부르주아 판이었다. 종사하는 직역의 속성상 아직 공화국의 텃밭이 되었다고 보긴 쉽지 않다. 하지만 남조선 보수 법조 패거리의 아가리들을 틀어막은 분위기가 형성된 것만으로도 적화혁명은 성공의 목전에 왔다고 해도 과언이 아니다.

남조선의 변호사 업계에 우리 역량들의 힘을 키우기 시작한 것을 시작으로 남조선 인민법원에도 교두보를 만들었고, 이번 박근혜 탄핵에서 보듯 남조선 검찰조차도 공화국의 인민검찰임을 은연중에 드러냈기 때문이다.

⑻ 결국 공화국은 남조선 법전문가들의 분석과 조선로동당원이었던 송두율 동무의 내재적 접근법까지 동원하여 분석한 결과, 남조선의 법률체계에 따르면 박근혜를 끌어내리는 것은 불가능하다고 결론을 내렸다.

그렇다면 이것은 정치적 혁명으로 끌어내려야 한다. 다행히도 남조선 인민헌법재판소는 정치를 법으로 포장하는 것엔 귀신이었다. 총공세, 총공격만이 남아 있었다. 이제 더 이상 남조선 괴뢰들의 법을 연구하고 보수패당 세력의 법 논리를 분석하는 것은 의미가 없었다. 남조선 인민들과 함께 공화국의 역량을 집중하는 일만 남았다.

신보수패거리의 발악과 위기의 순간

2016년 12월 말부터 시작한 박근혜에 대한 탄핵재판은 예상치 못하는 분위기로 흘렀다. 사안을 뒤집을 만한 경천동지할 얘기들이 대남총국에서 정보보고로 올라오기 시작했다. 남조선 언론이 남조선 인민들에게 말한 얘기가 실체가 없으며 그것을 의심할 만한 증거들이 나오기 시작했다는 것이다. 「JTBC」에서 말한 컴퓨터는 태블릿PC라는 손컴퓨터였고 한

때 최순실의 측근이었지만 박근혜 탄핵의 결정적 제보자였던 고영태는 그 태블릿을 입수한 경위가 다르다고 폭로했다.

인민헌법재판소에서 재판이 시작되자 박근혜의 변호사들은 최순실과 고영태가 내연의 관계였다면서 최순실이 고영태의 뒤를 봐주려고 박근혜를 팔아먹은 것이지 박근혜는 이에 관계가 없다는 주장을 했다.

과거 공화국 대남혁명전사를 잡아대던 괴뢰의 주구 고영주 검사가 이사장으로 있는 「MBC」와 자본주의 선동나팔수 「한국경제」란 신문도 별안간 고영태 녹음파일 어쩌구저쩌구하며 떠들어대기 시작했다. 태극기를 든 남조선 보수패거리가 하나둘 모이기 시작했다. 매주 토요일마다 광화문 광장을 덮기 시작하는 보수패거리는 점점 많아졌다.

낮에는 태극기, 밤에는 촛불. 남조선 언론들이 촛불은 100만이요 태극기는 1,000명이 안 된다고 선전을 계속 해댔지만, 남조선에서 암약하는 우리 혁명 전사들의 보고는 달랐다. 촛불집회에서 남조선 인민들이 계속 떨어져 나가고 있다는 보고였다. 그에 비해 일주일마다 늘어나는 보수패거리의 태극기 물결은 점점 늘어나고 있었다. 자칫 이대로 가다가는 남조선 인민의 여론이 뒤바뀔 것이라고 했다.

앞서 말한 것처럼 공화국은 남조선의 법체계로는 박근혜를 끌어내리기 힘들기에, 박근혜 끌어내리기 혁명과업은 정치투쟁과 인민의 여론으로 밀어붙여야 한다고 방침을 정했다. 이게 흔들리면 곤란했다. 공화국이 신보수패거리의 정치적 반격을 미리 분석하지 못하고 대비를 못한 것이 문제였다. 남조선 신보수패거리가 주장하는 정치적 공세의 골자를 정리하면 다음과 같다.

최순실은 그 아버지 최태민 때부터 박정희 일가에 대를 이어 충성하는 집안이었다. 박근혜가 다시 대통령이 되자, 옷심부름이나 하고 빨래거리나 해주던 최순실이 청와대에 따라 들어갔는데 이게 화근이었다. 박근혜가 워낙 사람들을 만나지 않고 뒤에서 지시만 내리는 음습한 성격을 가진지라, 문고리 3인방이라 칭하는 남자비서들을 통해서만 지시를 전달했는데, 이 문고리 3인방이 전부 오래된 최순실의 수족이었다는 것이다. 박근혜가 세상살이에 대해서는 깜깜이라 이들 비서들의 생활을 최순실이 감당을 했었기에 이들 3인방은 최순실의 말이라면 두말없이 따를 수밖에 없었다.

남조선에서 방귀 좀 뀌는 인간들은 최순실만 잡으면 한몫잡을 수 있다고 생각했고, 남조선 최고의 거상 삼성의 귀에도 이 소문이 들어갔다. 최순실은 여기저기 다니면서 위세를 부린 모양이다. 아니 소문이 최순실의 신분을 점점 높여갔다.

이 와중에 최순실은 고영태라는 남자를 수족으로 부리는데, 고영태는 최순실과 만나다보니 최순실이 청와대를 들락거린다는 것을 알게 되었고 최순실을 통해 단단히 한몫 잡아보려 매일같이 최순실을 졸라댔다. 그러나 사실 최순실은 박근혜 앞에서는 입도 못 떼는 입장이라 이런 고영태의 과도한 부탁을 들어줄 수가 없었다.

최순실이 생각해낸 것은 박근혜가 중국과 문화교류를 위해 설립을 추진했던 K재단에 숟가락을 얹게 해주는 것이 고작이었다. 그것도 K재단에 이사장 같은 것이 아니라 K재단과 거래하는 조그마한 회사에 고영태를 심어주는 거였다. 고영태는 최순실의 이러한 푸대접에 잔뜩 불만을 품고 있었는데, 이를 알고 접근한 사람이 있었다. 한때 리명박 패당을 따라 남조선에서 국회의원을 해보려다 실패한 일간지 기자였다는 것이다. 그러던 그는 여러 가지 수소문 끝에 최순실과 고영태가 매우 가까운 사이라는 것과 최순실이 박근혜를 팔아 호가호위한다는 사실을 알게 되었다. 그래서 이에 대한 증거를 잡기 위해 한편으로 자신의 또 다른 수족을 고영태에게 접근시켜 최순실 주변의 모든 일거수일투족을 촬영하고 녹음하기 시작했다.

고영태는 시간이 흐르면서 최순실에게 아무것도 기대할 수 없다는 걸 깨닫기 시작한다. 대박인 줄 알고 최순실에게 봉사해왔는데 알고 봤더니 최순실은 박근혜에게 아무것도 아닌 존재였다.

그래서 내린 결론이 때가 되면 이것을 더불어민주당 등 박근혜 패당을 반대하는 세력에게 넘기고 크게 터뜨려 한몫잡아보려 했다는 것이다. 언론에서 말한 태블릿PC도 조작이라는 거다. 또한 이 모든 것은 더불어민주당이 오랫동안 기획해왔고 리명박 도당이 이에 가담했다는 것이라는 주장도 했다.

위와 같은 소설은 남조선 인민들에게 영향력을 발휘하기 시작했다. 무엇보다 고영태 파일이라는 녹음 파일이 계속해서 언론에서 쏟아져 나왔다. 내일은 무엇이 나올 것인가 하면서 점점 더 박근혜 끌어내리기를 음모로 바라보는 시각이 많아졌다. 이는 남조선 신보수패거리의 등장 때문이었다.

이제까지 남조선 보수패거리는 청와대·남조선 국가기관·새누리당을 비롯한 권력이 있는 곳에 똥파리들 모이듯 들끓었는데, 미제 놈들이 만들어낸 유튜브라는 인터넷 방송과 페이스북을 통해 권력과는 아무런 상관없는 신보수패거리가 미쳐 날뛰었다.

무엇보다 이러한 신보수패거리의 발악적 행태는 괴뢰 박근혜가 전격적으로 유튜브 방송에 나와 신보수패거리에게 암시를 주었기 때문이다. 2017년 1월 25일 박근혜는 정규재라는 반공화국 적대여론의 선동가가 운영하는 유투브 방송에 나와 터무니없는 말을 지껄여댔다.

이 방송이 나오자마자 단박에 200만이 시청했고 눈깔이 뒤집힌 인민들이 계속해서 전국적으로 뛰쳐나왔다. 그들이 외친 구호는 듣기만 해도 욕지기가 솟구치는 '자유민주주의와 법치주의'였다. 남조선 안에 이렇게 프롤레타리아 인민독재에 정면으로 항거하는 인민들이 많을 줄은 공화국에서도 미처 예측하지 못한 사태였다. 위기였다.

남조선 인민법조인들의 활약

2017년 2월 16일 「MBC」 저녁뉴스와 「한국경제」는 각각 특종으로 고영태 녹음파일 음성을 남조선 전역을 향해 발사했다. 내용은 고영태가 최순실은 박근혜에게 아무런 영향력이 없고 최순실을 통해 박근혜에게 얻어낼 것이 없으니 이를 다른 세력에게 팔아넘겨 챙기든가, 아니면 그전에 한몫 챙기자는 얘기였다. 경천동지할 내용이었다. 그 주도인물 입에서 박근혜 죄상을 누명으로 여길 수도 있는 발언이 나왔다.

다음 날은 토요일이었다. 태극기를 들고 나와 반공화국 구호를 외치는 토요일 태극기 집회는 공화국으로서는 공포 그 자체였다. 그런데 이와 같은 사실이 전파되었으니, 안 그래도 미쳐 날뛰는 신보수패거리에게 마약을 바가지로 주입한 꼴이었다.

위기의 순간에 공화국과 공화국 혁명노선에 참여했던 남조선의 모든 세력을 구해낸 건 인민특검과 남조선 인민중앙법원이었다. 신보수패거리가 미쳐 날뛸 것이 확실하자, 전격적으로 2017일 2월 17일 새벽 2시에 남조선 최고의 거상 이재용을 구속했다.

이재용이 어떤 인물인가. 1970년대 중반까지 공화국은 남조선보다 배불리 먹었다. 그런데 박정희가 미제 놈들과 손을 잡고 미제국군을 남조선에 붙잡아두는 패악질을 함과 동시에 모든 것을 남조선 경제발전에 쏟아부었다. 그리하여 1976년을 기점으로 남조선이 공화국을 능가하는 쌀과 고기를 비축하기 시작했다. 이후 미제국주의 놈들의 경제정책과 정치사상을 계속 남조선 인민들에게 주입시키는 바람에 공화국은 남조선의 눈치만 보게 되었다. 그로 인해 공화국은 생존을 위해 핵개발을 선택할 수밖에 없었고 핵개발이 완성될 때까지 남조선 내 공화국 우호세력을 통해 돈과 시간을 벌어야 했다.

상황이 이렇게까지 된 이유가 3대를 통해 대를 이어 박정희와 남조선 보수패거리에 충성을 다해온 삼성기업 일가 때문이었다. 이재용은 공화국 위협의 근원 중의 근원이었다. 아무리 박근혜가 설쳐댄다고 해도 이재용이 이끄는 삼성이 없었더라면 제아무리 박정희의 딸이라 해도 아무 짓도 못 했을 것이다.

그런 이재용을 그것도 마치 최고 존엄께서 정확히 교시하신 듯 남조선 인민중앙법원이 구속을 시킨 것이다. 남조선 인민특검과 인민법원이 불을 껐다. 이제 남은 것은 인민헌법재판관들의 활약이었다. 이제 신보수패거리의 태극기 놀음은 끝났다.

인민헌법재판관들의 력사적인 선언과 박근혜의 추락

이제부터 인민헌법재판관들의 활약을 살펴보자. 2016년 12월 22일 남조선 인민헌법재판소는 준비재판 절차를 시작으로 박근혜 끌어내리기 혁명과업을 시작했다. 인민들의 여론이 들끓자, 박근혜를 대변하러 나온 나부랭이 변호사들은 시간을 끄는 작전을 들고 나왔다. 3만 쪽이 넘는 수사기록이

복사가 안 돼서 보지 못했다는 둥, 남조선 인민국회의 탄핵소추의결 절차가 잘못되었다는 둥 누가 봐도 빤한 수법이었다. 그러나 쇠뿔도 단김에 빼라 했다. 인민헌법재판관들은 일언지하에 박근혜 변호사들의 요구를 거절했다. 재판관들은 절차위법은 법정에서 다투지 마라, 기록은 복사해줬으니 변호사들이 나눠 읽으면 3일 만에도 읽어낼 수 있다는 그야말로 핵심을 꿰뚫는 논리로 박근혜 변호사들의 말을 묵살했다.

인민재판관들의 활약은 한도 끝도 없다. 박근혜 변호사들이 탄핵재판은 남조선 형사재판 절차를 따라야 하는 것이 남조선의 법이고 인민검찰의 증거는 박근혜 변호사들의 검증절차를 거쳐야 한다고 했지만, 이것도 인민재판관들은 창조적이고 주체적인 법해석으로 이들의 의견을 날려버렸다.

탄핵재판은 인민들의 관심이 높고 그 기준으로 볼 때, 모든 인민검찰의 수사기록은 증거기록으로 채택할 것이고 굳이 박근혜 변호사들의 반대의견은 들을 필요 없다고 했다. 기왕의 남조선 인민헌법재판소의 형식적인 법을 들어 다시 한 번 재판을 끌어보려던 잔꾀는 통하지 않았다.

박근혜가 무슨 죄가 있는지 정리하는 것이 이 재판의 목적임에도 박근혜 변호사들은 본질을 흐리는 주장을 했다. 이들은 고영태와 최순실이 치정관계였고 최순실로부터 얻어낼 것이 없자, 최순실이 행한 모든 패악질을 박근혜와 공모한 것으로 뒤집어 씌워 한묶잡아보려던 고영태 일당의 사기극에 모든 인민이 놀아나고 있다고 했다.

그러나 신보수패거리가 태극기를 들고 설쳐대기 시작하자 인민재판관들도 동요가 생기기 시작했다. 박근혜 변호사들이 요구하는 것은 초장부터 모든 것을 묵살하던 재판관들은 토요일마다 뛰쳐나오는 신보수패거리의 악다구니에 약간은 밀리기 시작했다. 박근혜 변호사들은 끊임없이 고영태의 인민헌법재판소 출석을 요구했다. 고영태 녹음파일도 재판정에서 틀 것을 요구했다. 고영태가 안 나오자 신보수패거리는 인민검찰에 고영태를 잡아달라고 요청까지 했다. 그러나 이미 남조선 혁명노선에 동참한 인민들은 고영태의 말을 듣고 싶지 않았다. 인민이 원하지 않으면 어떤 것도 하지 않고 인민이 원하면 그것은 그 어느 것보다 우선이라는 것은 공화국의 정신이다. 이에 반대하는 미제의 논리, 즉 법치주의는 착취의 논리에 불과했다. 인민재판관들의 당시 속내야 어떻든 간에 공화국의 입장에서 볼 때 인민재판관들은 박근혜 변호사들의 마지막 잔꾀부림에도 넘어가지 않았다.

그래도 속내를 알 수 없는 재판관들이었다. 앞서 말했듯이 팔랑귀 재판관들은 언제든지 변심할 수 있었다. 3명만 반대만

하면 혁명은 무산된다. 그러나 기우에 불과했다. 결과는 만장일치 8 대 0이란 위대한 결정으로 박근혜를 남조선 수괴 자리에서 끌어내렸다.

전해지는 정보보고에 따르면 당초 인민헌법재판관 중 3명 이상이 남조선의 법리상 박근혜를 끌어내리는 것은 불가능하다고 판단했다고 한다. 그러나 한두 명씩 인민들의 분노와 인민들의 함성에 겁을 먹었고 마지막 순간까지 신보수패거리 논리에 경도되었던 재판관들도 위대한 혁명에 동참하는 인민재판관의 영예에 이름을 올리기로 결심을 했다는 것이다. 법논리가 아니라 정치적 공세와 혁명의 불길에 집중해야 한다는 공화국의 방침은 승리의 마침표를 찍었다.

박근혜의 숨통을 끊은 위대한 남조선의 법조인들과 인민들에게 영광 있으라!

제11장
탄핵혁명 과업 및
조국해방전선의 승리에 대한 평가와 기대

남조선의 박근혜는 그나마 이름뿐인 권력을 잃고 개처럼 청와대에서 끌어내려졌다. 이윽고 인민검찰은 박근혜를 감옥에 처넣었다.

박근혜는 날벼락을 맞은 것처럼 느꼈겠지만, 남조선 혁명 인민들과 공화국의 입장에선 사필귀정이라 할 것이다. 박근혜는 최순실과 놀아난 미친 공주로 온갖 부패와 부정으로 얼룩진 인간으로 영원히 역사에 낙인찍힐 것이다.

남조선은 곧바로 새로운 대통령을 뽑기 위해 인민들의 의견을 묻는 선거를 치렀고 예상대로 문재인이 대통령이 되었다. 문재인은 노무현과 함께 사실상 공화국의 변호사로서 활동했고 이제까지 혁명노선에 우호적이었다. 문재인은 공화국에 대해 적대행위로 일관해온 모든 반공화국 세력을 박멸하기로 선포했고 남조선 인민검찰과 인민법원은 이에 대해 충성의 맹세를 한 것으로 보인다. 박근혜 잔당에 대해 일제 소탕작전에 들어갔고, 역적의 또 다른 한 축인 리명박을 잡아넣었다.

무엇보다 공화국을 옹호하면서 미제국주의자들에 대해서 전면전을 선포했다고 평가할 수 있다. 문재인은 권좌에 오르자마자 제일 먼저 공화국에게 800만 달러 지원을 결정했다. 미제의 반대에도 무릅쓰고 2018년 평창겨울철올림픽은 위대한 공화국의 올림픽이었음을 전 세계에 행동으로 선포했다.

공화국의 핵미사일을 막을 수 있는 미제 놈들의 사드 미사일도 사실상 봉쇄했다. 남조선 언론들은 여전히 인민들에게 문재인의 위대성을 알리고 있다.

공화국에 대해서 잠시도 쉬지 않고 악담을 퍼붓던 미제의 수괴 트럼프도 손을 들었다. 문재인이 요구한 공화국과의 회담을 즉석에서 수락했던 것이다. 트럼프가 뒤로는 무슨 짓을 할는지는 알 수 없다.

그러나 문재인은 어떠한 위협과 위험에도 굴하지 않을 것이고 남조선 인민들의 희생을 딛고라도 이번만큼은 반드시 미제의 영향권에서 벗어나겠다는 다짐을 한 것으로 보인다.

공화국과 남조선의 위대한 주체역사가 새롭게 시작됐다.

보론:
남조선 문학예술혁명 100돌을 앞두고 되돌아본 문혁 전사들의 위대한 투쟁

필자의 말

확증편향과 인지부조화의 빅뱅

황정은(대중문화 평론가)

대한민국은 자유의 기치 아래 건국 70년 만에 세계가 주목하는 눈부신 경제성장을 이룩하였다. 그러나 여기까지였다. 찬란한 미래를 향해 전진하던 발걸음은 평등하고 공정하고 정의로운 자칭 개념인들 덕분에 진화의 방향으로 향하지 못하고 퇴보의 길로 내닫고 있다. 대한민국은 무지한 개념인들의 확증편향과 인지부조화의 빅뱅으로 돌아올 수 없는 다리를 건너고 있다.

대한민국은 오팔륙 주사파세대의 권력 놀음으로 자유민주주의와 시장경제가 유린당하면서 몰락의 벼랑 끝에 서 있다. 1980년대 사고방식으로 오늘의 현실을 인식하고 있는 오팔륙 주사파세대는 운동권식 계급투쟁으로 법치를 파괴하고 헌법질서를 무너뜨리고 있으며, 시장경제를 사회주의통제경제로 변질시키려는 시도를 자행하고 있다. 어쩌면 저들에게 대한민국이란 자신들의 부와 권력을 위한 숙주에 불과할지도 모른다.

자유 속에 살 것인가. 아니면 통제 속에서 죽을 것인가?

작금의 현실을 남의 탓으로 돌리지 말자. 그것은 비겁한 변명이다. 분명한 이유 중 하나는 대한민국의 가치와 이념을 마음껏 능욕하고 유린하게 허락한 우리의 무지에서 비롯된 것이다. 이 글은 시대의 무지를 과감히 타파하고 실사구시의 관점을 확보하기 위한 하나의 과정으로 나온 것이다.

통렬한 성찰과 각성을 위해서는 과감한 시선 전환이 필요하다. 문화예술은 미래를 장전한 무기이기도 하지만 미래를 파괴하는 무기이기도 하다. 지난 98년 동안 사회주의 국가 건설을 위한 끊임없는 공격이 가능했던 것은 좌경화 세력이 문화예술을 무기로 간주하고 도구나 수단으로 이용했기 때문이다. 본 글은 좌경화 주도세력의 시선으로 98년의 과정을 추적하고 있다. 과정을 역으로 추적하다보면 문화예술을 통해 대한민국이 어떻게 전체주의 시스템으로 좌경화되었는지를 간파할 수 있을 것이다.

진실에 눈감고, 진실을 외면하고, 권력에 기생하는 좌경화의 현실을 직시할 수 있도록 기회를 제공해준 무지의 개념인들과 무능의 리더십으로 위기를 직감하게 해준 오팔륙 주사파세대에게 진심으로 감사드린다.

늦었지만 다행이다. 이제라도 오랫동안 온갖 핑계와 변명 그리고 무책임과 무관심으로 방치했던 대한민국의 어제와 내일을 올바로 해석하고 새로 계획할 때다. 무엇이 진실인지 재추적하여 올바른 방향으로 전진할 수 있도록 지금부터라도 자유와 진실을 위해 다시 싸워야 한다.

자유 속에 살 것인가 아니면 통제 속에서 죽을 것인가? 우리 운명은 우리가 결정하는 것이다. 다른 누구에게 달린 것이 아니라 우리의 손에 달려있다. 누군가 우리의 소중한 것을 짓밟고 빼앗으려 할 때는 목숨을 걸고 싸워야 한다. 바로 지금이 그때다.

제1장
남조선 문학예술혁명 100돌을 준비하며

문학예술혁명(이하 문혁)은 온 사회의 사회주의 위업을 위한 문학예술투쟁을 뜻한다. 남조선 문혁은 남조선 문혁전사들의 투쟁을 통해 남조선 인민들의 신념이나 가치관의 변화를 유도하거나 직접적인 행동을 유발하기 위한 대남전략이다. 핵심투쟁으로는 반정부투쟁·반미투쟁·조국통일운동이 있다. 반정부투쟁으로 남조선에 인민민주주의 정권을 세우고, 반미투쟁으로 미군을 몰아내며, 조국통일운동으로 공화국 주도의 련방제 통일을 완성하여 민족해방인민민주주의혁명 위업을 달성하는 것이다.

민족의 운명을 구원하는 유일한 길에서 남조선 문혁은 수많은 우여곡절을 겪었다. 그때마다 위대한 수령님들께서는 남조선 문혁전사들에게 불굴의 의지를 주시고 투쟁의 무기와 묘술을 주시어 혁명 과업의 앞길을 열어주시고 투쟁의 간고한 과정을 전진과 발전과 승리로 이끌어주시었다.

1919년 3·1 인민봉기를 계기로 부르주아 민족주의 운동은 종말을 고했다. 이후 사회주의 국가 건설을 위한 혁명투쟁이 전개되었다. 우리 문혁의 력사는 1920년 6월, 천도교청년회가 창간한 『개벽』이라는 잡지에서 시작되었다. 위대한 수령 김일성동지께서도 이 잡지의 독자이시었다. 비록 어버이 수령님의 탁월한 령도를 받지 못해 1926년 8월에 폐간되었지만 사회주의 사상과 리념을 소개하는 글들을 게재하면서 당시 혁명동지들의 실천투쟁을 이끈 혁신적인 잡지였다.

문혁은 일제시대와 조국해방전쟁 시기를 거치면서 좌절과 진통을 겪었다. 그러나 이는 혁명 위업의 길에 가로놓인 일시적인 난관이자 시련일 뿐이었다. 위대한 수령님께서는 조선정전협정 후 새로운 조선반도의 정세에 적합한 남조선혁명 과업을 제시해주시었다.

남조선 혁명동지들은 왕성한 투지와 패기의 투쟁으로 1960년 4·19 인민봉기, 1980년 5·18 광주인민봉기, 1987년 6월 인민항쟁을 전개해나갔다. 그리고 마침내 2017년 3월 10일, 박근혜 탄핵이라는 위대한 력사의 승리를 쟁취했다.

최고 령도자 김정은 동지께서 지난 2015년 1월 5일, 대남 공작지시문에서 "남쪽에 있는 진보세력은 우리의 동지"이며, 이들은 "미군철수, 고려련방제통일, 국가보안법철폐 등을 외치던 애국세력"이라고 말씀하시었듯이 애국투쟁을 전개해온 남조선 혁명동지들의 확고한 의지와 적극적 노력으로 조국통일의 훈풍이 불고 있다. 그러나 조국통일을 위한 혁명 위업은 아직도 갈 길이 멀다.

2020년은 우리 문혁 력사가 100돌을 맞이하는 해다. 이에 남조선 혁명동지들은 흔들리지 말고 하루라도 빨리 한미동맹 해체와 주한미군철수를 위한 거족적인 투쟁에 더욱 힘차게 떨쳐나서야 할 것이다. 잊지 말아야 한다. 지난 력사처럼 또 다시 죽 쑤어 개 바라지하는 수가 있다. 시간은 많아도 기회는 다시 오지 않는 법이다.

제2장
남조선 문학예술혁명의 교본과 교시

위대한 수령님들의 현명한 령도 밑에 민족의 숙원을 성취하기 위한 남조선 문혁은 순간의 답보도 없이 줄기차게 전진해올 수 있었다. 숭고한 뜻과 염원으로 심장을 불태우신 위대한 수령님들이시었기에 우리 민족과 력사에 남기신 고귀한 령도는 남조선 문혁을 위한 희망의 등대이자 교본이 되어 우리를 혁명의 승리로 이끌어주시었다.

2012년 4월 11일, 조선로동당 제4차 대표자회에서 개정된 조선로동당 규약 서문은 남조선 문혁의 훌륭한 교본이자 지침이 아닐 수 없다.

《조선로동당의 당면 목적은 공화국 북반부에서 사회주의 강성국가를 건설하며 전국적 범위에서 민족해방민주주의혁명의 과업을 수행하는 데 있으며 최종 목적은 온 사회를 김일성-김정일주의화하여 인민대중의 자주성을 완전히 실현하는 데 있다. 조선로동당은 주체사상 교양을 강화하며 자본주의사상·봉건유교사상·수정주의·교조주의·사대주의를 비롯한 온갖 반동적·기회주의적 사상조류들을 반대 배격하며 맑스-레닌주의의 혁명적 원칙을 견지한다. 조선로동당은 남조선에서 미제의 침략무력을 몰아내고 온갖 외세의 지배와 간섭을 끝장내며 일본군국주의의 재침책동을 짓부수며 사회의 민주화와 생존의 권리를 위한 남조선 인민들의 투쟁을 적극 지지 성원하며 우리 민족끼리 힘을 합쳐 자주·평화통일·민족대단결의 원칙에서 조국을 통일하고 나라와 민족의 통일적 발전을 이룩하기 위하여 투쟁한다.》

물론 제4차 대표자 회의 이전에도 남조선 문혁은 항상 공화국의 주요 관심사이자 대남 사업이었다. 1960년대 조선로동당 정책으로 제시된 남조선혁명 과업은 남조선 인민들이 주체가 되어 혁명과업을 직접 수행한 후 북남합작을 통한 조국통일 위업을 완수한다는 전략이었다. 이에 따라 1960년대부터 남조선 문혁은 문학계를 중심으로 혁명주력군과 보조역량의 의식화·조직화·혁명화 작업을 지원했다.

1970년대에는 남조선혁명을 더욱 구체화한 민족해방인민민주주의혁명 과업을 공식 채택했다. 민족해방이란 남조선에서 미군을 몰아내고 미제의 식민지적 지배에서 해방됨을 의미한다. 인민민주주의혁명이란 2단계로 진행되는 사회주의 혁명을 의미한다.

제1단계는 노동자·농민 등이 주체가 된 인민민주주의혁명을 통해 남조선 보수정권을 타도하고 인민민주주의정권을 수립하는 것이다.

제2단계는 북남 정권 사이에 평화적인 통일을 이룩하는 것이다. 이는 남조선 인민들이 혁명의 주체가 되어 민족자주와 사회주의 위업을 달성한다는 것이다. 위대한 수령 김일성 동지께서는 다음과 같이 교시하시었다.

"미제국주의의 식민지 통치와 그 앞잡이들의 파쇼적 폭압을 반대하고 사회의 민주화를 실현하기 위한 대중투쟁을 적극 발전시키는 것. 폭력적 혁명역량 준비와 남조선 정권의 타도를 통해 '인민민주주의정권'을 세우는 것이 남조선 혁명의 목적입니다. 남조선 혁명에서 '평화적 이행'은 있을 수 없고, 평화적 통일은 남조선 혁명 후의 일인 것입니다."

위대한 수령 김일성 동지께서는 남조선 문혁을 전개해나가는 과정에서 다음과 같이 교시하시었다.

— 문학예술은 근로대중을 선전의식으로 교양시키는 사상적 무기가 돼야 합니다.

— 문학예술은 필연적으로 계급적 성격을 띠게 되며 계급투쟁의 무기로 복무하게 됩니다.

— 인민대중을 혁명적으로 각성시키는 데서 문학예술은 매우 중요한 역할을 합니다. 특히 감수성이 빠르고 정의감이 강한 청소년들에게 혁명적인 문학예술작품이 주는 영향은 매우 큽니다.

— 부르주아 사상에 반대하는 투쟁을 강력히 전개하고 사회주의적 내용에 부합되는 새로운 민족적 형식을 찾아 창작방법을 구사해야 합니다.

문제의 본질을 놓치는 법 없이 참으로 예리하시며 자상한 지도라 아니할 수 없다. 한편, 문혁전사들에 대해서도 마땅히 나아갈 사명과 위치를 지정하여주신 바 있다.

— 문화인들은 문화전선의 투사가 되어야 합니다.

— 낡은 사회를 진보적 사회로 만들며, 파시스트 잔여를 숙

청하고 민주주의를 위하여 싸우는 사람들입니다.

— 대중을 승리에로 부르는 인민들에게 복무하는 교양자이자 인간 정신의 기사입니다.

또한 1976년 8월에는 대남 공작원들과의 담화를 통해 다음과 같이 지도하시었다.

“남조선에서 들여온 영화·비디오를 보니까 거기에도 재능있는 작가 예술인들이 많습니다. 그런데 그중에서 잘나간다는 몇몇 작가들을 제외하고 절대 다수가 실업자나 다름없는 형편입니다. 이들에게 혁명적 세계관을 심어주기만 한다면 훌륭한 걸작들이 얼마든지 쏟아져 나올 수 있을 것입니다. 지하당 조직들은 남조선의 작가 예술인들을 더 많이 포섭하여 혁명가로 만들고 그들이 외롭지 않게 똘똘 뭉쳐서 혁명적 필봉을 들고 창작활동을 할 수 있도록 묶어 세워야 합니다. 그리고 작가들이 창작한 한 편의 시가 천만 사람의 가슴을 감동시키고, 총칼이 미치지 못하는 곳에서는 우리의 혁명적 노래가 적의 심장을 꿰뚫을 수 있다는 긍지와 자부심을 불어넣어주어야 합니다.”

“지금 남조선의 문예인들이 아주 잘 싸우고 있습니다. 그들이 더 높은 혁명적 열의를 가지고 활동할 수 있도록 많은 교양자료를 주고 창작 방법을 가르쳐 주어야 합니다. 사실주의에 기초하여 작품을 창작해야 한다니까 그 진수가 뭔지 잘 모르는 것 같은데, 쉽게 말하면 작품 창작을 사실주의에 기초하되 혁명적인 관점을 가지고 혁명에 유리하게 작품을 써야 한다는 것입니다. 사실주의에 기초한다고 해서 있는 사실을 그대로 형상하려 한다면 좋은 작품이 나올 수 없고, 그런 작품을 가지고는 사람들을 감동시킬 수 없습니다. 문학예술에도 허구라는 것이 있고, 또 작가들의 기교에 따라서 얼마든지 과장할 수도 있는 것입니다. 문제는 많은 사람들을 감동시키고 심금을 울릴 수 있어야 합니다. 지하당 조직들은 남조선의 작가 예술인들이 사실주의에 구애되지 않고 대담하게 혁명적 기교를 발휘할 수 있도록 잘 이끌어주어야 합니다."

단순한 사실주의가 아니라 심금을 울리는 사실주의를 주문하시는 데 있어서 우리는 그 혜안과 통찰력에 감탄을 금할 길이 없다. 또한 돈을 아끼지 말고 대담하게 일을 벌여야 한다는 지도에서는 위대한 수령 김일성 동지께서 문화를 얼마나 중시하시는지를 알 수 있다.

“남조선 인민들의 머릿속에 박혀 있는 숭미 사대주의 사상을 뿌리 뽑고 그들을 정치적으로 각성시키기 위해서는 작가 예술인들로 하여금 미제국주의의 침략적 본성과 야수적 만행, 그리고 비인간적인 각종 범죄 사실을 폭로하는 작품들을 많이 창작하게 해야 합니다. 그리고 작가들이 창작한 작품이 잘 팔리지 않을 경우에는 지하당 조직들이 책임지고 팔아주고 대대적으로 뿌려주어야 합니다. 그래야 그들이 실망하지 않고 더 좋은 작품을 창작할 수 있습니다. 소설뿐만 아니라 영화도 만들고 노래도 짓고, 좋은 그림도 많이 그리도록 해야 합니다. 어떤 동무들은 돈이 많이 든다고 난색을 표한다는데 우리가 항일 빨치산 투쟁을 할 때, 돈이 있어서 「피바다」 극본을 쓰고 연극 공연을 했겠습니까? 그러나 지금은 북반부의 강력한 사회주의 혁명기지를 가지고 있습니다. 그런데 무엇이 무서워 주저하겠습니까? 문제는 우리 혁명가들의 열정입니다. 돈이 들면 얼마나 들겠습니까? 돈 드는 거 아까워하지 말고 대담하게 일을 벌여야 합니다. 남조선 인민을 정치적으로 각성시키고 혁명 투쟁에 동원할 수만 있다면 억만금이 들어도 해야 합니다.”

동시에 남에게 맡겨놓고 나 몰라라 하는 자세를 경계하시어 또한 이런 말씀을 남겨주시기도 했다.

“영화나 소설 같은 작품을 창작하는 것도 남조선의 작가들에게만 맡겨두면 안됩니다. 장편소설을 하나 쓰려고 해도 시간이 많이 걸리기 때문에 많은 작품이 나올 수 없습니다. 그러니까 그들의 부담을 덜어주기 위해서도 우리의 작가, 예술인들을 많이 동원해야 합니다. 그리고 책도 남조선에서 찍은 것처럼 출판사와 작가 이름을 붙여서 우리가 만들어서 남조선으로 보내주어야 합니다. 문제는 사람들을 감동시킬 수 있는 그런 작품을 많이 창작해서 보급하는 것입니다.”

제3장
남조선 문학예술혁명의 려정

문혁은 북남분단을 기준으로 제1차 문혁과 제2차 문혁으로 나뉜다. 1차 문혁은 1920년대부터 조국해방전쟁까지 사회주의 국가건설을 목적으로 신경향파문학·프롤레타리아문학·프롤레타리아문혁조직 등을 중심으로 사회주의혁명 투쟁을 전개했다. 그러나 일제의 패망, 미군정, 남조선 단독정부 수립, 조국해방전쟁으로 인해 북남분단이라는 현실을 경험하게 되었다.

제2차 문혁은 조선정전협정부터 박근혜 탄핵까지 민족해방인민민주주의혁명을 목적으로 1960년대 참여문학, 1970년대 민족문학, 1980년대 민중문학과 민중문화운동, 1990년대 문혁진지 구축과 참교육, 2000년대~현재까지 문화권력 장악·선전선동영화·방송언론·촛불투쟁 등을 중심으로 반정부투쟁·반미투쟁·조국통일운동을 전개했다.

이 과정에서 남조선 인민들이 련대 또는 단합하지 못하고 분열되어 4·19 인민봉기는 박정희, 6월 인민항쟁은 노태우가 재미를 보는 꼴을 만들었다. 이후 위대한 령도자 김정일 동지의 선군혁명 령도에 따라 김대중과 노무현 정권 시절 6·15 공동선언과 10·4 선언 등의 북남공동선언이라는 통일의 열매를 만들었다.

그러나 또다시 리명박, 박근혜 보수패당의 방해로 혁명의 완성은 좌절당했다. 그래도 포기하지 않고 최악의 역경을 강행 돌파해온 남조선 인민대중의 투쟁과 전진은 결국 촛불투쟁으로 박근혜를 탄핵시키고 문재인 정권을 탄생시켰다.

그러나 혁명은 여전히 미완의 상태다. 이제 미완의 혁명 완수를 위한 제3차 문혁의 투쟁이 시작되었다. 우리 민족끼리 힘을 합쳐 세계가 보란 듯이 북남관계를 활력 있게 전진시키고 조국통일의 새 력사를 써나가야 한다. 우리 민족 모두가 굳게 단결하여 힘을 합쳐 투쟁과 전진을 해나간다면 온 겨레의 앞길에는 휘황찬란한 미래가 펼쳐지게 될 것이다. 혁명의 고삐를 다시 틀어쥐고 전진 또 전진해야 한다. 위대한 혁명의 최후 승리 그 마지막 순간까지 절대로 멈추어서는 안 된다.

제4장
남조선 문학예술혁명의 단계

남조선 문혁은 인민대중을 의식화·조직화·혁명화하는 단계로 전진되었다. 의식화 단계는 인민들을 정치사상적으로 각성시켜 혁명역량을 준비하고 강화하는 과정이다. 조직화 단계는 의식화된 혁명동지들을 지속적으로 결속시키면서 혁명조직을 결성하는 과정이다. 혁명화 단계는 결정적 시기가 오면 혁명동지들의 동원과 실천투쟁을 전개하는 과정이다.

의식화 단계는 세 개 영역에서 유기적으로 연결되어 성장했다.

첫 번째 영역은 남조선 문혁전사들의 문학예술이다. 문학예술은 주요한 선전선동수단이다. 레닌 동지가 규정했듯이 선전은 의식의 발전을 의미하고 선동은 의식적 인간의 행위를 의미한다.

두 번째 영역은 문화운동과 교육이다. 문학예술단체와 기관이 재야단체·노동단체·종교단체·비정부기구·시민단체 등과 연계한 문화운동과 '전국교직원노동조합'(약칭 전교조)·대학·문화아카데미 등에서 진행하는 력사와 문학예술교육 등이 있다.

세 번째 영역은 방송언론이다. '전국언론노동조합'(약칭 언론노조)의 방송장악으로 남조선 사회의 갈등을 조장하고 여론몰이를 주도할 수 있었다. 이는 대중매체를 통한 인민대중 정치의 실현이었다.

의식화 대상은 남조선혁명의 주력군과 보조역량이었다. 혁명주력군은 혁명에 동원될 수 있는 기본계급으로 1970년대까지는 노동자·농민, 1980년대에는 청년학생, 1990년대에는 지식인이 포함되었다. 보조역량은 주력군의 혁명실천을 돕는 인민대중들이다. 2000년대에는 혁명 보조역량이었던 인민대중들이 혁명주력군으로 성장했다. 의식화 력사는 1980년대 대학, 1990년대 노동계, 2000년대 전교조의 영향으로 초·중·고교, 2010년대는 인민대중의 순으로 진행되었다.

조직화 단계는 문단권력에서 문학권력으로, 문학권력에서 문화권력으로 이동되면서 일부 특정계층에서 인민대중권력으로 발전했다. 1960년대에는 남조선 참여문단을 중심으로 문단권력이 형성되었다. 1970년대에는 '자유실천문인협의회'(약칭 자실)가 조직되면서 문단권력이 문학권력으로 성장했다. 문학권력이 된 자실은 남조선 문혁의 구심점 역할을 했다. 자실의 실천투쟁으로 의식화된 각계각층의 혁명동지들이 결속되어 새로운 문혁조직과 권력을 만들었다. 그 결과는 1980년대 민중문화운동으로 이어졌다.

1980년대에는 5·18 광주인민봉기를 계기로 민중문화운동이 활발해졌다. 이를 연계할 조직으로 '민중문화운동협의회'(민문협)가 발족하면서 '문화 6단체'·'민족미술협의회'(민미협)·'전국민족극운동협의회'(민극협) 등의 문혁조직들이 결성되었다. 이 과정에서 자실에 집중되어 있던 문학권력이 분산되었다.

남조선 혁명동지들은 분산된 권력과 역량을 집중화하기 위해 1988년 12월, '한국민족예술인총연합'(민예총)을 조직했다. 민예총이 조직되면서 분산되었던 문학권력은 문화권력으로 강화되었다. 한편 이 시기 민문협은 노동자 중심의 문혁조직인 '민중문화운동연합'(민문연)으로 개칭되었고, 1989년 '노동자문화예술운동연합'(노문연)으로 전환되면서 민예총과는 별개로 활동했다. 1989년 5월에는 전교조가 설립되면서 초·중·

고등학생들의 의식을 크게 변화시켰다. 특히 력사교육을 통한 반정부·반미·조국통일운동의 혁명교양 효과는 가히 위력적이었다.

1990년대에는 사회주의 동맹 국가들이 붕괴되기 시작하면서 남조선 문혁의 활동 명분이 흔들렸다. 그러나 남조선 제14대 대통령으로 김영삼이 당선되면서 새로운 판도가 열렸다. 혁명동지들은 그람시의 사회주의혁명 전략을 남조선 상황에 적용하기 시작했다. 1980년대까지 진행해왔던 기동전을 진지전으로 바꾼 것이다. 혁명동지들은 문학예술계·교육계·법조계·정치계 등등 각계각층의 진지로 침투했다.

1993년 3월에는 '한국예술종합학교'가 개교하면서 젊은 문혁전사들이 양성되었다. 1996년에는 '부산국제영화제(매년 10월 초)', 1997년에는 '부천국제판타스틱영화제(매년 7월)', 2000년에는 '전주국제영화제(매년 4월 말~5월 초)'가 열리기 시작했다. 기존 '서울독립영화제(매년 12월)'까지 더해지자 남조선은 일 년 내내 영화를 정치적 수단과 도구로 활용할 수 있었다.

레닌 동지는 "영화는 대중선동의 가장 중요한 수단이기 때문에 모든 예술장르들 중에서 가장 중요한 예술"이라고 평가했다. 무솔리니는 "우리에게 영화는 가장 강력한 무기다"라고 했다. 남조선의 영화제는 선전선동영화의 거점이 되었다. 영화의 대중화가 확장되면서 영화를 이용한 의식화 작업이 진행되었다. 의식화 작업은 시대의 요구에 따라 문학계에서 민중문화운동을 거치면서 영화계로 주도권을 내주었다.

김대중 정권이 등장하자 문혁전사들은 진지를 장악하면서 서서히 문화권력의 중심으로 부상했다. 1998년에는 '한국독립영화협회'가 창립했으며, 1999년에는 '영화진흥위원회'가 재출범했다. 이들은 남조선의 세금으로 혁명동지들에게 영화제지원, 영화제작지원, 유통지원 등을 했다. 이 시기 '영상물등급위원회'도 재출범했다.

특히 1999년 9월에는 '문화개혁을위한시민연대'(문화연대)가 설립되면서 민예총과는 다른 층위의 남조선 문혁이 전개되었다. 민예총이 문학예술 창작과 선전선동에 집중했다면 문화연대는 문화운동으로 남조선 문혁을 실천했다.

2000년 6월에는 남조선 문화체육관광부(문체부) 소관의 사단법인으로 '스크린쿼터문화연대'가 설립되었다. 남조선 영화와 영화문화의 주권수호를 외치며 많은 남조선 영화인들과 청년학생들의 조직적인 반미투쟁을 유도했다. 같은 해 11월에는 남조선 언론노조가 창립되면서 인민대중 의식화 작업의 가장 큰 확성기 역할을 수행했다. 이후 남조선의 SNS와 포털

사이트의 힘을 통해 광범위한 인민대중의 정치적 각성과 함께 인민대중권력이 형성되었다. 그리고 인민대중권력은 촛불투쟁으로 연결되었다.

2002년 8월에는 림종석이 대표 제안자로 '김일성사회주의청년동맹'에 북남경제문화교류를 제안했다. 그 결과 2004년 1월 29일 '남북경제문화협력재단'(경문협)이 창립되었다. 경문협은 림종석이 주도해서 만들었고 이사장으로도 재직했다. 2005년에는 우리 저작권 사무국과 북남 저작권 교류에 관한 포괄적 합의서를 체결했다.

이에 따라 경문협은 남조선에서 우리 저작물 사용료 징수를 대행했다. 2010년 5월 천안함 피격사건에 대응해 남조선이 내놓은 5·24 대북제재로 송금이 차단됐다. 그러나 저작권료 징수는 중단되지 않았다. 제재가 풀리면 곧바로 송금될 것이다. 2017년 기준으로 지난 13년간 남조선에서 거둬들인 저작물 사용료는 187만 6,700달러(남조선 돈 22억 5,206만 원) 규모이다.

노무현 정권에서 문혁전사들은 남조선 문화권력의 98퍼센트를 장악하게 된다. 2005년 2월에는 '한국문화예술교육진흥원'(아르떼)이 설립되어 2007년부터 '문화예술교육아카데미'를 운영하기 시작했다. '학교 문화예술교육'과 '사회 문화예술교육' 사업을 통해 유아·청소년, 성인, 중·장년까지 전 세대를 대상으로 문학예술교육을 진행하고 있다.

2005년 9월에는 '한국문화예술위원회'(문예위, 아르코)가 출범했다. 문예위는 연간 2,000억 원의 예산을 집행하는 남조선 최대의 문학예술지원기관이다. 2017년 문재인 정권이 들어서면서 비로소 남조선 문학예술계를 100퍼센트 장악하게 된다.

제5장
무기로서의 문학예술

사회주의 국가 건설을 위한 남조선 문혁의 시기별, 사안별 활동을 살펴보면 다음과 같다.

1945년~1950년 남조선 문혁

제주 4·3 인민봉기

제주 4·3 인민봉기는 리승만의 남조선 단독정부 수립에 반대해 스탈린 동지의 지령으로 북로당과 남로당이 합작해 일으킨 무장투쟁이었다. 망국적인 5·10 단독선거가 성공적으로 치러지면 남조선은 유엔의 공인을 받은 정통성 있는 국가로 탄생하게 되는 것이다. 우리 입장에서는 절대 막을 수밖에 없었다. 이 과정에서 남로당의 학살이 발생했다. 다행히 남조선 혁명동지들의 노력으로 많은 문학예술 작품들을 통해 사건의 본질인 남로당 문제는 잘 희석되었다. 아울러 미제와 남조선 군인과 경찰을 가해자로 만들어 무장투쟁 진압과정에서 빚어졌던 비극만을 잘 강조했다. 1970년대 초반부터 작품들이 쏟아져 나왔다.

제주 4·3 인민봉기를 최초로 세상에 알린 현기영의 소설 『순이 삼촌』, 김석범의 소설 『까마귀의 죽음』 『화산도』, 리산하의 장편서사시 「한라산」, 강요배의 화집 「동백꽃 지다」, 조성봉의 기록영화 〈레드헌트〉, 임흥순의 기록영화 〈비념〉, 김동만의 기록영화 〈다랑쉬굴의 슬픈 노래〉, 오멸의 영화 〈지슬〉, 김경률의 영화 〈끝나지 않는 세월〉 그리고 노래로는 안치환의 「잠들지 않는 남도」 등이 있다.

특히 남조선에서 열린 70주년 추념식에 가수 리효리가 동백꽃 배지를 달고 단상에 올라가 추모시를 낭독했다. 이후 배우 정우성, 곽도원, 강부자, 김청, 안성기, 성지루, 소설가 리외수, 축구 해설위원 신문선, 가수 알리, 장필순, 설운도, 리하늘, 인순이, 작곡가 김형석 등 남조선의 유명 연예인들이 동백꽃 배지달기 운동에 동참했다. 이 기회를 효과적으로 활용한다면 제2의 노란리본운동으로 선전선동할 수 있다. 남조선 혁명동지들의 더욱 가열 찬 활동이 필요하다.

10월 여순반란

이 사건과 관련된 남조선의 대표적인 작품으로 조정래의 소설 『태백산맥』과 임권택 연출의 영화 〈태백산맥〉이 있다. 조정래의 『태백산맥』은 대하 력사소설이다. 1983년 9월부터 월간지 「현대문학」에 연재되기 시작해 1989년 10월 단행본이 나오는 것으로 완성됐다.

남조선에서 이 소설은 청소년·청년학생들에게는 뛰어난 력사교과서이다. 특히 사회주의 민주화투쟁을 전개한 당시 운동권 청년학생들에게는 빨치산 투쟁의 교과서였다. 보수패거리는 소설이 "공산주의 찬양" "빨치산·인민군·소련에 대한 미화와 사실 왜곡" "특정 사건과 세력에 대한 선택적인 왜곡"을 하고 있다며 비판했다. 또한 보수패거리는 기록영화 〈벌교의 진실〉을 토대로 조정래와 소설을 비난했다. 〈벌교의 진실〉은 2006년 남조선 청년학생 4명이 제작해 화제가 된 기록영화다. 이 기록영화는 당시 생존자 10여 명의 인터뷰를 통해 소설과는 사뭇 다른 증언을 여럿 담아냈다.

기록영화는 조정래의 인터뷰로 시작한다. 조정래는 "작가는 진실만을 말해야 하는 존재다. 소설에 등장하는 인물들은 허구이지만 역사적 사실들은 모두 진실이며 독자들은 그것을 전부 받아들여야 한다"고 했다. 소설에는 주인공 염상진 일행이 군경 진압군에 밀려 사흘 만에 벌교를 포기하고 율어면을 점령하는 대목이 있다. 빨치산들은 이 지역에서 토지개혁을 실시하고 율어면을 '해방구'로 선포해 인민들의 열렬한 환영을 받은 것으로 묘사했다. 그러나 영화는 당시 생존자의 증언을 통해 율어면 인근 자모마을에서 빨치산들이 자행한 참극을 담아내고 있다.

"밤중에 젊은 사람들이 총을 메고 와서 주민들 모으라고 소리를 쳐. 그래 가지고 우리 집 마당에다가 남자는 남자, 여자는 여자끼리 줄을 세웠다 이 말이여. 그래 놓고 뒤에서 빵빵 쏴버려. 그날 열다섯 명이 죽었어. 내 동생은 거기서 즉사했고, 내 처는 다음 날 죽었어요."

소설에서는 남조선 인민들이 친일파 출신 보수패거리의 횡포를 못 이겨 자발적으로 입산해 빨치산이 되었다는 내용도 있다. 그러나 생존자들의 증언과는 차이가 있었다.

"(약탈한) 식량을 주민들한테 지게에다 지고 산속까지 져다 달라고 해. 거기까지 가서 다행히 살아 나온 사람도 있고, 거기까지 끌고 가서 좌익들이 죽여버린 사람들도 있고…"

생존자들의 증언에 대한 진위 여부를 확인하는 청년학생들의 물음에 조정래는 "마음대로 해석하라고 해라. 해석은 독자 마음 아닌가"라며 "더 이상 할 말이 없다"고 답했다. 〈벌교의 진실〉로 조정래는 약간의 타격을 입기는 하였으나 다행히도 혁명동지들이 백방으로 뛰어 〈벌교의 진실〉을 존재감이 없는 수준으로 만들어낼 수 있었다.

1994년 9월 17일에 임권택의 영화 〈태백산맥〉이 개봉됐다. 동명의 원작 소설을 영화화한 작품이다. 임권택의 부친과 삼촌도 빨치산 출신이었다. 당시 총 제작비는 30억 원이었다. 개봉 당일 보수패거리가 단성사 앞에서 상영중단 시위를 벌였다. 그러나 영화 자체에 문제가 있었다. 총 10권짜리 대하력사소설을 168분으로 축약하는 과정에서 내용 전달이 미흡했다. 거기에 배우들의 미숙한 연기로 평단과 인민들에게 혹평을 받았다. 그럼에도 불구하고 당시 소설을 접하지 못한 남조선 청년학생들의 의식에 이 영화가 일정한 영향을 준 것은 사실이다.

당시 자료에 따르면 1948년 2월부터 1950년 4월까지 남로당의 무장투쟁으로 남조선에 끼친 피해는 사망 3만 6,000명, 부상 1만 1,000명, 가옥 손실 5만 호와 이로 인한 피해자가 31만여 명에 달했다. 그러나 남조선 혁명동지들은 10월 여순반란을 14연대의 '좌익 맹동분자'들이 일으킨 사건으로 잘 위장해주었다.

10월 여순반란의 여파로 남조선 군부에 침투해 있던 우리 세력 대부분이 제거되는 뼈아픈 손실도 있었다. 총 4,749명의 장교와 하사관·사병들이 사형, 유기징역, 불명예 제대 등의 처벌을 받았다. 우리세력 5,568명이 탈영했다. 이는 남조선군 총병력의 10퍼센트에 해당했다. 이때부터 리승만은 반공에 대한 강력한 의지를 표출했다. 이에 1948년 12월 1일, 법률 제10호로 '국가보안법'이 제정되고 12월 20일 공포됐다.

1950년~1961년 남조선 문혁

조국해방전쟁을 겪으면서 남조선 문혁은 침체기에 들어갔다. 이 기간 동안 남조선 혁명동지들은 공화국으로 넘어오거나 괴멸되었다. 남조선에 일부 잔존하던 세력들은 수면 이하로 잠복하거나 보수패거리로 변신했다.

조선정전협정 전후 남조선에서 창간된 월간지 「사상계」를 통해 숨죽이고 있던 남조선 혁명동지들이 다시 부활하기 시작했다. 이 잡지의 의식화 작업은 4·19 인민봉기의 사상적 모태가 되었다. 이후 등장한 4·19 문학과 기지촌 소설은 남조선 문혁의 새로운 기폭제가 되었다. 이는 1960년대 참여문학투쟁과 반미문학투쟁의 서막을 열었다.

남조선 문혁의 정신 「사상계」

남조선 문혁은 1953년 4월에 창간된 월간지 「사상계」로 다시 부활하게 된다. 2005년 남조선의 「교수신문」이 「KBS」와 공동으로 각 분야별 학자 100명을 대상으로 '한국 지성사의 풍경'이라는 설문조사를 한 적이 있었다. 그 결과 남조선에서 가장 영향력 있는 저술 1위로 선정된 것이 바로 「사상계」였다. 2위는 맑스의 『자본론』, 3위는 백낙청 계열의 「창작과비평」과 리영희의 『전환시대의 논리』가 공동으로 선정됐다. 문혁의 파급력을 보여주는 결과이며, 남조선혁명을 위한 문혁의 의식화 작업이 성공했다는 것을 증명하는 결과였다.

「사상계」는 장준하가 남조선 문교부 산하 국민사상연구원의 기관지인 「사상」지를 인수하여 「사상계」라는 제호로 시판하면서 출발했다. 이 잡지는 1950년대와 1960년대 반정부 투쟁에 앞장섰다. 당시 남조선 청년학생과 지식인들의 의식화에 큰 영향력을 주었고, 혁명의 새로운 방향을 제시했다. 더불어 학계와 문학예술계에 많은 문혁전사를 배출했다.

함석헌은 이 잡지의 주필로 활동했다. 그는 남조선 혁명주력군과 보조역량들의 정신적 지주였다. 그는 문익환 목사와 장준하 등과 함께 혁명의 길을 동행했다. 그의 사상적 제자에는 리영희와 백낙청 등이 있으며, 김대중과 노무현에게도 영향을 주었다. 한때 김영삼도 그의 영향권에 있었다.

남조선 문학투쟁의 기폭제 4·19 문학

4·19 인민봉기는 자주·민주·평화를 지향하는 남조선 인민들이 힘을 합쳐 투쟁한다면 충분히 남조선혁명이 가능하다는 것을 보여준 애국적 장거였다. 4·19 인민봉기는 남조선 작가들에게 보다 적극적인 사회참여와 현실비판의 문학투쟁을 요구했다. 이러한 변화는 최인훈의 『광장』(1960)에 잘 나타나 있다. 이 중편소설은 4·19 인민봉기 이후 조국통일론에 대한 논의가 자유로워지면서 등장했다.

당시 남조선에서 북남의 리념 문제에 대해 적극적으로 논의한 최초의 소설로 꼽힌다. 그러나 그의 작품은 공화국 체제를 제대로 이해하지 못하는 커다란 과오를 저지르고 있다.

그 외 4·19 인민봉기를 혁명적으로 형상화한 작품으로는 전광용의 「젊은 소용돌이」, 박태순의 「무너진 극장」, 오탁번의 「굴뚝과 천장」 등을 들 수 있다. 4·19 문학은 1960년대 참여문학투쟁, 1970년대 민족문학투쟁, 1980년대 민중문학투쟁을 가능하게 한 토대를 만들어주었다.

남조선 반미문학투쟁 기지촌 소설

8·15 해방 이후 남조선에 미제가 진주하면서 미군부대 주변으로 기지촌이 형성됐다. 기지촌 소설은 기지촌을 배경으로 한 반미문학투쟁 소설들을 지칭한다.

1960년대 초반까지의 기지촌 소설은 주로 지독한 가난으로부터 벗어나기 위해 자신의 몸과 영혼을 파는 남조선 인민의 비극에 초점을 맞추었다.

이 시기 작품으로는 채만식의 「낙조」, 오상원의 「균열」 「난영」 「황선지대」, 손창섭의 「층계의 위치」, 송병수의 「쑈리 킴」, 강신재의 「해방촌 가는 길」, 남정현의 「경고구역」, 하근찬의 「왕릉과 주둔군」 등이 있다.

1960년대 중반부터 1990년대 초반까지는 미제의 잔인한 폭력성이 전면에 포진한 반미문학투쟁으로서의 기지촌 소설이 압도적으로 창작됐다.

변화의 기점이 된 작품은 남정현의 단편소설 「분지」였다. 남정현의 소설은 남조선 현실에 대해 도발적인 저항을 보여주고 있다. 「사상계」는 그의 반미·반정부적 문학 경향을 적극 수용했다. 1965년 「현대문학」 3월호에 실린 단편소설 「분지」

는 조국해방전쟁 이후의 남조선 현실을 미제의 침탈을 받고 있는 땅으로 그려낸 대표적인 반미문학투쟁이다. 그는 반미문학투쟁의 기수로 불리게 되었고, 소설 「분지」는 반미문학의 효시가 되었다. 이 작품은 2개월 뒤 공화국의 「통일전선」 5월 8일자에 전재된 바 있다.

1960년대 남조선 문혁

남조선 참여문학투쟁

1960년대의 남조선 참여문학투쟁은 문학을 선전선동의 무기로 남조선 사회의 현실을 비판하여 인민들의 불만을 부추겨 혁명투쟁으로 확대하는 것이 핵심이었다. 또한 당시 문학계의 주류였던 자유주의 문단을 몰아내고 문단권력을 장악하여 혁명동지들을 결속시키는 것이 최고의 목적이었다.

참여문학투쟁의 중심에는 계간 문예지 「창작과비평」이 있었다. 이 잡지는 문학평론가 백낙청을 주축으로 만들어졌다. 백낙청은 오늘날 남조선 문혁의 원로 혹은 정신적 지주로 대우 받는 인물이다. 그는 조국해방전쟁 이후 보수패거리의 풍토가 만연했던 남조선 지성계에 혁명과 투쟁의 바람을 불러일으켰다.

참여문학투쟁을 주도했던 다른 잡지로는 「세대」와 「청맥」 등이 있었다. 김지하·김수영·황석영·신동엽·신경림·고은·김정한·리문구·리호철 등이 중심인물이며, 주요작품에 김수영의 시 「풀」, 신동엽의 시 「껍데기는 가라」, 김지하의 시 「오적」, 리호철의 단편소설 「판문점」 등이 있다.

김수영은 전형적인 부르주아 반동 작가였다. 사실 그의 저항은 시어의 표현으로만 존재했을 뿐이었다. 1960년 10월 6일 그가 「김일성 만세」라는 시를 발표했다고 해서, 술에 취해 경찰서에서 "내가 바로 공산주의자올시다!"라고 외쳤다고 해서 혁명의 주체가 될 수 있는 것은 아니다. 권력 앞에 머리 조아린 그는 어떤 행동도 하지 않았다. 나약하기 그지없는 그를 '어두운 시대의 위대한 증인' '자유와 저항의 시인' '양심의 상징'이라는 신화로 만든 이들은 백낙청과 문학평론가 염무웅이었다.

당시 자유주의 문단의 거장 미당 서정주를 끌어내리고 문단권력을 장악하기 위해서는 새로운 우상이 필요했다. 우리의 냄새를 풍기지 않는 인물로 괴짜 기질이면서 광인의 안광을 가지고 있는 김수영이 간택됐다. 거기에 더하여 김수영은 불의의 사고로 일찍 죽었다. 죽은 자는 말이 없는 법이다.

1978년 백낙청은 평론집『민족문학과 세계문학』을 통해 김수영 신화의 깃발을 들었고, 1979년 염무웅은 평론집『민중시대의 문학』에서 서정주를 죽이기 시작했다. 이를 기점으로 민중문학 진영의 혁명동지들이 서정주 비판 대열에 합류했다. 두 동지들의 전략과 전술로 김수영의 참여시는 남조선 인민들의 분노를 만들어내는 도구로 완성되었다. 남조선의 민족문화·민중문학의 주창자들은 사회주의적 이념의 전파를 위해 김수영의 시를 이용했다. 김수영은 조작된 신화였다. 한편 동지들은 신동엽도 함께 띄웠다. 신동엽은 민족적 순수와 반외세의 정서를 대변하는 민족 시인으로 인정받고 있지만 사실 그는 무정부주의자일 뿐이었다.

통일혁명당의「청맥」

통혁당의 합법적인 대중잡지인「청맥」은 1964년 8월호로 창간되어 1968년 통혁당 사건으로 폐간된 월간지다. 영웅 김종태 동지가 공화국 공작금으로 창간하여 영웅 이문규 동지와 김질락 동지에게 편집과 운영권을 넘겨주었다. 이 잡지는 대남 선전선동의 무기로 남조선 청년학생층의 사상을 의식화하는 데 힘썼다. 전체적으로 반정부와 반미논조였으며, 반공적인 기사나 보안상 사회주의를 논평하는 기사는 일절 게재하지 않았다.

신영복은 남조선혁명 주력군과 보조역량들에게 가장 존경받는 전설이다. 신영복은 서울대 상과대 3학년 때부터 본격적으로 청년학생운동에 몰두했다. 독서 동아리를 만들어 모택동 동지의 『모순론』이나 『신민주주의론』을 번역해 돌려 읽었고 「청맥」의 예비 필자 모임인 새문화연구회 모임에도 참여했다. 이 모임에서 그는 김질락 동지를 만나게 된다.

통혁당의 하부운동은 서울대 상과대에서 가장 활발했다. 학생운동조직 중에는 기독교학생운동을 하는 '경제복지회'가 있었는데 그 리더가 박성준이었다. 신영복이 박성준을 지도했으며 김질락 동지가 신영복을 지도하고 있었기 때문에 자연히 서울대 상과대는 통혁당 학생운동의 근거지가 되었다.

신영복은 1968년 통혁당 사건으로 구속되었다가 사상 전향서를 쓴 뒤 1988년 가석방으로 출소했다. 그러나 그는 남조선 월간지 「말」과의 인터뷰에서 "전향서는 썼지만, 사상을 바꾼다거나 동지를 배신하는 일은 하지 않았으며, 통혁당에 가담한 것은 양심의 명령 때문이었고 향후로도 양심에 따라 통혁당 가담 때와 비슷한 생각으로 활동하겠다"고 밝혔다.

신영복은 옥중시절의 경험으로 써낸 『감옥으로부터의 사색』을 출간했다. 문재인, 박원순, 조국, 안희정, 정세균, 조희연, 노회찬, 심상정, 황현산, 주진오, 배우 문소리, 가수 윤도현, 방송인 김제동, 방송인 김미화, 피아니스트 조은아 등이 가장 존경한다는 인물이 신영복이다.

남조선에서 신영복은 서예가로도 널리 알려져 있다. 이번 제23차 겨울철올림픽경기대회 개막식에 참가한 공화국 고위급대표단 김영남·김여정 동지와 문재인이 청와대에서 기념사진을 찍었다. 기념사진 배경 판으로 신영복의 서화 〈통(通)〉과 판화가 이철수의 〈조선반도〉 작품이 사용되었다.

경애하는 최고령도자 김정은 동지께서는 북남의 새로운 화합을 마련한 의미 있는 만남이었다고 하시면서 북남관계가 극적인 해빙기를 맞이할 수 있는 길이 열렸다고 하시었다. 신영복이 쓴 다른 글씨로는 조정래의 소설 『한강』, 남조선 소주인 '처음처럼', 문재인의 '사람이 먼저다', 노무현의 어록 『민주주의 최후의 보루는 깨어 있는 시민의 조직된 힘입니다』 등이 있다.

남조선 문혁 의식화의 선봉대 「창작과비평」

「창작과비평」은 1966년 1월에 창간하여 1980년 언론 통폐합으로 일시 폐간되었다가 1988년에 복간됐다. 이 잡지는 남조선 문혁 의식화의 선봉대 역할을 수행했다. 아르놀트 하우

저의 『문학과 예술의 사회사』, 리영희의 평론선 『전환시대의 논리』, 노동소설의 선구로 평가받고 있는 황석영의 『객지』, 농촌과 농민의 문제를 다룬 이문구의 『장한몽』, 김춘복의 『쌈짓골』, 방영웅의 『분례기』, 신경림의 시집 『농무』, 염무웅의 평론 등을 소개했다.

「창작과비평」의 편집인 백낙청은 자유주의적 서정성에 기반을 둔 순수문학을 "지배계급의 오락과 실리에 이바지"하는 도구라고 비판하면서 반정부 의식을 담은 참여문학을 주창했다. 그는 문인을 시대를 이끄는 지식인으로, 문학을 인민대중의 현실을 보듬는 손길이라고 설파했다. 그는 참여문학투쟁에 대한 이념적 기반을 제공했다. 단 한번의 작품게재로 신인을 탄생시키며 세력을 확장했다. 이후, 조직화에 성공하면서 참여문학계를 남조선의 문단권력으로 만들었다. 이를 토대로 민족문학론과 분단문학론을 제시하면서 반정부·반미투쟁을 주도했다.

참여문학투쟁은 1970년대 민족문화투쟁, 1980년대 민중문학투쟁으로 발전되었고, 민중문학투쟁은 민중문화운동으로 혁명화되었다. 이후 1990년대 초까지 민중문화운동을 중심으로 남조선 문혁은 전진해 나아갔다.

동백림의 윤이상과 리응로

1967년 7월 8일 남조선에서 '동백림 사건'이 터졌다. 남조선은 서독과 서유럽에 있는 유학생과 교민 등이 동베를린의 우리 공화국 대사관과 평양을 드나들면서 간첩교육을 받았다고 주장했다.

남조선은 공화국과 접촉했었던 임석진이 박정희에게 대북 접촉사실을 자백하면서 수사에 착수했다. 당시 동베를린의 우리 대사관에는 대남공작 실무자인 박일영·리원찬을 파견하고 있었다. 이들이 남조선 유학생과 교민을 직접 접촉해 조국통일 방안을 선전하고, 공화국 방문을 권유한 것은 사실이었다. 그리고 이들 중 일부는 공화국 방문, 조선로동당 입당, 특수교육 이수를 받은 것도 사실이다. 이 사건으로 작곡가 윤이상·화백 리응로 등 예술인과 대학교수·공무원 등이 대남적화 공작을 벌였다며 처벌당했다.

1963년 4월 윤이상은 우리 공화국을 처음 방문했다. 이 당시 오랜 친우인 최상학을 만났다. 남조선의 중앙정보부는 윤이상의 행적을 포착해 내사에 들어갔다. 그리고 1967년 6월 17일 윤이상과 부인 리수자는 체포되어 서울로 송환되었다가 1969년 2월 25일 박정희의 특별사면으로 석방되었다. 윤이상은 1971년 서독에 귀화했다.

이후 부인 리수자와 함께 수십 차례 공화국을 방문했다. 윤이상은 1981년 광주인민봉기를 표현한 〈광주여 영원히!〉라는 관현악 작품을 발표했다. 1990년에는 '조국통일범민족연합'(범민련)이 출범하자 해외본부 의장을 맡았다. 공화국에서는 1982년부터 매년 '윤이상음악제'가 개최되었다.

위대한 수령님께서는 윤이상을 민족의 재간둥이라 부르며 아끼시었다. 수령님께서는 그를 위해 1984년 12월 5일 '윤이상 음악연구소'를, 1990년 12월에는 연구 성과를 직접 연주할 목적으로 '윤이상 관현악단'을 조직해주시었다. 1992년 10월에는 '윤이상 음악당'을 설립해주시었다. 더불어 윤이상과 그들 가족을 위한 집까지 하사하시었다.

공화국의 다부작 영화인 〈민족과 운명〉(제5부, 제15부~제17부: 윤상민 편)에서는 윤이상을 윤상민이라는 가명으로 영화화할 정도로 대단한 애정을 보여주시었다. 이 영화는 음악을 통해 민족화합을 꾀했던 남조선 출신 해외동포 음악가가 인생의 후반기에 이르러 사회주의 조국의 품에 안겨서야 비로소 그 뜻을 이룰 수 있었다는 내용이다. 이처럼 수령님께서는 세계적인 예술가를 지원하시면서 공화국 체제의 우수성을 널리 알리시었다.

프랑스 파리에서 치료 중이던 윤이상은 위대한 수령 김일성 동지께서 서거하시었다는 비보를 접하고 바로 다음 날 아래와 같이 조전을 보내왔다.

“하늘이 무너지는 듯한 충격과 이 몸이 산산이 조각나는 듯한 비통한 마음으로 위대하신 수령님의 서거의 통지를 접하고 허탈 상태에 있는 이 몸이 병중에 있으므로 달려가 뵈옵지 못하는 원통한 심정을 표현하며 전 민족이 한결같이 우리 역사상 최대의 영도자이신 주석님의 뜻을 더욱 칭송하여 하루빨리 통일의 앞길을 매진할 것을 확신합니다.”(1994. 7. 9.)

부인 리수자는 다음과 같은 편지를 보내왔다.

“저희들은 항상 수령님께서 저희들 곁에 계심을 느끼며 수령님을 추모할 때마다 그 인자하시고 인정 많으시고 (중략) 세상의 최고의 찬사를 올려도 모자라는 수령님, 불우한 저의 민족의 운명을 굽어 살펴주소서. 수령님 전에 무한한 평화와 명복을 빕니다.”(1995. 7. 8.)

1994년 9월 남조선에서는 윤이상 음악축제가 열렸다. 당시 윤이상도 참석하려고 했지만 남조선으로부터 “김일성을 위대한 수령이라 했던 것을 사과”하라는 요구를 받자 이를 거부했다. 1995년 11월 4일 윤이상은 베를린에서 타계했다.

위대한 령도자 김정일 동지께서는 슬픔을 애도하며 즉시 근조 화환을 보내주시었다. 이어 공화국 차원의 추모음악회가 열렸다.

부인 리수자는 위대한 수령님께서 안치되어 계시는 금수산 기념궁전 방문록에 다음과 같은 글을 남겼다.

"아, 수령님 수령님 위대하신 수령님. 수령님께서 떠나신지 벌써 어언 5년이란 세월이 흘렀습니다. 대를 이으신 장군님께서 한 치의 빈틈없이 나라 다스리심을 수령님께선 보고 계실 것입니다. 수령님을 끝없이 흠모하며 수령님 전에 큰절을 올립니다."(1999. 7. 8.)

남조선 통영시에는 혼을 다한 정성으로 우리의 문혁전사를 기리기 위한 사업들이 추진되었다. 2000년부터 '통영국제음악제'를 진행하고 있으며, 2001년 서호동 해방다리에서 해저터널까지의 구간을 '윤이상 거리'로 명명했다. 2003년부터는 통영국제음악제의 주관으로 '윤이상 국제음악콩쿠르'가 매년 개최되고 있다. 2013년에는 '통영국제음악당'을 건립했다. 2017년 7월에는 통영국제음악당에서 윤이상 탄생 100주년 기념 음악회를 열었다.

2007년 9월 14일 부인 리수자는 '윤이상 탄생 90주년 기념 축전'에 참가하기 위해 40년 만에 남조선을 방문했다. 당시 리수자는 노무현을 만나 큰절을 올렸다. 2017년 7월 문재인과 함께 독일을 찾은 김정숙은 윤이상의 묘소를 찾아 통영에서 가져온 동백나무를 심으며 헌화했다. 2018년 3월 20일 윤이상의 유해는 남조선으로 봉환되어 통영국제음악당 부지 내에 안장되었다.

한편 1985년 남조선 출신으로 독일에서 유학생활을 하고 있던 오길남은 윤이상의 포섭으로 가족과 함께 공화국에 들어왔다. 그는 공화국에서 공작원 훈련을 받고 독일에 파견되어 대남 흑색선전 임무를 수행했다. 1986년 덴마크에서 가족과 함께 탈출한 그는 독일에서 생활했다. 1992년 오길남은 독일 주재 남조선 대사관에 혼자 자수하며 남조선으로 돌아갔다. 이 일로 독일에 남아 있던 부인 신숙자와 딸 혜원, 규원은 요덕 정치범수용소로 보내졌다. 2012년 공화국은 오길남의 부인 신숙자가 요덕 수용소에서 간 질환으로 사망했고 두 딸은 살아 있으나 아버지 만나기를 거부한다는 소식을 유엔을 통해 밝혔다.

그러나 오길남은 자신의 수필에서 윤이상과 송두율이 자신을 포섭하고 독일에서 남조선 교민들을 상대로 공작을 수행하며 그의 가족을 수용소에 보내는 데 앞장섰다고 공개했다. 또한 그는 "음악가 윤이상 씨가 월북을 권유하고, 탈출 이후에도 돌아오라며 협박했다"고 진술했다. 이는 남조선의 모략책동이므로 공화국 입장에서는 답변할 이유가 없다.

리응로는 조국해방전쟁 때 공화국으로 건너온 아들을 만나기 위해 동독의 동베를린으로 왔다가 동백림 사건에 연루되었다. 리응로에 관한 일화가 하나 있다. 리응로는 남조선 피아니스트 백건우와 무척 친했다. 백건우는 남조선 여배우인 윤정희와 부부 사이였다. 1977년 리응로의 둘째부인인 박인경의 권유로 백건우와 윤정희 부부는 딸과 함께 취리히로 연주 여행을 떠난다. 사실 이 여행은 공화국이 백건우 부부를 데려오기 위해 사전에 계획한 것이었다. 그러나 자그레브에서 부부가 미국 영사관으로 탈출하는 바람에 아쉽게도 무산되었다.

이 사건의 배후로 리응로의 부인이 지목되자 리응로는 1983년 남조선 국적을 버리고 프랑스 국적을 취득했다. 김대중 시절 리응로의 예술세계에 관한 연구와 작품 전시를 통해 그의 작가정신을 확장하고 계승할 목적으로 서울에 '리응로 미술관'을 2000년에 설립했다가 2005년에 폐관했다. 그리고 2006년 노무현 시절 대전에 '리응로 미술관'을 다시 설립했다. 리응로의 부인 박인경이 명예관장이었다.

1970년대 남조선 문혁

1979년 10월 남민전 사건이 발생했다. 남민전의 중심인물은 리재문과 신향식이었다. 리재문은 인혁당 관련 인물이었고, 신향식은 통혁당 관련자였다. 남민전은 남조선을 '미제의 신식민지'로 인식하고 무력투쟁으로 해방시켜야 할 대상으로 보았다. 궁극적 목적은 공산주의 혁명이었다. 단체의 깃발은 공화국의 국기를 기반으로 만들었다.

당시 남민전은 공화국의 재일공작원과 접선해 3억 원의 공작금을 요구했다. 공화국은 남민전의 존재를 입증해 보이라며 1978년 1월 초 남조선 서울시내에 삐라를 살포하라고 지령했다. 1월 6일 남민전은 '한국민주투쟁위원회'(약칭 민투위) 명의로 반정부 삐라 500장을 살포했다. 이어서 민청학련 등 학생운동가를 중심으로 '청년학생위원회'를 조직하여 '민주구국학생연맹' '민주구국교원연맹' '민주구국농민연맹'을 결성했다.

그러나 공화국과 남민전의 연합전선은 순조롭지 않았다. 이후 남민전은 혁명 군자금을 자체적으로 마련하기 위해 1978년 12월부터 1979년 4월까지 서울 강남구 일대에서 연쇄 강도 행각을 벌였다. 고위공직자 집에 들어가 금품을 훔친

'봉화산작전'(1978. 12. 5.), 동아그룹 최원석 전 회장 집에 들어가 경비원을 칼로 찌른 '땅벌사건'(1979. 4. 27.), 금은방을 털려다 미수에 그친 '지에스작전'(1979. 3. 5.) 등이 있었다. 바로 민투위 강도 사건이었다.

1979년 8월 말 서울시내에 삐라를 살포하다가 아지트가 발각되고 만다. 이때 리재문·김남주·리수일·리문희가 체포되고 사제폭탄 1개, 다이너마이트 1개, 권총 1정 및 실탄 150발 등이 압수됐다. 남민전 사건으로 체포된 인사들 중에는 임헌영(현 민족문제연구소장)도 있었다.

김남주는 남조선의 시인으로 민투위 강도 사건 현장에 있었다. 그는 리강과 함께 지하신문 「함성」을 제작했다. 1978년 서울로 상경해 남민전에서 활동하다가 민투위 강도 사건으로 체포되어 구속되었다. 당시 김남주에게 사상교육을 받은 김정익은 자신의 저서 『수인번호 3179』에서 김남주의 사상이 얼마나 훌륭했는지 상세히 기록하고 있다.

"계급적인 적들을 증오하라. 철저히 증오하라. 남조선에서 민중혁명이 일어나면 최우선적으로 해야 할 일은 이 사회의 민족반동세력을 철저하게 죽여 없애는 것이다. 그 숫자는 200만 정도는 될 것이다. 그래야만 혁명을 완전하게 완수할 수 있기 때문이다."

김남주는 광주교도소에서 복역하면서 1984년 첫 시집 『진혼가』를 출간했다. 1988년 형집행정지로 석방되었으나 1994년 2월 13일 췌장암으로 사망했다. 이후 광주 망월동 5·18 묘역에 안장됐다.

1980년대 남조선 문혁

1960~1970년대 문학계의 문단권력과 문학권력을 중심으로 전개되던 남조선 문혁은 1980년대 전 문학예술 분야의 민중문화운동과 조직화로 확산된다. 특히 민중문화운동은 1987년 6월 인민항쟁을 향해 행진하는 발걸음이 되었다. 이 과정에서 문학권력이 분산된다. 그러나 1988년 민예총 설립으로 분산되었던 권력은 다시 집중화되어 문학권력에서 문화권력으로 한 단계 더 성장했다.

이제 남조선 문혁의 힘은 비합법에서 합법으로 비주류에서 주류로 발전하면서 더욱 강해졌다.

이 시기 남조선 문혁은 민중문학투쟁으로 남조선혁명 주력군인 노동자·농민들의 의식화 작업과 반정부투쟁을 이끌었다. 분단문학투쟁으로 반미정서를 조장하면서 통일전선을 강화했다. 무크지문학투쟁은 지식인들을 지속적으로 유인하여 결속시키면서 실천투쟁에 직접 참여하도록 선전 선동했다. 각성된 청년학생들이 혁명주력군으로 새롭게 편성되면서 대학교 모임이나 동아리를 중심으로 민중문화운동을 전개했다. 그 결과 독립적이지만 유기적인 여러 갈래의 연대투쟁이 하나로 모여 3번째 혁명인 6월 인민항쟁을 만들었다.

민중문학투쟁

남조선 민중문학투쟁은 1970년대 민족문학에서 시작됐다. 민중문학은 민중문화운동의 성장과 함께 발전했다. 1980년대 이후 민중문화운동과 조국통일운동의 진전과 함께 노동문학·농민문학·분단극복문학 등으로 구체화되면서 노동자·농민운동과 결합하여 인민에 의해 창조되고 인민에 의해 향유되는 민중문화운동으로 발전했다.

민중문학투쟁은 노동문학에서 계급을 축약한 성격을 강하게 띠며 사회주의혁명 달성이라는 측면에서 노동해방문학·노동운동문학과 관련이 깊었다.

1970년대 황석영의 『객지』, 윤흥길의 『아홉 켤레의 구두로 남은 사내』에서 출발하여 조세희의 『난장이가 쏘아올린 작은 공』 등으로 민중문화운동과의 결합을 모색했다. 1980년대 들어 박노해의 『노동의 새벽』으로 노동자 창작시대를 본격화했다. 이후 1980년대 말부터 백무산·정인화 등 노동자 시인들의 활동이 활발하게 전개됐다.

남조선 민중문학투쟁의 정신적 토대가 된 사건은 바로 전태일이다. 그러나 조영래가 『전태일 평전』을 쓰기 전까지는 남조선에서 전태일의 존재를 기억하는 사람은 별로 없었다. 조영래의 『전태일 평전』은 사실과 허구가 적절하게 조합된 신화였다. 그러나 선전선동의 효과는 대성공이었다. 전태일의 죽음은 남조선 청년학생들이 학교를 그만두고 노동현장에 투신하도록 했고 전투적인 노동운동투쟁을 확산시켰으며 1995년에는 민주노총 출범의 계기가 되었다. 이 과정에서 전태일의 분신은 더욱 미화 찬양되었고 혁명동지들의 우상이 되었다.

사실 조영래가 쓴 『전태일 평전』(1983)의 초판에 따르면 석유를 뒤집어쓴 전태일에게 성냥불을 붙인 김개남(가명)이 나온다. 그러나 후속 판부터는 이 사실을 애매모호하게 기술해 놓았다. 훗날 양국주는 「조선일보」를 통해 "전태일이 분신할 때 곁에 있었으며, 전태일은 미국 샌디에고에 있는 이승종 목사가 교육시켰다"며 전태일에게 외부세력의 접근이 있었다는 점을 밝혔다.

1995년 전태일의 신화는 박광수 연출의 남조선 영화 〈아름다운 청년 전태일〉로 재탄생했다. 이 영화에는 문성근과 명계남('동방우'로 개명)이 출연했다. 남조선 인민들은 책으로 만나던 전태일을 영화로 만나게 되었다. 그 결과 남조선에서 전태일은 깨지지 않는 철옹성 신화가 되었다.

분단문학투쟁

1980년대 민중문학의 지평은 분단 이후 남조선에서 금기시되었던 분단의 문제로까지 확대되었다. 이태의 『남부군』(1990년 남조선 영화화), 조정래의 『태백산맥』, 윤정모의 『님』, 황석영의 『무기의 그늘』 등이 그것이다.

이태(본명 이우태)는 1988년 실화소설 『남부군』을 내놓았다. 그는 실제 1951~1952년 지리산에서 빨치산 활동을 하다가 1952년 토벌대에 체포됐다. 소설 『남부군』은 남조선에서 금기시되던 빨치산을 재평가의 대상으로 삼은 첫 작품이었다. 이후 '빨치산 문학'으로 불리는 여러 증언과 기록 그리고 소설이 쏟아져 나오는 계기가 되었다.

1990년 정지영은 소설을 원작으로 영화 〈남부군〉을 만들었다. 이 영화는 남조선 국방부의 지원 없이 만든 전쟁영화라 나오는 총기는 모두 나무를 깎아 만든 모형 총이었다. 1990년 당시 남조선 영화의 평균 제작비는 2~3억 원 남짓이었다. 그러나 이 영화는 제작비 14억 원으로 만들었다. 그해 남조선 영화흥행 2위를 거두었고 비디오 출시도 성공했다. 거기에 명절 때마다 TV에서 여러 번 방영하면서 남조선 사회에 큰 반향을 불러일으켰다.

민중가요투쟁

1971년 김민기의 「아침이슬」에서 시작된 민중가요투쟁은 1980년대 민중문화운동의 가장 대중적인 흐름을 만들었다. 노래라는 형식은 민중문화운동의 대중성 확보와 선전선동에 현실적으로 커다란 효과가 있었다. 본격적인 민중가요투쟁의 시작은 1980년대부터였다. 1970년대 민중가요들은 1980년대 「가자가자」 「님을 위한 행진곡」 등의 투쟁적 민중가요의 개념을 형성하는 데 큰 몫을 했다.

1970년대 중반 이후 대학가와 노동계를 중심으로 존재를 드러낸 남조선혁명동지들이 1980년대부터 민중가요를 집단적으로 향유하기 시작했다. 이들은 민중가요를 통해 리념과 사상을 표현하고 공유했다. 또한 민중가요를 집단 정체성의 중요한 기제로 활용했다. 「님을 위한 행진곡」은 1980년대 내내 투쟁이 있는 곳이라면 빠짐없이 불려졌다. 광주인민봉기 이후의 민중가요들은 더욱 전투적으로 발전했다.

그 내용도 광주인민봉기·반미·노동해방 등이 주를 이루었다. 「오월의 노래」「반전반핵가」「단결투쟁가」는 1980년대 투쟁의 현장에서 즐겨 불러지던 노래였다.

1980년대의 민중가요는 1970년대 후반 대학에서 결성된 노래동아리에서 시작되었다. 서울대 노래패 '메아리', 이화여대의 '한소리', 고려대의 '석화', 성균관대의 '소리사랑', 연세대의 '울림터', 부산대의 '소리터', 숙명여대의 '한가람', 명동성당의 '신새벽' 등 대학가와 공장 그리고 교회에서 많은 노래패들이 만들어졌다.

민중가요의 대중화는 대학 노래패에서 활동하던 이들이 졸업 후 노래모임과 노래패를 만들면서 더욱 발전되었다. 그 시작은 1984년에 만든 노래모임 '새벽'이었다. 이들은 「광야에서」「솔아 푸르른 솔아」 등을 비롯한 대표적인 민중가요 창작곡들을 탄생시켰다.

같은 해 전문적으로 민중가요를 전담하는 '노래를 찾는 사람들'(약칭 노찾사)이 창립된다. 노찾사의 출발은 민중가요의 대중화와 실천을 위한 최초의 전문공연모임이란 점에서 민중가요투쟁 전체의 비중에서도 큰 주목을 받았다. 이들은 합법적으로 음반을 발표하면서 인민들과의 접점을 만들었다.

1988년에는 노동자들로만 구성된 노래패 '노동자노래단'과 '삶의 노래 예울림'도 창단됐다. 이들 노동자 노래패들은 1992년 2월 '꽃다지'로 통합되어 노동자들의 투쟁과 단결을 고취시키는 노래들을 제작, 배포함으로써 노동운동투쟁 발전에 중요한 일익을 담당했다.

1990년대에는 노찾사의 권진원과 안치환이 솔로 활동을 시작하면서 더욱 인민들 속으로 들어갔다. 2000년대부터 현재까지는 윤민석이 주도적으로 활동하고 있다.

제6장
문학예술혁명의 전장에 선 문혁 전사들

백낙청

백낙청의 아버지 백붕제는 쇼와 천황으로부터 자작 작위를 하사받아 일본제국 귀족 자리에 오른 친일 관료였다. 현재 백붕제는 남조선 『친일인명사전』에 등재되어 있다. 백낙청은 아버지와는 달리 남조선혁명의 문혁전사가 되었다. 우리에게 소중한 자원이자 인재이다. 만약 그가 동지가 아닌 우리의 적이었다면 생각만으로도 끔찍하다. 백낙청은 평론활동으로 남조선 지식인에게 큰 영향을 끼쳤다. 「창작과비평」은 남조선 지식인 사회의 소통과 결집의 장을 열었으며 지식인들이 혁명주력군으로 변화되는 계기를 만들어주었다.

백낙청은 신화 제조기였다. 남조선 문단의 우상을 서정주에서 김수영으로 바꾸어놓았다. 그다음 자유주의 순수문학계를 타도할 참여문학과 민중문학의 새로운 우상으로 고은 신화를 제조했다. 김수영처럼 고은 역시 남조선 문혁의 조작된 신화였다. 당시에도 고은은 성추문 논란으로 순수문학계 내에서 잡음이 많았다. 백낙청은 그런 문제를 묻어둔 채 "우리 문학사의 우뚝한 존재, 미당 서정주를 쉽게 넘어선다"고 찬양하면서 고은을 거물 문학가로 만들어놓았다.

1974년 11월 백낙청은 시인 고은과 함께 '자유실천문인협의회'의 결성을 주도했다. 백낙청의 천재성은 '자유'라는 용어를 선점해 자유주의 문단을 무력화시켰다는 점이다. '자실'은 1988년에 결성된 민예총과 함께 남조선 문혁을 이끈 대표적인 조직이었다. '자실'은 1987년 '민족문학작가회의', 2007년 '한국작가회의'로 명칭을 바꾸었다.

황석영

황석영은 공화국에서도 널리 알려진 문혁전사다. 황석영은 1974년 자실, 1984년 민문협, 1987년 민족문학작가회의, 1988년 민예총 등의 단체에서 활동하며 남조선 문혁을 실천했다. 황석영은 1978년부터 1986년까지 광주인민봉기의 투쟁전사로 활동했다. 1982년 노래극 〈넋풀이: 빛의 결혼식〉에

「님을 위한 행진곡」이 삽입되었다. 작곡은 김종률, 가사는 백기완의 장편시 「묏비나리」의 일부를 차용해서 황석영이 붙였다. 1985년에는 광주인민봉기의 기록물인 『죽음을 넘어 시대의 어둠을 넘어』를 출판했다.

1989년 3월 20일 황석영은 '조선문학예술총동맹'의 초청으로 북경을 거쳐 평양 순안비행장에 도착했다. 당시 황석영은 세 차례나 위대한 수령님을 만나 뵈었는데 한 번은 문익환 목사와 함께 만났다. 위대한 수령님께서는 황석영에게 "황 동무의 소설 『장길산』을 읽어보았는데 재간이 대단하더라. 앞으로 통일의 역군이 되어달라"고 당부하시었다.

4월 24일 공화국을 떠난 황석영은 기자회견에서 "이제는 김일성이란 호칭은 삼가고 김 주석으로 불러야 한다" "주체사상은 인간의 창조성과 자주성을 으뜸으로 보는 사상이며 사랑과 평등을 구현하는 사회적 생명체다" "김일성 주석은 을지문덕 이순신 세종대왕처럼 우리 역사상 위인의 한 사람이다"라며 위대한 수령님과 주체사상을 칭송했다.

1991년 1월 다섯 번째 공화국 방문을 했다. 이때 황석영은 광주인민봉기의 기록물인 「죽음을 넘어 시대의 어둠을 넘어」를 각색한 〈님을 위한 교향시〉(1991)의 영화문학을 감수했다. 이 영화문학은 황석영과 리춘구가 공동으로 창작했다. 연출은 공화국에서 활동하고 있는 재일동포 고학림, 작곡은 해외 동포음악가 윤이상이 맡았다. 주인공 역을 맡은 공훈 배우 리영호는 공화국 최고의 미남으로 공화국 여성들의 인기를 한 몸에 받던 배우다. 상대역으로는 미녀 배우 박금실이 선택됐다. 조선예술영화촬영소에서 촬영된 이 영화는 총 2부로 이루어졌다.

이 영화에 남조선의 「님을 위한 행진곡」이 삽입되어 있다. 이 노래는 광주인민봉기에서 혁명을 위해 투쟁하다 사망한 윤상원의 넋을 달래기 위해 만들어졌다. 또한 황석영은 '4·15 창작단'에서 집필한 위대한 수령님의 80돌 기념회고록 『세기와 더불어』(1, 2권) 원고를 감수했다. 1991년 5월 다시 독일로 돌아갔다.

황석영은 1989년부터 1991년 사이 다섯 차례 공화국 방문을 하였고, 일곱 차례나 위대한 수령님을 만나 뵈었다. 이 시기 공화국 방문기 「사람이 살고 있었네」를 「신동아」와 「창작과비평」에 게재했다. 1992년 12월 중순 유엔총회 참석으로 미국에 온 공화국 통일전선부 부부장 한시해는 황석영에게 미화 25만 달러를 전달했다.

1993년 황석영은 김영삼 정부가 출범하자 미국에서 남조선으로 돌아갔다. 귀국 후 국가보안법의 잠입탈출죄 등으로 수감됐다.

공화국은 즉시 "그의 방북과 해외활동은 순수 작가로서의 사명감과 함께 통일을 지향하는 민족의 한 성원으로서의 의무감에서 출발한 것으로 어떤 경우에도 결코 죄가 될 수 없다"라고 반박했다. 또한 25만 달러에 대해서도 "작가로서 동족이 살고 있는 공화국 북반부를 다녀갔을 뿐이고 우리는 그를 동포 작가로서 대해주었을 따름"이라고 발표하면서 즉각 석방을 요구했다.

황석영은 1998년 3월 13일 김대중의 특별사면으로 출소했다. 그는 2001년 8·15 북남공동행사에 참석하기 위해 다시 공화국을 방문했다.

리영희

리영희는 노무현의 정신적 스승이자 남조선 운동권 세력의 사상의 은사이자 대부였다. 저서 『전환시대의 논리』는 당시 혁명주력군과 보조역량들에게 중요한 책으로 간주되었다. 문재인도 이 책을 가장 좋아하는 책으로 꼽았다. 리영희의 혁명사상을 확인할 수 있는 발언들을 살펴보자.

"북한에서 쳐내려와서 통일이 되면, 나는 이제까지 자본주의 사회에서의 나의 삶을 회개하고 사회주의 체제 속에서 새로운 인간으로 다시 태어나 살겠노라."

"6·25 전쟁 전후시기에 진정한 애국자들과 양심적 지도자들이 남조선을 버리고 북한으로 갔다."

"이북에서는 새 나라 건설과 사회혁명의 열기가 충천하고, 일제 시대의 친일파들을 비롯하여 호의호식하며 권세를 누렸던 자들이 깡그리 청소되고 있는데 같은 민족의 땅 이남에서 벌어지고 있는 작태는 한숨과 눈물이 나올 지경이었어요. 이북에서는 새 나라 건설을 위해서 '새 술을 새 부대'에 담는 민족정기가 넘쳐 있는데 같은 시각 남조선은 '썩은 술을 낡은 부대'에 그대로 담고 있는 꼴이었어."

"한국은 철저히 미국의 속국이다. 주한미군 철수하고, 한·미동맹 해소하고, 미군기지 해체하자."

"미국이야말로 '악의 제국'이며, 부시 행정부의 집권세력이야말로 '악의 축'이다. 젊은 세대들은 해방 이후 친일파 군대 출신이 외세에 빌붙어 지배해온 한국현대사를 똑바로 배우고 인식하기 바란다."

"숭미세력들이 미국의 이익과 자신들의 이익을 일치시켜 국가보안법을 존속시키려 한다. 국가보안법 폐지만이 인간을 자유롭게 하고 인간해방과 사회진보, 남북화해, 평화로 나아갈 길이다."

"내가 20~30년 길러낸 후배들과 길러낸 제자들이 남측 사회를 쥐고 흔들고 있다."

하나같이 옳은 말이다. 그가 남조선의 소크라테스라는 평가는 정확한 판단이다.

문재인은 자신의 사회의식에 가장 큰 영향을 미친 인물이 리영희라고 했다. 그래서인지 문재인이 발표한 비핵화평화구상도 리영희의 생각과 그대로 닿아 있다. 이는 필연적으로 한·미동맹해체와 주한미군철수로 연결된다.

문재인은 리영희의 「월남 전쟁」 논문을 「창작과비평」에서 읽고 미제와 남조선의 허위의식을 깨닫게 되었다고 했다. 문재인은 자신의 책 『문재인의 운명』에서 논문의 제1, 2부에서 "미국의 패배와 월남의 패망을 예고"한 것이 제3부에서 그대로 실현되었다며 "글 속에서나마 진실의 승리를 확인하면서, 읽는 나 자신도 희열을 느꼈던 기억이 생생하다"고 적었다. 여기서 문재인이 말한 '진실'이란 "베트남 전쟁이 부도덕하고 제국주의적 전쟁의 성격을 지녔으므로, 결국은 초강대국 미국이 결코 이길 수 없는 전쟁"이라는 것이고, '승리'란 그러한 진실이 호지명 주석이 이끈 북 월맹군의 승리로 현실화된 것을 말한다.

이에 대해 보수패당 홍준표는 "우리 장병이 월남에서

5,000명 죽었는데 리영희 씨의 책을 읽고 '나는 희열을 느꼈다', 이것은 공산주의가 승리한 전쟁인데 희열을 느꼈다는 게 무슨 뜻이냐?"며 문재인을 비판함으로써 반동으로서의 진면목을 과시한 바 있다.

고은

고은(본명 고은태)은 백낙청이 문혁세력의 조직화를 위해 만든 조작된 신화였다. 그는 성추행 논란으로 동지들의 얼굴에 먹칠을 한 수치스러운 자였다. 잡초는 초장에 잡아야 했다. 잘못된 판단으로 혁명의 농사를 망칠 수도 있다.

고은의 출신성분은 좋은 편이다. 조국해방전쟁 때 그의 친가와 외가 친척들은 혁명 활동을 했다. 그의 당숙은 인민위원장이었고, 외삼촌도 당직을 맡고 있었다.

당시 그의 일가는 혁명과업 완수를 위해 남조선 용둔리 일대의 민간인을 학살했다. 그러나 조선인민군대의 퇴각으로 그와 아버지는 마을을 떠날 수밖에 없었다. 이때 학살당한 유가족들의 반대로 고은은 아직까지도 고향에 돌아가지 못하고 있다.

고은은 조국해방전쟁 때 도피생활을 하면서 본명 고은태가 아닌 고은이라는 가명을 사용하기 시작했다. 1951년 동국사에 들어가 승려가 되었고 1953년에는 불교계에서 가장 명성이 높았던 효봉의 제자가 되었다. 고은은 문단에 등단한 후 효봉의 명성을 이용하여 법조계와 문예계의 중심세력들과 쉽게 교류할 수 있었다.

그는 '명사 사냥꾼'이라는 별명답게 타고난 언변과 태도로 유명 인사들과 교유하기 시작했다. 이때부터 고은은 남조선 문단 내에서 상당한 영향력을 갖추게 된다. 그는 조지훈과 서정주의 추천으로 남조선 문단에 등단했다. 그러나 1962년 종단의 징계를 받아 승복을 벗고 환속했다. 당시 고은의 성추문과 관련되었을 가능성이 높다.

고은은 1958년 「폐결핵」으로 등단하여 1974년 전까지는 '허무의 시인'으로 불렸다. 그의 시의 핵심은 허무·절망·죽음이었다.

이 시기 가짜 고은 사건처럼 그와 관련된 불미스러운 소문이 계속 늘어나자 순수 문학계는 점점 그를 배척했다. 순수 문학계에서 배척당한 그는 1974년 「문의 마을에 가서」를 발표하면서 갑자기 '저항시인'으로 남조선 문단에 재등장한다.

1974년 고은은 백낙청과 함께 문혁동지들을 결집하여 문혁진지 「자실」을 창설한다. 그는 이 조직의 초대 회장으로 취임하면서 남조선 문혁의 대부가 되었다. 저항시인으로 변신한 고은은 반정부투쟁보다는 반미투쟁과 조국통일운동에 앞장섰다. 그는 1979년 지미 카터 미국 대통령 방한 반대투쟁을 주도했다. 1987년에는 자실을 확대 개편하여 민족문학작가회의로 재창단했다. 그는 이 단체의 의장과 부회장을 지냈다. 1988년 남조선 문혁전사들을 총결집한 민예총을 창설하여 초대 공동의장을 맡았다. 그는 민족문학작가회의와 민예총을 등에 업고 반미투쟁과 조국통일운동의 지도자로 나섰다. 문학권력을 통해 남조선의 문화권력이 된 그를 비판하는 것은 곧 남조선 진보진영을 비판하는 것이 되었다. 그래서인지 2018년 미투운동 전까지 그와 관련된 성추행 소문이나 가짜 고은 사건은 발생하지 않았다.

김대중과 고은은 각별한 관계였다. 그는 김대중의 대통령 취임식에 참석해 찬시를 헌정했다. 또한 김대중 추모시 「당신은 우리입니다」를 쓰기도 했다. 이 시는 김대중의 비석에 새겨져 있다. 노무현의 예찬시도 썼다.

그가 이끌던 민예총은 노무현 정부동안 보수성향의 예총보다 1인 기준 3~4배 더 많은 지원을 받는 특혜를 누렸다는 말이 있다. 노무현재단 출범 당시에는 백낙청, 리영희, 조정래와 함께 고문으로 추대되었다.

고은은 1998년 공화국을 방문했다. 이어 2000년 북·남정상회담 특별수행원 자격으로 공화국을 다시 방문했다. 당시 만찬장에서 즉흥시 「대동강 앞에서」를 낭독하면서 위대한 령도자 김정일 동지의 무병장수를 기원했다.

그의 공화국과 위대한 령도자에 대한 사랑은 남조선으로 돌아가서도 계속되었다.

“평양은 부다페스트를 본따 민족 형식을 가미한, 서울보다 나은 도시.”

“우리는 분단현실에서 김 위원장을 비판하고 부정의 대상으로만 삼아왔다. 그런데 내가 김 위원장을 직접 만나보니 뛰어난 두뇌를 가지고 있고, 말을 잘하고, 속에 담아두지 않고 즉각적으로 표현하는 솔직함을 가지고 있었다.”

“매우 예술적인 취향을 지녔다. 시를 좋아하고 특히 영화예술에 전문가적인 식견을 가지고 있는 사람이다. 정치인을 만났다는 느낌보다는 어떤 예술가를 만난 느낌을 받았다.”

고은은 2003년에 민족문학작가회의와 민예총을 동원해 이라크전 파병 반대투쟁을 전개했다. 2005년 7월 20일에는 100여명의 남조선 문인들과 함께 공화국을 방문했다. 2010년 이후에는 민예총 지부행사를 돌아다니며 문혁전사들의 의식을 강화시키는 강연을 했다.

그러나 2018년 성폭력 파문으로 추락하고 만다. 이로 인해 이문열의 소설 「사로잡힌 악령」이 다시 재조명되고 있다. 고은의 문혁은 끝났다.

조정래

조정래는 남조선 부르주아다. 소설의 성공으로 서울에 빌딩도 샀고 운전기사까지 둘 정도였다. 그러고 보면 혁명의 전장에 선 이들은 김지하의 말처럼 진짜 '깡통좌파'들일지도 모르겠다.

보수패거리가 비판하듯 남조선혁명 동지들이 자유시장경제를 더 많이 좋아하는 것 같다. 조국통일 후 이들은 정치범수용소에서 반드시 사상교육을 받아야 할 것이다.

조정래는 자유주의 문단의 서정주 제자였지만 그를 잡는데 가장 앞장섰던 인물이었다. 1971년 「현대문학」에 연좌제를 비판한 단편소설 「어떤 전설」, 1972년 월남전을 비판한 중편소설 「청산댁」 등의 작품을 내놓았다.

이후 1983년 6월부터 대하 역사소설 『태백산맥』의 연재를 시작하여 1989년 10월에 단행본이 나오는 것으로 완성되었다. 조정래의 『태백산맥』은 1990년대 남조선 조국통일투쟁의 기폭제가 되었다. 또한 작품의 배경인 벌교읍을 관광객들이 많이 찾는 지역으로 만든 일등 공신이기도 하다. 그의 문혁

공로는 인정받기에 충분했다.

조정래는 『태백산맥』을 집필한 이후 보수패거리로부터 집중적인 공격을 받았다. 이 소설은 남조선에서 11년이나 국가보안법 위반 논쟁을 일으켰다. 문제는 소설에 역사왜곡 논란이 될 만한 묘사가 많다는 사실이다. 조정래의 다른 소설도 근거 없는 묘사나 과장이 많다. 조정래는 자기 의도를 전하기 위해 적당한 허구를 진실로 만든다. 분명한 단점이지만 선전선동에는 반드시 필요한 요소이다.

또한 조정래의 작품은 여성혐오와 성차별 논란도 있다. 「풀꽃도 꽃이다」(2016)라는 소설은 남조선의 교육 문제를 다루고 있다.

그러나 남조선 사교육 문제의 원인을 여성들의 그릇된 욕망이 근원이라고 묘사하면서 영어 잘하는 외국인만 보면 헤프게 몸을 내 주는 남조선 여성이라고 비판했다. 거기에 일본 여성이 남조선 여성보다 더 헤프다는 비판도 더하고 있다.

제7장
1990년대 남조선 문혁과 진지전

1960~1970년대 남조선 문혁은 문학계 문혁동지들을 중심으로 혁명주력군인 노동자·농민, 보조역량인 청년학생·지식인의 의식화 작업에 집중했다. 의식화의 성공은 남조선의 대학·문예계·언론계·교육계·노동계·종교계 등에서 반정부·반미투쟁과 조국통일운동으로 이어졌다. 그 결과 남조선 사회의 분열을 조장했고, 정부의 강압적인 제재를 유발시켜 청년학생과 지식인 세력이 남조선 정부를 불신하고 부정하게 만드는 데 성공했다.

1980년대 광주인민봉기를 기점으로 청년학생들이 주력군에 포함되었다. 이들은 전 문학예술 분야에서 민중문화운동을 전개했다. 민중영화·민중가요·민중공연·민중미술·민중

언론 등의 민중문화운동은 1987년 6월 인민항쟁의 승리를 만들었다. 그러나 4·19 인민봉기는 박정희로, 6월 인민항쟁은 노태우로 이어지는 예상치 못한 결과를 낳았다. 이에 남조선 문혁의 새로운 변화가 요구됐다. 1960~1980년대까지 의식화에 성공한 혁명동지들은 기동전에서 진지전으로 투쟁의 전략을 수정했다.

1990년대 혁명동지들은 소련의 붕괴와 공산주의의 와해로 기동전의 효과가 사라지자 전략을 바꾸어 각 분야별로 진지 구축에 나서게 된다. 이에 남조선 각 분야 진지로 침투해 세력을 확장하여 진지를 구축하고 장악하는 새로운 투쟁을 전개했다.

특히 1990년대부터 남조선 지식인이 혁명주력군에 포함되면서 지식인과 청년학생들 사이에 관계망을 조성해 제 분야에서 상호협력적인 조직체계를 만들어나갈 수 있었다. 이는 김영삼·김대중·노무현으로 이어지는 시대적 환경이 조성되었기에 가능한 일이었다.

문혁전사들은 문학예술계 진지 장악을 통해 남조선의 문화권력이 되었다. 그리고 문학예술 정책의 중심에 진입하게 되면서 남조선 문혁의 구상과 주장은 효과적으로 실행되었다. 남조선의 문화권력이 된 문혁전사들은 교육·문학예술·방송언론 등을 이용해 남조선 사회의 프레임을 장악했다. 이들이 생산하는 프레임은 남조선 인민들의 일상생활을 구조화하고 여가시간까지 지배했다. 나아가 정치적 관점과 사회적 행동을 구성하고 정체성 형성의 재료마저 제공했다. 비로소 남조선 인민들의 사유와 행동을 지배하게 된 것이다. 남조선은 시나브로 적화되었다.

기동전에서 진지전으로, 진지전에서 기동전으로

기동전과 진지전은 그람시의 전략론에서 유래되었다. 기동전이란 1917년 러시아 사회주의 10월혁명과 같은 정면 대결을 말한다. 그람시는 이런 폭력적 계급혁명 전략은 후진사회에나 적용된다고 생각했다. 성숙한 선진사회에서는 기동전보다는 점진적이고 전면적인 진지전이 적합하고 기동전은 그런 진지전의 일부여야 한다고 주장했다.

1990년대 세계정세의 변화에 따라 남조선혁명 전략도 새로운 판을 짠다. 광주인민봉기나 6월인민항쟁 등의 기동전에서 진지전으로 전략을 바꾼 것이다.

남조선 진지전은 일종의 정치적 참호전으로 각계각층의 전선에서 전개되는 혁명투쟁이다. 남조선의 행정부·사법부·입법부·문학예술계·종교계·교육계·학계·방송언론계·노조 등

전 분야에 침투해 진지를 확보하고 확보된 진지를 중심으로 자유민주주의를 부정하는 리념을 확산시켜 정치사상적 주도권을 잡는 것이다. 남조선혁명을 지지하는 용어전술·문학예술·논리와 학설·가치관·분위기를 조성하여 장기적인 실천투쟁을 전개하다가 결정적 시기에 기동전으로 전환하여 남조선혁명을 성공시킨다는 것이 진지전의 핵심이다. 이것이 바로 남조선 촛불혁명이다.

혁명은 어느 날 갑자기 찾아오는 것이 아니다. 혁명은 과정이다. 과정의 모든 변화가 혁명이다. 그람시가 말하는 '과정으로서의 혁명'은 소수 특정계층이 주도하는 것이 아니다. 인민대중이 그 주체세력이 되는 것이다. 지난 촛불투쟁이 만든 박근혜 탄핵은 남조선 진지전의 결과였다. 그 중심에 문혁조직·전교조·언론노조·민주노총·문화연대·진보연대 등의 혁명 핵심세력들이 함께했다.

남조선 문혁진지와 문화권력 장악

김대중 정부에서 혁명동지들은 주류 제도권으로 부상했다. 전교조와 민노총이 합법화됐다. 전교조는 력사교육을 통해 남조선 건국 부정, 리승만과 박정희 왜곡, 국군 부정, 조국해방전쟁의 양비론적 관점, 공화국 체제 옹호, 반미와 반일정서를 주입시켰다. 이러한 교육을 받은 남조선 인민들은 반정부 투쟁에 적극 동참했다. 김대중 정권의 문혁 핵심은 남조선 영화계였다. 배우 문성근과 명계남이 새천년국민회의 의원들과 접촉하면서 정치적 활동을 보이기 시작했다.

이후 '충무로 포럼'을 통해 기존 충무로 주류 영화인들과 정책을 비판하면서 영화계의 새로운 문화권력을 구축했다. 그 결과 영화법을 영화진흥법 체제로 바꾸고, 영화진흥공사를 영화진흥위원회로, 공연윤리위원회를 영상물등급위원회로 개편했다.

이 시점부터 남조선 영화계는 자주(반미, 반일정서), 평화(반정부정서), 민족대단결(조국통일정서)의 문혁영화가 집중적으로 제작되면서 영화를 통한 남조선 의식화가 대중화되었다.

김대중과 노무현정부 시절 정치권력과 연대한 영화계 문화권력은 자신들에게 동조하지 않는 영화인을 타도 대상으로 몰았다. 1999년에 설립된 '영화진흥위원회'(약칭 영진위)는 이 전략과 실행을 주도하는 남조선 영화계의 문혁기지 역할을 했다. 영진위는 최근까지 3,500억 원 이상을 영화제작비 지원에 사용한 것으로 알려져 있다.

제8장
2000년대 남조선 문혁

1980년대까지 남조선 인민들의 의식화 작업의 중심은 문학이었다. 그러나 1990년대부터 현재까지는 영화가 중심이 되어 의식화 작업은 물론이고 반혁명역량 제거·약화에도 큰 역할을 하고 있다.

이는 문학예술을 수용하는 세대의 사고와 태도가 읽는 문화에서 보는 문화로 변화되었고 문학예술의 대중화로 전환된 시대적 요구에 부응한 것이다.

영화는 대표적인 선전선동의 매체다. 영화 〈스파르타쿠스〉와 〈로마의 휴일〉 등을 쓴 영화문학 작가 트럼보는 "제값을 하는 작가라면 누구나 각자의 방식대로 전투를, 일종의 게릴라전을 감행해야 한다"고 말했다. 또 다른 영화문학 작가 존하워드 로슨은 『사상전쟁에 있어서의 영화』라는 책에서 "작가로서 여러분은 공산주의 전부를 보여주려 하지 말고, 쓰고 있는 모든 대본에 공산주의 원리가 5분간, 당 노선이 5분간 들어갈 수 있도록 노력하라"라고 말했다. 괴벨스의 말처럼 영화는 "인간의 무의식에 가장 강력한 영향을 미치는 매체"이기 때문이다.

영화는 그 어느 예술 매체보다도 강력하고 직접적인 영향력을 가지고 있다. 이는 영화가 막강한 전달력과 파급력을 가지기 때문이다. 남조선에서는 잘 만든 한 편의 영화에 천만이 넘는 인민들이 몰린다.

위대한 수령 김일성 동지께서도 "한 편의 시가 천만 사람의 가슴을 감동시키고, 총칼이 미치지 못하는 곳에서는 우리의 혁명적 노래가 적의 심장을 꿰뚫을 수 있다"라고 하시었다.

영화는 이성보다는 감성에 자극을 주고 눈에 잘 띄지 않는 미묘한 형태로 항상 인민들에게 작용하며 영향을 주고 있다. 영화를 활용해 남조선 사회의 분열과 혼란을 더욱 조장하고 남조선 내부에서 인민대중혁명이 일어날 수 있도록 적극 유도해야 한다. 그 어느 시대보다도 문혁의 수단으로 영화의 역할은 매우 중요하다.

운동권학생들의 의식화영화 '민중영화'

광주인민봉기를 시발점으로 남조선 영화계는 의식화영화인 민중영화가 활발하게 전개됐다. 당시 "영화는 혁명을 위한 총칼의 역할을 하여야 한다"는 제3영화론 같은 개념들이 영화투쟁의 명분으로 동원됐다. 남조선 문학계를 중심으로 전개해왔던 기존의 의식화 작업은 민중문화운동을 통해 민중영화가 재등장하면서 그 주도권을 영화계에 양도하게 된다.

이에 1990년대에는 독립영화계의 문혁전사들이 진지전 전략에 따라 활동하면서 당시 남조선 주류 영화인들을 내몰고 진지를 장악하게 된다. 이들은 김대중과 노무현정부에서 작동된 문화권력 성장 공식에 따라 남조선 문화권력의 핵심으로 성장했다. 이후 영화계의 선전선동은 2000년대부터 현재까지 강렬한 빛을 내면서 의식화의 대중화에 성공하게 된다.

1980년대에 남조선 대학 영화패들이 등장하기 시작했다. 당시 서울대 영화연구회 '얄라셩', 고려대 '돌빛', 경희대 '그림자놀이', 명지대 '필름아트', 서강대 '영화공동체', 성균관대 '영상촌', 연세대 '영화패', 외국어대 '울림', 이화여대 '누에', 한양대 '소나기' 등이 있었다.

1987년에는 13개 영화패가 '대학영화연합'(약칭 대영연)을 결성했다. 대영연은 결성 취지로 "이 땅에 존재하는 검은 먹구름의 실체인 미국문화를 과감히 걷어찰 민족영화의 창달"을 선언했다. 남조선 대학 영화패를 중심으로 '열린영화' '민중영화' '민족영화' '소형영화' 등의 기치를 걸었던 새로운 영화운동이 출현했다. '독립영화'란 당시 남조선에서 산발적으로 통용되던 영화운동의 명칭을 통합한 것이라고 할 수 있다.

남조선 민중영화는 '서울영화집단'과 '장산곶매'에서 주도했다. 1982년 10월 29일 민중영화의 뿌리를 제공한 서울영화집단은 서울대 얄라성 출신의 박광수·김홍준·황규덕·문원립 등이 공동으로 연출한 〈판놀이 아리랑〉(1983)을 계기로 결성됐다. 이 영화는 극단 연우무대의 공연 〈판놀이 아리랑 고개〉를 18분짜리 기록영화로 재구성한 것이다.

1986년 서울영화집단은 영화를 필름에만 국한하지 않고 비디오 등의 인접 영상 매체로 확대한다는 의미에서 '서울영상집단'으로 개명했다. 같은 해 '서울영상집단'은 〈파랑새〉(홍기선, 리효인, 리정하)를 제작했다. 이 영화는 32분짜리 8밀리 영화로 남조선 농촌 경제와 농민생활을 부정적인 시각에서 묘사한 의식화영화였다.

의식화영화란 운동권학생들의 의식화 자료로 사용하는 영화다. 당시 사전심의 절차 없이 불법으로 농민들에게 20여 차례 상영했다. 이 일로 연출 홍기선·리효인은 영화법 위반으로 구속된다. 이 사건은 대학영화패의 연합체 결성의 계기가 됐다.

1990년대 '서울영상집단'은 '기록영화집단'으로의 전환을 선언하고 전문 기록영화 제작 그룹으로 재탄생했다. 이후 홍형숙의 〈두밀리, 새로운 학교가 열린다〉(1995), 〈본명선언〉(1998), 〈경계도시〉(2002), 〈경계도시 2〉(2009), 〈Jam Docu 강정〉(2011) 등의 기록영화를 선보이며 활동을 계속하고 있다.

영화제작소 '장산곶매'는 1987년 강헌·리용배·장윤현·공수창·홍기선·장동홍·박대영·리은 등이 〈오! 꿈의 나라〉(리은, 장동홍, 장윤현 1989)를 제작하기 위해 창립한 단체다.

장산곶매라는 명칭은 황석영의 희곡 '장산곶매'에서 차용했다. 장산곶매는 노동영화와 민중영화의 전형을 만들었다. 장산곶매가 제작하고 배급한 첫 번째 장편영화 〈오! 꿈의 나라〉는 미제를 규탄하는 반미투쟁 영화였다. 이 영화는 90분짜리 16밀리 영화로 종수라는 주인공을 통해 기지촌 양공주의 삶과 광주인민봉기를 접목시켜 보여준다. 서울에는 여전히 성조기가 게양되고, 미제 국가가 울려 퍼지는 장면으로 남조선의 미제 식민지 상황을 표현했다. 그러나 영화는 광주인민봉기를 극화하는 데는 실패했다. 비록 영화의 만듦새는 조잡했지만 남조선 대학가를 중심으로 상영됐다. 당시 남조선 전국 150개 상영공간에서 총 500회 이상을 상영해 10만 명 이상의 인민들을 동원했다.

이후 장산곶매는 남조선 최초의 노동운동 투쟁영화 〈파업전야〉(리은, 장동홍, 장윤현 1989)을 제작했다. 이 영화는 113분짜리 16밀리 영화로 세계노동절 101주년 기념으로 제작됐다. 안치환이 음악에 참여했다. 남조선 대학가에서는 불법이지만 청년학생들을 중심으로 몰래 상영됐다. 당시 30만 명 이상의 인민들을 동원해 노동영화 투쟁의 상징으로 자리 잡았다.

이 영화들을 공동 연출한 리은은 장산곶매 대표로 활동했다. 1990년대 이후 충무로에 입성하여 아내인 심재명과 함께 '명필름'을 창립해 〈접속〉(장윤현 1997), 〈공동경비구역 JSA〉(박찬욱 2000) 등을 제작했다. 리은도 성장 공식에 따라 영화진흥위원회 위원을 시작으로 중앙대학교 객원교수, 문화다양성포럼 운영위원장, 스크린쿼터문화연대 이사, 영화인회의 이사 등을 역임했다. 현재는 명필름 대표이사로 활동하고 있다. 심재명도 2000년 여성영화인모임 기획이사를 시작으로 추계예술대 문화산업대학원 겸임교수, 영화진흥위원회 위원, 광주국제영화제 집행위원 등을 역임했다. 현재는 'MK픽처스' 대표이사 사장, '명필름' 대표이사, 부산영상위원회 부위원장으로 활동하고 있다.

이 외 장산곶매는 〈87에서 89로 전진하는 노동자〉(리은, 리용배 1989), 마지막 작품으로 〈닫힌 교문을 열며〉(리재구 1992)’를 제작했다. 42분짜리 16밀리 기록영화 〈87에서 89로 전진하는 노동자〉는 민주노조 건설투쟁을 그리고 있는 영화다. 90분짜리 16밀리 영화 〈닫힌 교문을 열며〉는 전교조의 설립과 교육개혁 문제를 다루고 있는 영화다. 당시 이 영화의 주요 제작자들은 사전심의 거부로 영화법 위반 혐의로 수배를 받았다. 이후 장산곶매는 1993년 활동을 중단했다.

그 외 대표적인 민중영화로는 광주인민봉기를 소재로 다루고 있는 〈부활하는 산하〉(연세대 총학생회 1986), 〈칸트 씨의 발표회〉(김태영 1987), 〈황무지〉(김태영 1988), 〈부활의 노래〉(리정국 1990) 등과 철거민을 소재로 한 기록영화 〈상계동 올림픽〉(김동원 1988) 등이 있다.

리정국의 〈부활의 노래〉는 들불야학을 주도했던 실존인물 윤상원·박관현·박기순의 삶을 그리고 있다. 영화 제목은 문병란의 시 「부활의 노래」(1982)에서 차용했다. 이 시는 윤상원과 박기순의 영혼결혼식에 바쳐진 장시였다. 황석영의 「죽음을 넘어 시대의 어둠을 넘어」의 제목도 이 시의 제1연 제5절에서 유래했다. 이 영화는 남조선에서 광주인민봉기를 소재로 한 최초의 35밀리 극영화이자 극장에 내걸린 최초의 영화다. 그리고 리정국의 충무로 첫 등장 작품이다. 리정국은 현재 세종대 영화예술학과 교수로 활동하고 있다.

영화계 문혁전사들은 남조선 민중영화 외에도 공화국 영화 〈피바다〉(최인식 1969), 〈꽃파는 처녀〉(최상근 1972)를 남조선 대학가에서 상영했다. 물론 심의절차 없이 상영을 시도했다. 더불어 남조선 영화법, 영화진흥공사, 공연윤리위원회 폐지 등 영화 제작과 상영에 조금이라도 규제적인 요소는 무엇이든 폐지를 요구했다.

문혁전사들의 진퇴양난 전략은 매우 영리했다. 남조선에서 공화국 영화나 민중영화처럼 등급심의를 받지 않은 영화를 공개적으로 상영하는 행위는 국가보안법·형법·영화법 등이 금지하고 있다는 점에서 법과 제도를 무력화시킬 수 있었다. 영화의 내용을 떠나 이 자체만으로도 반정부 투쟁이 전개되는 것이다. 만약 이들의 영화 제작이나 상영 행위를 조금이라도 제재한다면 표현의 자유 탄압과 검열이라는 새로운 투쟁 명분을 제공하게 된다. 반면 그대로 방치한다면 법과 제도는 조롱당하고 무력화된다.

이러한 전략방식은 현재까지도 적극적으로 활용되고 있다. 남조선혁명을 지원하는 반미·반정부·조국통일 선전선동 영화와 선거용 기획영화에 대한 제재나 비판이 가해지면 즉시 표현의 자유 탄압과 검열이라는 명분으로 방어한다. 반대로 보수패거리 영화는 반공·색깔론·수구 같은 프레임으로 공격해 초토화시키거나 싹을 뿌리째 뽑아버린다. 이처럼 영화계 문혁동지들은 남조선 정부를 진퇴유곡의 상황으로 몰아넣고 영화진흥법 제정, 영화진흥위원회 설립, 국립영화학교 설립, 제작과 유통 지원 등의 요구를 관철시켰다.

남조선 대선 시기에는 반드시 선거용 기획영화가 등장한다. 제17대~제19대 대선 중에 가장 강력하게 작동된 시기는 제19대였다. 리명박과 박근혜에게 빼앗긴 정권을 찾아오기 위해 긴 시간동안 기획되고 준비되었다. 그러나 조기대선으로 진행되는 관계로 몇몇 영화들은 피해를 보기도 했다.

남조선 제17대 대선 기획영화는 반일·반미·반정부 정서를 선전 선동하는 〈한반도〉 〈괴물〉 〈화려한 휴가〉 등이 있었다. 결과는 리명박 당선으로 끝났다.

남조선 제18대 대선 기획영화는 지난 대선의 실패를 만회하기 위해 더욱 직접적이고 노골적으로 영화를 정치도구로 이용했다. 리승만·박정희·리명박·제주 4·3 인민봉기·광주 인민봉기·민주화투쟁·노무현을 통해 반정부와 반미 정서를 선전 선동하는 〈부러진 화살〉 〈광해〉 〈왕이 된 남자〉 〈26년〉 〈남영동 1985〉 〈유신의 추억-다카키 마사오의 전성시대〉 〈백년전쟁〉〈MB의 추억〉 등이 있었다. 결과는 박근혜 당선으로 끝났다.

남조선 제19대 대선 기획영화는 한 마디로 총력전이었다. 노무현 신화를 다룬 〈무현, 두 도시 이야기〉(전인환 2016) 〈노무현입니다〉(리창재 2017), 광주인민봉기를 소재로 한 〈광인〉〈포크레인〉〈택시운전사〉, 6월 인민항쟁을 다룬 〈보통사람〉〈1987〉, 탈원전을 표방하는 〈판도라〉, 개표부정을 공격하는 〈더 플랜〉(최진성 2017), 리명박 비자금을 다룬 〈저수지 게임〉(최진성 2017), 우리 민족끼리를 내세운 〈공조〉〈강철비〉, 반일 주장을 담은 〈눈길〉이 있었다.

또 김구 신화를 앞세운 〈대장 김창수〉, 보수정당과 정치를 비판한 〈비밀은 없다〉〈특별시민〉, 국정원과 국가보안법을 질러댄 〈자백〉, 어버이연합과 일베 등 보수 세력을 희화화하고 풍자하는 〈우리 손자 베스트〉, 세월호 연관작 〈터널〉〈부산행〉〈서울역〉, 언론노조를 소재로 삼은 〈7년—그들이 없는 언론〉〈공범자들〉(최승호 2017), 용산4구역 철거현장 화재를 다룬 〈공동정범〉, 방산비리 관련 〈일급기밀〉 등등이 있었다. 결과는 문재인의 당선이었다.

제9장
문학예술 블랙리스트,
공격이 최선의 방어다

2014년 박근혜는 남조선 내 통합진보당·전교조·언론 등 혁명당과 혁명주력군의 숨통을 끊고 있었다. 이 시기 통일전선부 산하 조국통일연구원이 입수한 자료에 따르면 남조선 청와대에서 "예술계 좌파 책동에 투쟁적으로 대응해야 한다"라는 지시가 있었고, 이에 문학예술계 국가보조금 지원배제 명단을 작성하고 있다고 했다. 남조선혁명 투쟁기간 동안 인민들을 정치사상적으로 각성시키고, 조직으로 결집시켜, 촛불투쟁을 실천하게 만든 최고의 혁명세력은 바로 문혁전사들이었다. 이들이 표적이었다. 적이기는 하지만 숨 쉴 틈 없는 공격의 속도와 강도는 인정할 수밖에 없었다.

리명박이 추진했던 '문화권력 균형화 전략'도 있었지만 결과적으로 제대로 작동되지 못했다. 이유는 김대중과 노무현 정부 아래에서 이미 문혁진지를 체계적으로 구축하고 장악했기 때문이다. 그런 상황에서 기관장 하나 바꾸어 진지에 내려보내 봤자 얼마 버티지 못하고 내쫓겨나가게 마련이었다.

그러나 이번에는 달랐다. 문혁전사들의 보급선을 공격해 기동력을 떨어뜨리고 투쟁능력을 약화시키고자 했다. 공화국 입장에서는 가장 큰 혁명의 무기고가 공격당하는 것이었다. 방어 전략이 필요했다. 문제는 어느 정권에서나 블랙리스트와 화이트리스트는 존재했다는 사실이었다. 따지고 보면 김대중과 노무현 정권 때가 심하면 더 심했지 덜하지는 않았다. 정권의 통치철학에 반하는 반동분자를 그대로 방치하는 멍청한 정권은 세상 어디에도 존재하지 않는다. 다시 말해 공격무기로서는 매우 약할 수밖에 없었다. 일단 잠정 보류하기로 결정하고 진행 상황을 예의주시하기로 했다.

2016년 10월 10일 도종환이 나섰다. 국정감사에서 문예위 회의록을 토대로 청와대가 정치검열을 위한 문학예술계 블랙리스트를 가지고 있다고 주장했다. 다음 날 바로 민예총은 "정부는 예술가들에 대한 정치검열의 진상을 밝히고, 한국문화예술위원장 박명진은 즉각 사퇴하라!"는 성명서를 발표했다. 10월 12일 한국일보는 "세월호 선언 등 9,473명 문화계 블랙리스트 확인"이라는 기사를 내보낸다. 그리고 10월 24일 「JTBC」 뉴스룸에서 손석희가 최순실 태블릿PC 보도를 공개한다.

원래는 박근혜-최순실 추문사건과 별개 사건으로 불거져 나왔으나, 양 사안이 연관되면서 진지 방어 전략이 박근혜 탄핵 공격 전략으로 전환되었다. 공격이 최선의 방어다. 그러나 통일전선부가 파악한 자료에는 약 80여명의 명단이었는데 9,473명이라는 사실에 놀람을 금치 못했다. 이 명단을 문학예술계 블랙리스트라고 하기에는 상식적으로 말이 안 될 만큼 너무 엉성하고 이상했다. 왜냐하면 이 명단은 문학예술계 블랙리스트 폭로 이전에도 남조선 인터넷에 버젓이 공개되어 있는 자료였다.

또한 명단에 있는 자들이 박근혜 정권에서도 국가보조금을 지원받고 있었다는 사실이다. 더욱이 남조선 문학예술계가 99퍼센트 장악되어 있는 상태인데 차라리 나머지 1퍼센트 보수패거리 명단을 만들어 관리하는 것이 더욱 효과적이지 않는가 말이다. 반전이 있었다. 우리 문혁전사들이 전면적으로 공개되지 않으면서도 오히려 박근혜를 전문성도 없고, 졸렬하고, 유치한 존재로 만들 수 있었다. 남조선 문혁의 진지와 보급 창고를 지키는 멋진 공격이자, 멋진 방어였다.

제10장
촛불문화제, 남조선 문학예술혁명의 보검

2016년 10월 29일 남조선 광화문 광장에서 촛불혁명이 시작되었다. 목적은 박근혜 퇴진 투쟁이었다.

1987년 6월 인민항쟁은 혁명주력군 중심의 투쟁이었다. 반면 촛불혁명은 보조역량 중심의 인민대중투쟁이었다. 6월 인민항쟁은 민중문화운동의 지원으로 전개된 항쟁이었다. 그러나 촛불혁명은 인터넷의 힘으로 전개된 혁명이었다.

이는 위대한 수령 김일성 동지께서 민족해방인민민주주의혁명을 정식 대남 혁명전략으로 채택하시면서 전개해온 남조선 문혁의 결정체를 완성하는 순간이었다.

반미투쟁의 대중화

남조선 촛불투쟁의 시작은 2002년 「오마이뉴스」의 김기보의 제안으로 시작된 '미군 장갑차 여중생 사망 사건 추모 촛불집회'였다. 당시 대남기구가 분석한 사고의 원인은 해당 구간의 길이 좁았기 때문이라는 의견이었다.

위대한 령도자 김정일 동지께서는 김대중의 뒤를 이어 민족해방 인민민주주의혁명 과업을 완수할 남조선의 지도자가 필요한 시점이었다. 그러나 새천년민주당 후보 노무현이 보수패당 한나라당 이회창에게 밀리고 있다는 사실을 보고받으시었다.

위대한 령도자께서는 이 사고가 남조선의 열세를 타파할 수 있는 묘책이라고 생각하시었다. 1990년대 '주한미군범죄근절운동본부'와 '주한미군철수국민운동본부'가 조성한 반미감정의 정서를 대중화할 수 있는 기회라고 판단하시었다. 판단 근거로 월드컵 경기대회에서 지켜보신 붉은악마 응원의 대중성과 인터넷의 힘을 말씀하시었다. 특히 제2연평해전의 문제도 일시에 묻어버리는 절호의 기회라고 생각하시었다. 위대한 령도자 동지의 판단은 적중했다.

2002년 11월 26일 위대한 촛불혁명의 서막이 시작되었다. 인민대중 중심의 반미투쟁이 전개되었다. 남조선의 정제된 방송언론으로는 인민대중을 반미투쟁의 전사로 변화시키기에 한계가 있었다. 대안으로 남조선 인터넷의 온갖 커뮤니티, 포털 뉴스 게시판에 반미 감성을 자극하는 선전선동 게시물들을 퍼 날랐다. 남조선 인민대중은 광기의 반미투쟁 전사로 변화하기 시작했다.

당시 인터넷에서 미제를 '살인마 미군'으로 선동한 글과 사진은 거리를 지나가는 백인을 보고 시위대가 달려들어 구타할 정도로 잘 만들어졌다. 우리의 의도대로 이들은 광장으로 모였고, "미군철수" 구호를 외쳤다. 그 결과 노무현이 남조선 제16대 대통령으로 당선되었다. 노무현과 문재인은 촛불혁명으로 탄생한 정부였다.

대남기구는 이 사건을 통해 남조선 인터넷의 정치적 힘을 확인했다. 더욱이 남조선 전자 악단 넥스트의 신해철이 집회에 참가해 「아! 개한민국」「Dear American」 같은 노래를 부르고, 대마초 혐의로 이미지가 망가진 싸이도 참가해 이미지 개선을 하자 많은 연예인들이 촛불투쟁을 이용하기 시작했다. 이는 남조선 10대들이 촛불을 들고 거리에 나오는 계기를 만들었다. 이들은 14년 뒤 박근혜 탄핵을 이끄는 혁명세력이 되었다.

윤민석의 「Fucking USA」

위대한 령도자께서는 남조선 작곡가 윤민석(본명 윤정환)을 해외동포음악가 윤이상만큼 높이 평가하시었다. 윤민석은 「김일성 대원수는 인류의 태양」「수령님께 드리는 충성의 노래」「평양에 가보세요」 등의 노래를 작곡한 열렬 문혁전사였다. 윤민석은 한양대 노래패 '소리개벽' 출신으로 전대협과 한총련의 「진군가」, 민족해방민중민주주의혁명론(NLPDR) 계열의 민중가요들을 작곡했다. 1992년에는 '남조선 조선로동당 사건'에 연루되어 구속되었다.

그의 대표곡으로 「연대투쟁가」「진짜 노동자」「서울에서 평양까지」「전대협 진군가」「결전가」「전사의 맹세」「애국의 길」「사랑하는 동지에게」「경의선 타고」「헌법 제1조」「이게 나라냐ㅅㅂ」 등이 있다.

남조선 촛불투쟁 현장에서 사용되는 민중가요는 거의 윤민석의 곡들이다. 특히 2002년 미군 장갑차 여중생 사망 사건 투쟁의 「Fucking USA」, 2008년 광우병 투쟁의 「헌법 제1조」, 2014년 세월호 투쟁의 「진실은 침몰하지 않는다」, 2016년 박근혜 퇴진 투쟁의 「이게 나라냐ㅅㅂ」은 촛불투쟁의 상징이다. 윤민석은 2008년 통합민주당·국민참여당·민주통합당 당가와 문성근이 주도한 '백만민란운동'의 대표곡인 「하나가 되라」도 만들었다. 이러한 공로를 인정받아 2017년 '한국대중음악상'을 받았다.

광우병 괴담으로 리명박을 끌어내려라

2008년 2월 25일 보수패당 리명박 정권이 들어섰다. 김대중과 노무현정권에서 혁명 위업을 위해 진행한 모든 계획이 수포로 돌아갔다. 위대한 령도자께서는 리명박을 끌어내릴 묘책을 찾으라고 다그치시었다. 대남기구들은 비상체제에 들어가 주야로 돌파구를 모색했다. 믿을 수 있는 힘은 지난 정권동안 남조선 각계각층의 진지를 장악하고 문화권력으로 성장한 문혁동지들이었다.

전교조와 언론노조가 움직이기 시작했다. 2008년 4월 고등학생 100여 명이 0교시 수업 허용에 반발하며 촛불문화제를 열었다. '문화제'라는 명목은 합법과 불법의 경계를 모호하게 만드는 탁월한 전략이었다. 이유는 남조선 '집회 및 시위에 관한 법률'에서 해가 진 이후에는 옥외집회나 시위를 금지하고 있지만, 문화행사는 예외로 인정하고 있기 때문에 법에 저촉되지 않았다.

이어 4월 29일 「MBC」 PD수첩에서 광우병 괴담을 선동했다.˙괴담의 주역인 최승호는 현재 「MBC」 사장이 되었다. 통일전선부 분석 결과 방송은 허위사실과 왜곡이 있었지만 우리의 목적은 광우병이 아니라 리명박이었다. 결과가 중요한 것이었다. 예상대로 광우병괴담 선동방송은 도화선이 되었다. 미국 쇠고기 수입재개 조치에 대한 반발이 거세지기 시작했다. 이에 통합진보당 이석기도 광우병 선전선동을 더욱 강화하라고 촉구했다.

언론들은 '깨시민'라는 최면을 걸어 인민들을 거리로 뛰쳐나오게 했다. 배우 김규리도 미니홈피에 "광우병이 득실거리는 소를 뼈째 수입하다니 청산가리를 입안에 털어 넣는 편이 낫겠다"는 선동 글을 올렸다.

당시 선전선동을 통해 거리로 나온 10대들은 "너나 먹어 미친 소" "리명박은 미친소" "나는 더 살고 싶다" "저 아직 10여 년밖에 못 살았어요" "엄마 아빠랑 오래 살고 싶어요" 등의 생사와 관련된 자극적인 문구들을 들고 투쟁했다. 물론 이들도 8년 뒤 박근혜 탄핵을 이끄는 혁명세력이 되었다.

촛불투쟁은 5월 2일부터 8월 15일까지 남조선 전국에서 모두 2,398차례 열렸고, 주최 측은 참가인원을 300만 명으로 추산했지만 총 93만 2,680명이 참가했다. 단체는 약 1,840여 개가 참여했다. 전교조 일부 교사들은 중고생들에게 수행평가 가산점을 준다며 참석을 종용했다. 리승환·윤도현밴드·김장

훈·김제동·김미화 등의 연예인이나 음악가들이 참가해 문화제 모습으로 위장했지만 집회가 끝난 뒤 혁명동지들은 거리투쟁을 전개하며 청와대를 압박했다.

'열혈국민' 소속의 인민들은 드링크 병에 염산을 담아 던졌고 일부 인민들은 쇠구슬을 쏘거나 삽과 쇠파이프 등을 이용해 전경들을 구타하고 경찰 버스를 부수었다. 특정 언론사 기자들을 집단폭행하고 특정 언론사에 쓰레기나 오물을 투척한 뒤 현판을 떼어내며 유리창을 깨부수었다. 이때 전경 372명 부상, 경찰버스 111대, 경찰장비 1,512점을 박살내는 투쟁성과를 만들었다.

다른 현상으로는 방송인 정선희가 자신이 진행하는 라디오 프로그램에서 일부 집회 참가자들의 무법행위에 대해 비판하자 촛불 투쟁 지지자들이 남편 안재환과 공동운영 중이던 화장품의 불매운동을 전개했다. 그 결과 매출은 급감했고 안재환은 사업실패로 인한 좌절감에 괴로워하다 연탄가스 자살을 했다. 이처럼 남조선 인민들은 이미 들불이 되었고 바람만 불면 언제든지 산불로 퍼지는 화마가 되었다.

결국 리명박은 특별기자회견을 열어 사과의 뜻을 밝히며 패배를 인정했다. 당시 남조선은 3조 7,513억 원에 달하는 사회적 비용의 손실이 발생했다. 청와대 내각은 총사퇴를 표명했다. 이 일로 리명박은 광장공포증에 걸리기도 했다.

2008년 촛불투쟁은 남조선 사회의 리념 대립을 심화시켜 적과 동지의 질서를 확실하게 확립하는 계기가 되었다. 이후 세종시 논란·4대강사업·무상급식 등 남조선 사회의 소통을 가로막는 갈등과 분열을 만든 것이 큰 성과였다. 또한 반미자주화투쟁으로 남조선의 주적개념이 전환되기 시작했다. 촛불문화제는 명실상부한 남조선 문혁의 보검이 되었다.

위대한 령도자께서는 대남공작에서 항상 프레임과 용어를 선점하는 것이 가장 중요하다고 강조하시었다. 이에 대남기구는 SNS·포털사이트를 통해 2002년 미군 장갑차 여중생 사망 사건과 2008년 광우병 사건으로 촛불 프레임을 선점했다. 그 결과 2002년 6월 29일 제2연평해전이나 2010년 3월 26일 천안함 피격 사건에 보수패거리는 추모 촛불을 들지 못했다. 그나마 2016년 10월 31일부터 촛불에 맞서는 태극기가 거리로 나왔다. 시대변화에 따른 새로운 의식화와 대중화 작업은 혁명의 성공과 실패를 가르는 열쇠다.

2011년 4월 27일 리명박을 땅바닥까지 끌어내리고 보수패당 정권 재창출을 막기 위해 팟캐스트 방송 '나는 꼼수다'가 시작되었다. 인터넷 방송이지만 막강한 파급력으로 대성공을 거두었다. 1920년대부터 2000년대까지 진행해온 모든 의식화 작업보다도 '나는 꼼수다'의 의식화 작업의 효과와 대중적 성과가 더욱 높았다. 당시 남조선 언론 신뢰도 조사 결과를 보면 '나는 꼼수다'의 신뢰도가 40퍼센트로 조선·중앙·동아의 신뢰도 17.2퍼센트보다 두 배 이상 앞섰다. 이렇게 남조선 진보 정권탈환을 위한 준비가 하나씩 하나씩 진행되어나가고 있었다. 그러나 누구도 예상하지 못한 차질이 발생했다. 위대한 령도자 김정일 동지께서 주체100년(2011) 12월 17일 현지지도의 길에서 급병으로 서거하시였다. 서거소식에 남조선 범민련·참여연대·한국진보연대·주한미군철수운동본부 등은 피눈물로 가슴 치는 큰 슬픔을 담아 애도를 표해왔다.

남조선 인민대중은 인민군이었다

2012년 12월 19일 남조선 제18대 대통령으로 박근혜가 당선되었다. 공화국 입장에서는 상상하고 싶지 않았던 결과였다. 박정희 혈통으로 누구보다 우리의 실체를 잘 알고 있는 철저한 원칙주의자였다. 취임 첫해부터 통합진보당 해산, 전교조 법외노조화, 자주민보 폐간 등의 공격에 속수무책으로 당하고만 있었다.

위기는 곧 기회였다. 2014년 4월 16일 남조선에서 세월호 해난사고가 발생했다. 남조선 혁명동지들은 '박근혜 세월호

구조실패'라는 프레임으로 총공세를 펼쳤다. 노란리본운동, 방송언론, 영화, 연극, 음악, 미술 등으로 남조선 사회를 뒤흔들어놓았다. 그러나 박근혜는 만만한 인물이 아니었다.

2014년 10월 남조선은 전작권 전환 시기를 무기한 연기했다. 2015년에는 김영란법 국회통과, 중·고교 역사교과서 국정화, 공무원연금 개혁, 노동개혁 등 대대적인 개혁과제들을 추진했다. 공화국은 2016년 2월 7일 광명성 4호를 발사했다. 그러자 박근혜는 기다렸다는 듯 2월 10일 개성공단 폐쇄를 결정했다. 3월에는 테러방지법이 국회를 통과했다. 박근혜의 개혁과제에 반감을 가진 남조선 이해관계자들의 움직임이 대남기구에 포착되기 시작했다. 공화국은 4월 15일과 28일에 무수단 미사일, 4월 23일에는 잠수함에서 발사하는 탄도미사일 북극성 1호를 시험 발사했다. 이어 5월 6일 36년 만에 조선로동당 제7차 당 대회를 개최했다. 공화국의 당 대회는 꼭 필요한 시기에만 개최되어 왔다. 박근혜는 7월 8일 사드 1개 포대의 남조선 배치를 공식 발표했다.

2016년 10월 24일 「JTBC」 뉴스룸에서 최순실 태블릿PC 선동보도를 단독으로 내보냈다. 최순실 사태를 국정농단으로 만들어 드레스덴 연설이 사실은 무당의 작품이라는 식의 유언비어를 날조하여 유포했다. 미르재단과 K스포츠재단의

800억 기업모금을 뇌물로 조장했다. '샤머니즘 스캔들'이 남조선을 강타하면서 인민들은 미끼를 물었다. 그리고 박근혜는 덫에 걸렸다.

경애하는 최고령도자 김정은 동지께서는 위대한 수령님들의 필생의 뜻과 유훈을 관철하여 조국의 자주적 통일을 이룩할 수 있는 마지막 기회라고 하시면서 남조선 혁명주력군과 보조역량 전체가 혁명 위업을 위한 실천투쟁을 전개하라고 지시하시었다. 이에 남조선 혁명동지들은 세월호 7시간·미용시술설·밀회설·종교의식 참석설·프로포폴 투약설 등의 온갖 선동으로 총공세를 펼쳤다.

2016년 10월 29일 드디어 촛불혁명의 6개월 대투쟁이 시작되었다. 2017년 4월 29일까지 총 23차례 개최되었다. 주최 단체는 민중총궐기 투쟁본부를 중심으로 한 '박근혜 정권퇴진 비상국민행동'이었다. 4·16 연대, 민주주의국민행동, 민중총궐기본부, 백남기투쟁본부, 시민사회단체연대회의 등 약 2,300여 개 단체가 연대하여 구성되었다.

남조선 방송언론들이 일제히 집중 폭격을 가했다. 촛불투쟁을 혁명이라고 소개하며 참여를 유도했다. 우리의 속셈을 모르는 인민대중들은 방송언론의 선동에 현혹되었다. 단두대와 박근혜의 잘린 머리를 등장시켰다. 아이들에게 잘린 머리로 공놀이도 시켰다. 박근혜를 무덤에 묻는 공연도 선보였다. 박근혜와 재벌 총수들을 오랏줄에 묶고 환희하게 만들었다. 10대 청소년들에게 "중고생이 앞장서서 혁명정권 세워내자"는 문구가 쓰인 현수막을 들게 했다. "청소년이 앞장서서 헬조선을 갈아엎자"라는 현수막도 들게 했다. '전국청소년혁명'이라는 단체도 출범시켰다.

거대한 횃불도 들게 했다. 트랙터와 화물차 수백 대를 동원하여 행진하게 했다. 죽창과 화염병, 가스통이나 쇠파이프는 사라졌다. 물대포와 최루탄도 없어졌다. 그러나 오직 광기만이 살아 움직이게 했다. 리성을 지우고 감성만이 지배하는 해방광장을 만들었다. 그러면서 노벨평화상을 추진했다. 노벨평화상은 인민대중에게 정의로운 일을 하고 있으며, '개념인'이라는 생각을 심어주기에 충분했다.

2016년 12월 9일 국회에서 박근혜 탄핵소추안이 통과되었다. 2017년 3월 10일 헌법재판소가 재판관 전원의 일치된 의견으로 박근혜에 대한 파면을 선고함으로써 결실을 맺었다. 남조선 인민들은 아직도 촛불문화제가 평화시위라고 믿고 있다. 리념전쟁에서 협상이란 없다. 죽이지 못하면 죽는다. 해방광장은 총성 없는 전쟁터였다. 그들은 몰랐겠지만 남조선 인민대중은 인민군이었다.

제11장 혁명은 아직 완성되지 않았다

2017년 5월 9일 남조선 제19대 대통령으로 문재인이 당선되었다. 곧이어 보수궤멸 작전이 시행되었다. 정권의 정당성이 불투명한 상황에서 보수패거리가 전열을 가다듬고 다시 집결하기 전에 완전하게 소생의 의지를 꺾어야만 했다. 그래야 남조선에서 미제를 몰아내고 민족해방인민민주주의혁명위업을 완성하기 위한 교두보를 만들 수 있다.

남조선 방송언론과 검찰의 암약으로 보수궤멸 작전은 빠르게 진행되었다. 박근혜의 호위무사들을 소탕했으며, 동시다발적으로 정치·외교·경제·사회·교육·문화·국방·국정원 등 전방위적 보수궤멸 작업에 성공했다. 그러나 우격다짐의 과정에서 문제가 발생했다. 바로 인사청문회였다. 문재인은 지난 대선에서 박근혜의 인사를 비판하며 5대 원칙(위장 전입, 논문 표절, 세금 탈루, 병역 면탈, 부동산 투기)을 내걸었다. 이 중 하나라도 위반할 경우에는 고위공직자로 등용하지 않겠다고 했다. 이것이 자업자득이 되었다. 인사청문회 대상인 국무총리부터 장관 후보자 및 위원장 다수가 5대 원칙 중 하나 이상에서 논란이 되면서 '내로남불'이라는 비판을 받으며 흔들리기 시작했다.

경애하는 최고령도자 김정은 동지께서는 이 사태에 대한 정찰총국의 보고를 받고 노여움을 감추지 못하시었다. 4·19 인민봉기와 6월 인민항쟁 때처럼 다된 밥에 재 뿌리는 우를 범하지 말아야 한다 하시며 사태를 진정시킬 묘책 강구를 지시하시었다. 정찰총국·통일전선부·문화교류국 모두 총 비상이 걸렸다.

이때 등장한 묘수가 제23차 평창겨울철올림픽경기대회 참가였다. 대회참가는 공화국에 대한 제재극복·체제선전·대남공작의 무대로 활용하고 남조선의 난국까지 한꺼번에 해결할 수 있는 일석이조의 묘수였다. 김영철 동지와 김여정 동지가 선봉에 서고, 현송월 동지가 가세했다. 남조선에서는 대남공작의 수장인 김영철 동지에게 청와대까지 보여주고 접대하는 당찮은 일까지 만들 정도로 문제 해결이 시급한 현실이었다.

최고령도자 김정은 동지께서는 북·남 단일팀으로는 이목을 끌 수 없다고 판단하시고 삼지연 악단, 응원단, 태권도 시범단을 남조선으로 보내시었다. 모란봉 악단을 보내지 않고 삼지연 악단을 보내신 이유는 대외적으로 공화국 체제를 선전하는데 있어 선군정치의 전위대인 모란봉 악단은 어울리지 않는다고 생각하시었다. 삼지연 악단은 평창겨울철올림픽경기대회 직전 창설한 악단으로 김정은 동지께서 일일이 단원을 뽑고 곡목도 친히 정해주시었다. 물론 개꼬리 삼 년 가도 황모 못 된다고 보수패당은 공화국에 이용당하는 것이라며 열불 내었지만 대세는 이미 기울어져 있었다.

결과는 성공적이었다. 북·남정상회담과 북·미정상회담이 성사되었다. 민족해방인민민주주의혁명과업 완수의 날이 얼마 남지 않은 것이다. 그러나 남조선에서 또 다른 문제가 터지고 말았다. 통일전선부와 통일전선공작 조직들이 총력전을 전개하고 있는 와중에 남조선에서 미투운동이 전개되었다. 미투운동은 문재인 정권의 이미지에 먹칠을 하고 말았다. 최고 령도자의 노여움은 극도에 달하시었다. 빠른 시일 안에 다른 묘책이 필요했다. 그래서 나온 묘수가 북·남평화협력기원 평양공연 '봄이 온다'이었다. 물론 남조선 녀자가수 레드벨벳의 '영광' 발언으로 보수패거리의 발악질은 있었지만 이미 남조선 방송언론을 장악한 상태였기에 위기를 모면할 수 있었다. 공연은 성공적이었다.

이제 북·남관계는 급물살을 타고 전진할 일만 남았다. 최고령도자께서는 관련부서와 관계자들의 노고를 치하하시었다. 그리고 정찰총국과 통일전선부는 다음 단계의 과업을 위해 온 힘을 다하라는 당부도 하시었다. 그러나 남조선에서 최악의 실업률과 드루킹 댓글조작 사건이 터지면서 정권의 정당성에 심각한 타격을 입는 사건이 또다시 발생하고 말았다. 정권 1년도 채 안 되는 시점에서 가장 큰 위기를 맞이한 것이다.

위기극복의 묘안으로 조선정전협정을 평화협정으로 전환하는 방안이 등장했다. 거기에 최고령도자께서 '비핵화' 선언까지 더하시었다. 물론 '비핵화' 선언은 '핵무기 보유국' 선언의 용어혼란전술이었다.

남은 문제는 남조선 인민들의 생각이다. 지난 11개월 동안 남조선 정부가 과업 완수를 위해 박차를 가하고는 있지만 반복되어 발생하는 문제로 공화국은 몸살을 앓고 있다. 더 이상 남조선 정부만을 믿고 민족해방 인민민주주의혁명 과업을 완수할 수 없는 상황이 되었다. 대남기구를 통해 나온 결론은 다시 인민대중에게 집중해야 한다는 결론이었다. 박근혜를 몰아냈듯이 보수궤멸과 조국통일 위업을 위한 대중적 문혁을 더욱 가열차게 벌여야 한다. 혁명은 아직 완성되지 않은 미완의 혁명이며 현재진행형이다.

미완의 혁명으로 불리는 이유는 명백하다. 아직 보수궤멸과 사회 정치적인 새 질서 창출로 이어지지 못하였고, 사드장비가 밀반입되고 있고, 핵 항공모함·핵잠수함·핵전략 폭격기·스텔스 전투기가 빈번히 우리의 땅과 하늘, 바다에서 요동치고 있다. 지금 이 시간에도 선제공격과 참수작전 등으로 우리 공화국을 협박하고 있다. 특히 제재와 압박도 지속되고 있다.

대남공작 기구는 남조선 문학예술과 통일전선의 역량을 총동원하여 인민대중의 목소리를 멈추지 말고 높여야 한다. 가야 할 때 가지 않으면 가고 싶을 때 가지 못하는 법이다. 언제 전쟁이 터질지 모른다는 공포심과 일제와 미제 그리고 보수패당에 대한 분노를 계속해서 자극해야 한다. 이를 위해 동족을 겨냥한 외세와의 공조체제는 더 이상 자행되어서는 안 되며, 전쟁의 먹구름을 걷어내야 하며, 북·남이 손을 잡으면 어떤 강대국도 침략자도 간섭하지 못하며, 불신과 대결시대에서 화해와 단합 그리고 협력시대를 열었던 6·15, 10·4 선언시대로 돌아가야 한다.

평화와 통일은 우리민족끼리의 의지에 달려 있고, 우리민족끼리 힘을 모아 자주통일, 평화번영의 길을 열어내야 한다고 계속해서 선전선동으로 세뇌해야 한다. 남조선 인민대중이 의식적이든 무의식적이든 '한·미동맹철폐' '주한미군철수' '사드배치반대' '국가정보원해체' '국가보안법폐지' '련방제통일'을 외치게 해야 한다. 우리는 승리의 방법을 알고 있다. 박근혜 탄핵으로 이미 경험도 했다. 미완의 혁명과업 완수를 위해 지난날 이용한 문학·영화·노래·미술·문화운동·교육·방송언론 등 모든 방법을 총동원해 투쟁과 전진으로 승리의 길을 걸어가야 한다. 이 길에 우리 문혁전사들의 역량과 신념을 재집결해야 한다.

그리고 민족해방 인민민주주의혁명 위업을 완성하는 즉시 남조선 문혁에 참여했던 문혁전사들과 인민대중들은 반드시 숙청해야 한다는 점을 절대 잊지 말아야 한다. 그들은 자신들이 이용당한 것이 아니라 스스로 진보적이며 정의로운 사람들이라고 착각하고 있다.

그들은 누구보다도 확증편향된 의식을 지니고 있는 자들이다. 유순한 신체와 사고는 죄가 아니지만 선전선동에 약한 그들은 혁명 이후 공화국을 위기에 빠뜨릴 수 있는 적이자 반동이다. 공화국의 천년만년의 안녕과 번영을 위해 제일 먼저 청산해야 할 대상임을 절대 잊어서는 안 될 것이다.

참고 문헌

제1, 2, 3부

고영민, 『해방 정국의 증언』, 사계절, 1987.

고정훈, 『비록: 군(祕錄: 軍)』, 동방서원, 1967.

김광식, "8·15직후 한국사회와 미군의 성격", 「역사비평」 I집, 1987.

김국태 편, 『해방3년과 미국 I』, 돌베개 1984.

김국후, 『평양의 소련군정』, 한울, 2008.

김남식, 『남로당 연구』, 돌베개, 1984.

김남식·이정식·한홍구 엮음, 『한국현대사 자료총서』, 돌베개, 1986.

김도현, "이승만 노선의 재검토", 송건호 외, 『해방전후사의 인식』, 한길사, 1980.

김부기, "소련의 대한반도 정책과 냉전체제의 등장", 경남대 극동문제연구소, 『북한체제의 수립과정』, 경남대학교 출판부, 1991.

김용삼, 『대한민국 건국의 기획자들』, 백년동안, 2015.

김운태, 『미군정의 한국통치』, 박영사, 1992.

김인서 지음·이주영 엮음, 『망명노인 이승만 박사를 변호함』, 비봉, 2016.

김태상, "8·15 직후의 정치 현상: 건국준비위원회에 대한 재조명", 「창작과비평」, 1977. 겨울호.

박명수, 『건국투쟁』, 백년동안, 2015.

부완혁, "미군정의 공과", 「사상계」, 1964. 8월호.

서재근, 『해방20년사』, 세문사, 1966.

손세일, 『이승만과 김구』, 전7권, 조선뉴스프레스, 2015.

송광성, 『미군점령 4년사』, 한울, 1993.

송남헌, 『해방 3년사 I』, 까치, 1985.

스칼라피노·이정식, 한홍구 옮김, 『한국 공산주의 운동사』, 제2권, 돌베개, 1986.

심지연, 『미소공동위원회』, 청계연구소, 1989.

심지연, 『해방정국논쟁사』, 한울, 1986.

양동안, 『해방공간에서의 남북한 정보·정치공작 활동』, 국가정보학회, 2009.

유 진, 『북의 대남공작 70년사』, 자유일보, 2018.

유영구, “거물간첩 성시백 프로젝트”, 「월간중앙」, 1992. 6월호.

유영구, 『남북을 오고 간 사람들』, 글, 1993.

이 호, 『이승만의 토지개혁과 교육혁명』, 백년동안, 2015.

이기봉, “남조선 반동거두 김구를 평양에 불러라”(상), 「민족정론」, 1994. 8월호.

이기봉, “남조선 반동거두 김구를 평양에 불러라”(중), 「민족정론」, 1994. 8월호.

이기택, 『한국 야당사』, 백산서당, 1992.

이동욱, 「건국 대통령과 거짓 선지자들의 나라」, 정동교회 강연발표문, 2016.

이동욱, 『우리의 건국 대통령은 이렇게 죽어갔다』, 기파랑, 2011.

이동욱, 『울진삼척 무장공비 침투사건』, 백년동안, 2015.

이상호, 『인천상륙작전과 맥아더』, 백년동안, 2015.

이영훈, 『대한민국 이야기』, 기파랑, 2011.

이주영, 『이승만 평전』, 살림, 2015.

이주영, 『이승만과 그의 시대』, 기파랑, 2011.

이주영, 『서북청년회』, 백년동안, 2015.

이흥완 엮음, 『조선인민군 우편함 4640호』, 삼인, 2012.

조병옥, 『나의 회고록』, 민교사, 1959.

조성훈, 『8월 종파사건』, 백년동안, 2015.

조영운 편역, 『유격전의 원칙과 실제』, 사계절, 1986.

차상철, 『이승만과 하지 장군』, 백년동안, 2015.

최영환, "해방후 조선혁명에 있어서의 북반부민주기지," 「력사과학」 제10호, 조선민주주의인민공화국 과학원 력사학연구소, 1955.

현길언, 『섬의 반란』, 백년동안, 2015.

홍선희, 『조소앙 사상』, 태극출판사, 1975.

리처드 파이프스, 이종인 옮김, 『공산주의의 역사』, 을유문화사, 2014.

마크 케인, 『해방과 미군정』, 까치, 1986.

과학, 백과사전 출판사, 『조선전사』, 제23권~32권, 1981.

국군보안사령부, 『대공 30년사』, 1978.

국방부 전사편찬위원회, 『한국전쟁사: 해방과 건군』, 1967.

국사편찬위원회, 『남북관계자료집』, 1994.

국사편찬위원회, 『자료 대한민국사 I』, 1968.

육군본부 군사연구실, 『한국전에서의 유엔군유격전』, 1988.

전사편찬위원회, 『한국전쟁사』 I권 '해방과 건국: 1945~1950. 6.', 오진재, 1967.

중앙일보 특별취재반, 『비록 조선민주주의인민공화국 상』, 중앙일보사, 1992.

중앙일보 특별취재반, 『비록 조선민주주의인민공화국 하』, 중앙일보사, 1993.

중앙일보 현대사연구팀, 『발굴자료로 쓴 한국 현대사』, 중앙일보사, 1996.

중앙정보부, 『북한대남공작사』, 제1권, 1972.

한림대 출판부 편집부 편, 『미군정기 정보자료집 1, 2, 3』, 1995.

한백사, 『분단 자료집: 1945~1948 자료모음』, 1989.

「경향신문」, 1948. 4. 13: 1960. 5. 29.

「동아일보」, 1960. 5. 28.

「로동신문」, "김종항·안우생의 남북연석회의 회고 기사", 1986. 4. 19.; "성시백 관련 기사", 1997. 5. 26.

「서울신문」, 1947. 10. 16.; 1947. 11. 6.; 1947. 12. 14.

「조선일보」, 1947. 10. 9.; 1947. 10. 19.; 1947. 11. 19.

「중앙일보」, "레베데프 비망록", 1994. 11. 15.~21.; "스티코프 비망록", 1995. 5. 9.~6. 3.

「한성일보」, 1947. 12. 21.

제4, 5부

강유형 외, 『박정희 시대와 한국현대사』, 도서출판 선인, 2007.

김기선, 『한일회담반대운동』, 민주화운동기념사업회, 2005.

김성진, 『박정희』, 살림, 2007.

김용서, 『박정희 시대 재조명』, 전통과현대, 2006.

김인규, 『박정희 압축 민주화로 이끌다』, 기파랑, 2014.

김일영, 『건국과 부국』, 기파랑, 2010.

김질락, 『어느 지식인의 죽음』, 행림서원, 2011.

김태광, 『박정희 스타일』, 글로세움, 2011.

김행선, 『4.19와 민주당』, 도서출판 선인, 2005.

김행선, 『박정희와 유신체제』, 도서출판 선인, 2006.

김형아, 『유신과 중화학공업 박정희의 양날의 선택』, 일조각, 2005.

문갑식 외, 『박정희 100장면』, 조선뉴스프레스, 2017.

박정희, 『국가와 혁명과 나』, 향문사, 1963.

박정희, 『민족의 저력』, 광명출판사, 1971.

박정희, 『민족중흥의 길』, 동아출판사, 1978.

박정희, 『우리 민족의 나아갈 길』, 동아출판사, 1962.

박정희, 『한국 국민에게 고함』, 동서문화사, 2005.

박태균 외, 『박정희시대 연구』, 백산서당, 2002.

서중석, 『한국현대사 60년』, 역사비평사, 2007.

송복 외, 『박정희 바로 보기』, 기파랑, 2017.

안병직·이영훈, 『대한민국 역사의 기로에 서다』, 기파랑, 2007.

안병직, 『보수가 이끌다—한국 민주주의 기원과 미래』, 기파랑, 2011.

안병훈, 『대통령 박정희』, 기파랑, 2012.

안병훈, 『대통령 이승만』, 기파랑, 2011.

안병훈, 『혁명아 박정희 대통령의 생애』, 기파랑, 2015.

오원철, 『박정희는 어떻게 경제강국을 만들었나』, 동서문화사, 2006.

윤한채, 『다시 조명해 본 박정희 대통령』, 과학사랑, 2010.

이광일, 『박정희 체제, 자유주의적 비판 뛰어넘기』, 메이데이, 2011.

이영훈 외, 『박정희 새로 보기』, 기파랑, 2017.

이영훈·황인희, 『잘 생겼다 대한민국』, 기파랑, 2014.

이영훈, 『대한민국 이야기』, 기파랑, 2007.

이영훈, 『한국정치, 바람만이 아는 대답』, 나남출판사, 2009.

이윤섭, 『박정희 정권의 역사』, 필맥, 2011.

이재석, 『4.19혁명과 민주주의』, 도서출판 선인, 2012.

이재오, 『한일회담과 반대운동』, 파라북스, 2011.

이재오, 『해방후 한국학생운동사』, 파라북스, 2011.

이주영, 『이승만 평전』, 살림, 2014.

이지수, 『박정희 시대를 회고한다』, 도서출판 선인, 2010.

이현희, 『박정희 평전』, 효민, 2007.

전인권, 『박정희 평전』, 이학사, 2006.

전재호, 『반동적 근대주의자 박정희』, 책세상, 2000.

조갑제, 『박정희 전기』, 조갑제닷컴, 2006.

조갑제, 『박정희의 결정적 순간들』, 기파랑, 2009.

좌승희, 『박정희, 살아있는 경제학』, 백년동안, 2015.

하태환, 『혁신계 정치인 하태환의 옥중록』, 새봄출판사, 2013.

한상범, 『박정희와 한일협정』, 21세기사, 2015.

국민대 일본학연구소, 『박정희 시대 한일관계의 재조명』, 도서출판 선인, 2011.

대중경제연구소, 『김대중 씨의 대중경제』, 범우사, 1971.

민주화운동기념사업회 연구소, 『한국민주화운동사 1』, 돌베개, 2008.

민주화운동기념사업회 연구소, 『한국민주화운동사 연표』, 2006.

「월간조선」 편집부, 『이승만 박정희를 추억한다』, 월간조선사, 2004.

한국정신문화연구원 현대사연구소, 『한국현대사의 재인식 4—1950년대 후반기 한국사회와 이승만 정부의 붕괴』, 오름, 1998.

제6부

강신철 외, 『80년대 학생운동사: 사상이론과 조직노선을 중심으로』, 형성사, 1988.

김광 외, 『학생운동논쟁사』, 도서출판 일송정, 1991.

김한길, 『현대조선역사』, 도서출판 일송정, 1983.

박현채·조희연, 『한국사회구성체논쟁 Ⅱ』, 도서출판 죽산, 1989.

유동열, 『한국좌익운동의 역사와 현실』, 도서출판 다나, 1996.

한기홍, 『남한의 지하혁명조직과 북한 진보의 그늘』, 시대정신, 2012.

한국현대사 자료편찬위 편, 『북한이 공개한 북의 지령에 따라 움직이는 남쪽 사람들』, 비봉출판사, 2010.

보론

강영석, "한국문화운동의 변화: 부문운동에서 시민문화운동으로", 성공회대학교 석사학위논문, 2005.

고은 외, 『문학과 예술의 실천논리』, 실천문학사, 1983.

김남일, "'펜의 자유'를 넘어 민중문화운동의 주춧돌로", 『6월 항쟁을 기록하다』 제2권, 민주화운동기념사업회, 2007.

김병걸 외, 『민족 민중 그리고 문학』, 지양사, 1985.

김양선 외, "조국통일에 관한 리론", 『위대한 주체사상총서』 제5권, 사회과학출판사, 1985.

김영철, "문화인의 연대, 항쟁의 지평을 넓히다", 『6월 항쟁을 기록하다』 제2권, 민주화운동기념사업회, 2007.

김영학, "공산주의 전략과 전술", 「공안연구 제4집」, 공안문제연구소, 1989.

김용규, "특별기고: 대남사업 관련 김일성비밀교시(상)", 북한연구소, 「북한」, 2001. 10월호(통권 제358호).

김용규, "특별기고: 대남사업 관련 김일성비밀교시(중)", 북한연구소, 「북한」, 2001. 11월호(통권 제359호).

김인옥, 『김정일장군 선군정치리론』, 평양출판사, 2003.

김일성, “조국통일위업을 실현하기 위하여 혁명역량을 백방으로 강화하자”, 『김일성저작집』 제18권(1964. 1.~1964. 12.), 1982.

김일성, “조선로동당 제5차대회에서 한 중앙위원회 사업총화 보고”, 『김일성저작선집』 제5권(1968. 2.~1970. 11.), 1972.

김일성, 『남조선혁명과 조국통일에 대하여』, 조선로동당출판사, 1969.

김정일, “온 민족이 대단결하여 조국의 자주적 평화통일을 이룩하자”, 『김정일 선집』 제14권, 1998.

김정일, “위대한 수령 김일성동지의 조국통일 유훈을 철저히 관철하자”, 1997.

김정일, “전 당과 온 사회를 주체사상화 하자”, 조선로동당 중앙위원회 책임일군들과 한 담화, 1998.

김정일, “조국통일 3대원칙을 관철하기 위하여 견결히 투쟁하자”, 조선로동당 중앙위원회 책임일꾼들과 한 담화, 1972.

김정환 외, 『문화운동론』, 공동체, 1986.

김진균, 『사회과학과 민족현실』, 한길사, 1988.

김진무, “북한의 대남 유화적 공세에 대한 대북정책 추진방향”, 「동북아안보정세분석」, 국방연구원, 2009.

김철우, 『김정일장군의 선군정치』, 평양출판사, 2000.

도정일 외, “90년대 예술상황과 진보적 문예운동의 전망”, 「민족예술」 제1호, 1994.

라원식, "민중의 현실을 붓의 현실로", 『6월 항쟁을 기록하다』, 제2권, 민주화운동기념사업회, 2007.

류인렬, "민중문화운동으로서의 연극", 「대화」, 1977. 2월호.

류해정, "새로운 대동놀이를 위하여", 백낙청·염무웅 편, 『한국문학의 현단계 II』, 창작과비평사, 1983.

박태순, 『문예운동 30년사』, 1~3권, 작가회의 출판부, 2004.

박현채, 『민중, 민족, 그리고 문학』, 지양사, 1985.

백낙청, 『민족문학과 세계문학』, 창작과비평사, 1978.

백학순, 『북한의 국가전략』, 한울아카데미, 2003.

송대성, "북한의 위기고조: 배경, 평가 및 대응책", 「정세와 정책」, 제156호, 세종연구소, 2009.

유동열, 『북한의 대남전략』, 통일교육원, 2009.

유재천 외, 『문화와 통치』, 민중사, 1981

이동연, "예술운동의 죽음과 생성", 「문화과학」 제53호, 문화과학사, 2008.

이명원, "적대와 연대, 그리고 분화의 전화", 한국민족예술인총연합, 「내일을 여는 작가」, 2008 겨울호.

이명원, "특집: 민주화운동과 문화; 진보적 문예운동의 형성과 전개 한국민족예술인총연합을 중심으로", 「기억과 전망」 Vol.23, 민주화운동기념사업회, 2010.

이석복 외, 『한국 문화의 정체성』, 좋은땅, 2012.

이영미, "1970년대, 1980년대 진보적 예술운동의 다양한 명칭과 그 의미", 「기억과 전망」 Vol.29, 민주화운동기념사업회, 2013.

이영미, "문화운동의 정체성과 본질에 대한 질문", 「기억과 전망」 Vol.21, 민주화운동기념사업회, 2009.

이종석, 『김정일 정권의 대남전략 변화』, 세종연구소, 2008.

이희범, "신학철의 '모내기'는 이적표현물", 「월간 선택」 5월호, 1998.

장철현, "북한 통일전선부 출신 탈북자가 증언한 '대남공작부서의 모든 것'", 「신동아」 제574호, 2007.

제성호, "최근 북한의 대남공작 양상과 전망", 한국국가정보학회, 「국가정보연구」 제10권 제1호, 2017.

조희문, 『문화와 운동, 정치의 경계 한국영화』, 동문선, 2014

조희문, 『자유부인보다 뜨거운 한국영화』, 동문선, 2014

한광덕, "김일성의 비밀교시", 동북아전략연구소, 2003.

노동자문화예술운동연합 편, 「노동자문화통신」 제3호, 새길, 1990.

민중문화운동연합, 「민중문화」 제14호, 민중문화운동연합, 1987.

서울영화집단 편, 『새로운 영화를 위하여』, 학민사, 1983.

통일부 통일교육원, 『통일문제 이해』, 2009.

통일연구원, 「통일정책연구」 제22권 제1호, 2013.

한국민족예술인총연합 편, 『민족예술합본호 1988~1992』, 한울, 1993.

한국민족예술인총연합 편, 『민예총 10년사』, 1998.

현실과 발언 동인, 『현실과 발언: 1980년대의 새로운 미술을 위하여』, 열화당, 1998.

전대협, 『제1차 전국문화예술간부일꾼 수련회자료집』, 1991.

한국민족예술인총연합 문화정책연구소 외, 『국민의 정부 문화정책 평가 토론회』 심포지엄 자료집, 2002.

「데일리NK」, "황장엽 北 대남전략 '침략에서 군사위협으로 전환", 2010. 1. 27.

「동아일보」, "재야 6개 문화단체 '4.13' 관련 공동성명", 1987. 4. 16.

「로동신문」, "위대한 선국기치 아래 공화국의 존엄과 위력을 높이 떨치자", 2003. 1. 1.

「리버티헤럴드」, "'친북문화 침투로 南붕괴' 김정일 지시 있었다", 2009/07/13.

「블루투데이」, "종북세력의 체제위협 활동과 대응방안① 종북세력의 개념", 2015. 4. 9.

「블루투데이」, "종북세력의 체제위협 활동과 대응방안② 종북세력의 역사", 2015. 4. 10.

「블루투데이」, "종북세력의 체제위협 활동과 대응방안③ 종북세력의 현황과 최근 활동상", 2015. 4. 13.

「블루투데이」, "종북세력의 체제위협 활동과 대응방안④ 북한의 대남전략과 종북세력", 2015. 4. 28.

「블루투데이」, "종북세력의 체제위협 활동과 대응방안⑤ 종북세력의 국가사회적 폐해", 2015. 5. 7.

「조선일보」, "이명박 vs. 김정일", 2010. 1. 21.

「조선중앙통신」, "남조선당국과 해내외의 정당, 단체 및 각계 인사들에게 보내는 편지", 1999. 2. 3.

공화국정부·정당·단체합동회의, "7천만 겨레에게 보내는 호소문", 평양, 2003. 3. 18.

참고 누리집

http://100.daum.net/encyclopedia/view/b04d3332b079

http://allinkorea.net/sub_read.htmluid=12251

http://cafe.daum.net/BTFsociety/6ISX/177q=%BA%-CF%C7%D1%20%B9%AE%C8%AD%BF%B9%BC%FA

http://ljsljs2.tistory.com/251

http://nkd.or.kr/community/free/view/26347

http://nkinfo.unikorea.go.kr/nkp/overview/nkOverview.do-sumryMenuId=PO018

http://nkinfo.unikorea.go.kr/nkp/overview/nkOverview.do-sumryMenuId=PO019

http://shindonga.donga.com/3/all/13/106544/6

http://unikoreablog.tistory.com/442

http://www.allinkorea.net/sub_read.htmluid=22669

http://www.chogabje.com/board/view.aspC_IDX=30473&C_CC=AZ

http://www.chogabje.com/board/view.aspC_IDX=34204&C_CC=AB

http://www.chogabje.com/board/view.aspC_IDX=35123&C_CC=AZ

http://www.chogabje.com/board/view.aspC_IDX=49661&C_CC=AB

http://www.christiantoday.co.kr/news/253190

http://www.futurekorea.co.kr/news/articleView.html? idxno=4566&replyAll=&reply_sc_order_by=C

http://www.newdaily.co.kr/site/data/html/2015/12/10/2015121000053.html

https://www.mindan.org/kr/front/jijitaronDetail.phpsisaid=100

북에서 본 남조선 력사

펴낸날 초판 1쇄 2019년 2월 20일

지은이 남조선 현대사 연구소
펴낸이 김광숙
펴낸곳 백년동안
출판등록 2014년 3월 25일 제406-2014-000031호

주소 경기도 파주시 광인사길 30
전화 031-941-8988
팩스 070-8884-8988
이메일 on100years@gmail.com

ISBN 979-11-86061-61-9 03900

※ 값은 뒤표지에 있습니다.
※ 잘못 만들어진 책은 구입하신 서점에서 바꾸어 드립니다.

이 도서의 국립중앙도서관 출판시도서목록(CIP)은 서지정보유통지원시스템 홈페이지(http://seoji.nl.go.kr)와 국가자료공동목록시스템(http://www.nl.go.kr/kolisnet)에서 이용하실 수 있습니다.(CIP제어번호: CIP2019005649)